KB271156

현대시의 성숙과 지향

Maturity and Orientation of Modern Poetry

저자 맹문재는 1963년 충북 단양에서 태어나 고려대 국어국문학과 및 같은 대학원에서 수학했다. 현재 안양대 국어국문학과 교수로 있다.
시집으로『먼 길을 움직인다』·『물고기에게 배우다』·『책이 무거운 이유』, 시론집으로『한국 민중시 문학사』·『패스카드 시대의 휴머니즘 시』·『지식인 시의 대상애』·『한국 현대시문학사』(공저) 등이 있다.

현대시의 성숙과 지향

1판 1쇄 인쇄 2005년 9월 10일
1판 1쇄 발행 2005년 9월 20일

지은이 / 맹문재
펴낸이 / 박성모
펴낸곳 / 소명출판
출판고문 / 김호영
등록 / 제13-522호
주소 / 137-878 서울시 서초구 서초동 1621-18 (란빌딩 1층)
대표전화 / (02) 585-7840
팩시밀리 / (02) 585-7848
somyong@korea.com / www.somyong.com

ⓒ 2005, 맹문재

값 15,000원

ISBN 89-5626-174-1 93810

현대시의 성숙과 지향

Maturity and Orientation of Modern Poetry

맹문재

맹문재

이 책의 제1부는 가족과 집을 주제로 삼은 글들이다. 문태준의 「가재미」는 『2005년 '작가'가 선정한 오늘의 시』에서 가장 좋은 작품으로 선정된 것으로 개인주의가 횡행하는 이 자본주의 시대에 시인이 품은 어머니의 눈물은 진정 중요하다고 생각한다. 이시영의 『은빛 호각』은 『2004년 '작가'가 선정한 오늘의 시』에서 가장 좋은 시집으로 선정되었는데, 어린 시절 고향에서 체험했던 추억들이며 1970~80년대의 갖가지 상황을 수식에 치중하지 않고 그렸다. 김명인의 「집」은 길 위에서 헤매는 한 인간이 포근하고 안온한 휴식을 취할 수 있는 언덕길 막바지에 있는 보금자리를 그린 작품이다. 집 문제는 밥 문제와 더불어 한국 문학에서 큰 물줄기를 형성하는 주제이다. 정진규의 「천사의 똥」은 갓난아기를 천사라고 비유할 정도로 사랑이 극진하게 나타나 있다. 갓난아기가 똥을 싸는 모습을 불쾌히 여기지 않고 자유로운 것으로, 심지어 황홀을 느끼고 있는 시인의 새뜻한 마음에서 생명의 박동을 느낀다. 아동문학가이자 우리

말 연구가로서 한평생을 바친 이오덕의 「빛과 노래」는 죽음의 세계를 빛과 노래가 가득한 곳이라고 노래한 사실에서 볼 수 있듯이 시인의 운명에 대한 숭고함이 느껴진다. 하종오의 『반대쪽 천국』은 물질주의 시대의 세태들과 경제개발 정책에 따른 소외된 농촌 현실을 차분하게 담고 있다. 성선경의 「장진주사(將進酒辭)」는 송강(松江) 정철(鄭澈)의 「장진주사(將進酒辭)」를 인유한 작품이다. 과거의 문화적 자산을 현대의 작품에 활용함으로써 전통을 살리면서 새로운 창조를 이루고 있다. 박형준의 『춤』은 가을 저녁 시골집 처마에 남아 있는 햇빛을 그려 평온하고 고즈넉하지만 희미하게나마 삶의 밝음을 추구하고 있다.

이 책의 제2부는 여성성을 지향하는 글들이다. 신달자의 『오래 말하는 사이』는 몸과 말을 통해 자신의 근원적인 욕망을 채우려고 하고 있다. 탄실 김명순은 1917년 『청춘』의 현상문예 모집에 단편소설 「의심의 소녀」가 당선되어 문단에 데뷔한 최초의 여성 작가이고, 1925년 『생명의 과실』이라는 시집을 간행한 최초의 여성 시인이다. 여성에게 희생과 순종을 강요하는 시대에 선구적으로 대항하고 나선 것이다. 김윤의 『지붕 위를 걷다』는 여성으로서 겪어야 하는 통과의례의 아픔을 회피하거나 두려워하지 않고 주체적으로 수용하고 있다. 김길나의 「닿소리 여행」은 한글이 음양오행의 이치를 바탕으로 만들어졌음을 인지하고 자음의 모양을 풀면서 그 음양의 원리를 인간의 사랑에 적용시키고 있다. 하선영은 『콘도르를 기다리며』에서 자기 자신에게 뿐만 아니라 다른 사람에게 여성의 문제를 이야기하면서 극복방안을 모색하고 있다. 공계열은 『살구씨 속엔 살구나무가 있다』에서 역동적인 물과 같은 시 정신으로 연약했지만 강인했던 어머니를 따르고 있다.

제3부는 노동과 정치의 문제를 담은 글들이다. 박노해의 「마루완의 꿈」은 물기 젖은 목소리로 학교에 가고 싶다고 말하는 14살의 전쟁고아

가 등장하고 있는데, 시인은 그 아이를 통해 어떠한 전쟁도 인정하지 않
는다. 백무산의 「회향」에는 주어진 운명을 극복하려는 주체성이 강하게
나타나 있다. 죽음이란 인간의 의지와 상관없이 다가오는 운명이지만,
시인은 그것을 수용해 삶의 의미를 한층 확장시키고 있는 것이다. 임희
구의 『걸레와 찬밥』은 자신을 비롯한 세상에 대한 되돌아보기와 자신을
비롯한 세상에 대한 바로보기가 결합되어 있다. 표성배는 『저 겨울산 너
머에는』에서 현장의 체험으로 자본주의에 대항하고 있다. 하재영의 「한
밤 경운기 소리를 듣는다」는 경운기를 끌고서는 자본주의의 속도를 제
대로 따라갈 수 없는 농부들의 형편을 그리고 있다. 「한국의 시에 나타
난 섬김의 시학」은 19세기 말까지의 치자에 대한 섬김이 피치자의 섬김
으로 바뀐 것을 열린 세계와 관련하여 담았다.

　제4부는 인터넷으로 상징되는 자본주의시대에 지향해야 할 블루오션
시론들이다. 「'소음'을 품는 블루오션 시론」은 2005년 8월 현재 우리의
저널에서 가장 많이 언급되고 있는 용어인 블루오션(Blue Ocean)을 시론으
로 적용해본 것이다. 블루오션이란 유럽경영대학원의 전략 및 국제경영
학을 담당하고 있는 김위찬 석좌교수와 르네 마보안(Rene'e Mauborgne) 교
수가 저술한 『블루오션 전략』에 나오는 용어이다. 레드오션이 현재에
존재하는 모든 산업을 말하는 것이라면 블루오션은 현재에 존재하지 않
는 모든 산업을 말한다. 기업의 경영전략으로 이익 창출을 목표하는 블
루오션과 시문학론은 다른 특성을 갖고 있지만, 수용할 면이 있다고 여
기고 차용해보았다. 「인터넷시대의 시문학 위상과 전망」은 인터넷의 급
속한 확대가 시인과 독자 간의 지형을 바꿔놓은 점을 인정하고 바람직
한 시의 길을 모색해보았다. 권선희의 「탁주―구룡포 82」는 방언을 사
용하여 형제애를 추구한 작품이다. 오늘날 표준어권에 거주하는 시인들
은 물론이고 자신이 몸담고 있는 지역에서도 지역방언으로 시를 쓰는
시인을 찾기 힘든 상황이기에 주목된다. 「기록을 거울로 삼는 의로운 시

들」에서는 3·15의거를 담은 시들을 살펴보았다. 아무리 자본이 인간의 가치를 왜곡시킨다고 할지라도 기록의 정신을 품고 있는 한 인간은 무너지지 않을 것이다. 「통일 지향의 시 흐름과 그 의미」에서는 과거로의 복귀가 아니라 미래를 향한 새로운 역사 창조의 작업으로서 통일이 필요함을 제시해보았다.

좋은 글을 쓴다는 것이 참으로 어렵다는 것을 이번의 경우에도 절실히 깨닫는다. 그렇지만 내가 가장 잘할 수 있고 또 해야 하는 일이라고 생각하니 힘들지만 즐겁기도 하다.

나의 연구실을 마련해준 안양대의 이경혜·윤충의·박철우 선생님과 최동호 선생님을 비롯한 고려대 은사님들께 감사드린다. 나의 이 글들을 많이 쓰게 격려해주신 『현대시학』의 정진규 선생님께도 감사드린다. 이 책에 함께 한 시인들께도 감사드리고, 이번에 동행하지 못한 시인들께는 다음 기회에 더욱 즐겁게 할 것을 약속드린다. 이 책을 맡아준 박성모 사장님과 책을 참하게 만들어준 편집부 직원들에게도 감사드린다.

점점 나이를 생각한다. 나를 믿는 가족들과 친구들과 제자들을 생각하며 그저 열심히 쓸 일이다.

2005년 8월,
내 생애에 가장 덥다고 느껴지는 여름날에
맹 문 재

현대시의 성숙과 지향

차례

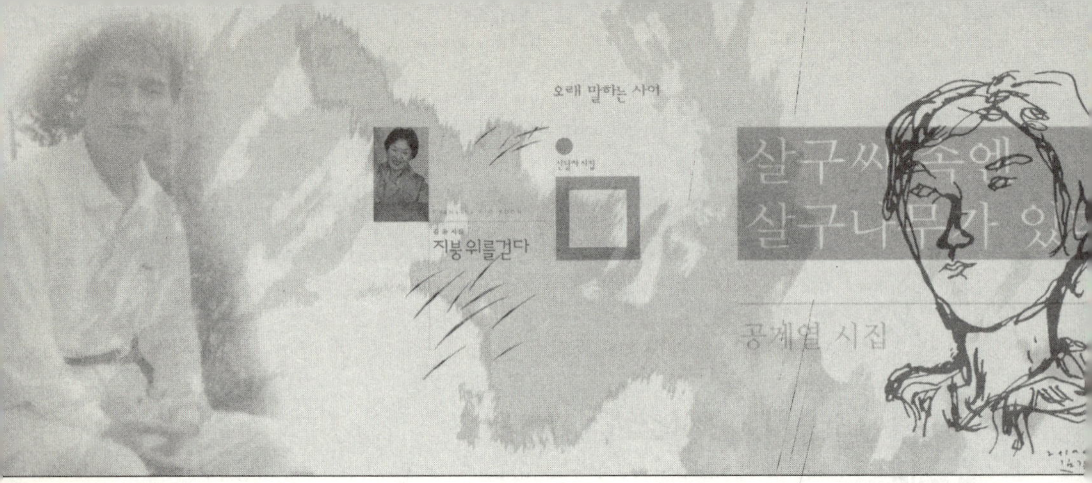

임 희 구 시 집
걸레와 찬밥

반대쪽 천국

1부

맨발

은빛 호각

춤

창비시선
238

창비시선
230

창비시선
247

문태준 시집

이시영 시집

박형준 시집

함께 하는 눈, 멀리 보는 눈

문태준, 「가재미」(『현대시학』, 2004.9)

1.

김천의료원 6인실 302호에 산소마스크를 쓰고 암투병중인 그녀가 누워 있다
바닥에 바짝 엎드린 가재미처럼 그녀가 누워 있다
나는 그녀의 옆에 나란히 한 마리 가재미로 눕는다
가재미가 가재미에게 눈길을 건네자 그녀가 울컥 눈물을 쏟아낸다
한쪽 눈이 다른 한쪽 눈으로 옮겨 붙은 야윈 그녀가 운다
그녀는 죽음만을 보고 있고 나는 그녀가 살아온 파랑 같은 날들을 보고 있다
좌우를 흔들며 살던 그녀의 물 속 삶을 나는 떠올린다
그녀의 오솔길이며 그 길에 돋아나던 대낮의 뻐꾸기 소리며
가늘은 국수를 삶던 저녁이며 흙담조차 없었던 그녀 누대의 가계를 떠올린다
두 다리는 서서히 멀어져 가랑이지고
폭설을 견디지 못하는 나뭇가지처럼 등뼈가 구부정해지던 그 겨울·어느날을
생각한다

그녀의 숨소리가 느릅나무 껍질처럼 점점 거칠어진다
나는 그녀가 죽음 바깥의 세상을 이제 볼 수 없다는 것을 안다
한쪽 눈이 다른 쪽 눈으로 캄캄하게 쏠려버렸다는 것을 안다
나는 다만 좌우를 흔들며 헤엄쳐 가 그녀의 물 속에 나란히 눕는다
산소호흡기로 들어마신 물을 마른 내 몸 위에 그녀가 가만히 적셔준다

— 문태준, 「가재미」 전문

문태준 시인의 「가재미」[1]가 따스하게 읽히는 것은 가족애를 바탕으로 한 공동체 의식이 들어 있기 때문이다. 자신의 어머니와 같이 가난하고 하찮은 사람들의 "파랑 같은" 삶을 긍정하고 포용하고 있기에 점점 개인주의, 이기주의, 물질주의가 횡행하는 이 시대를 되돌아보게 하는 힘이 있는 것이다. 그리하여 몸 안쪽에 두 눈이 달려 있는 "가재미"의 눈은 작지만 멀리까지 내다본다는 휴머니즘의 의미를 갖는다.

자본주의의 한 특성은 멀리 내다보지 않는다는 점이다. 자본주의는 과거의 문제에 연연하지 않고 미래에 대해서도 기대하지 않고 현재에 보다 관심을 둔다. 자본주의는 과거에 일어난 전쟁에 대해서도 각종 사건에 대해서도 전염병에 대해서도 관심이 없고, 미래에 일어날 환경오염에 대해서도 인구문제에 대해서도 종교문제에 대해서도 관심이 없다. 대신 오늘, 어떻게, 최대한 이익을 남길 수 있는가에 관심이 있다. 만약 주주총회에서 선임된 회사의 사장이 미래를 내다본다고 단기간 내에 이익을 남기지 않는 경영을 했다면, 그 사장은 주주들로부터 당연히 해고될 수밖에 없다. 그러므로 사장은 미래에 대한 계획이나 투자보다도 현재의 이익에 지식과 정보와 전략을 투자하는 것이다.

문태준 시인의 「가재미」는 자본주의의 이러한 근시안과는 대조적인 특성을 지니고 있다. 작품에서의 시간은 현재에만 집중되어 있는 것이 아니라 과거와 미래까지 연결되어 있어 멀기만 한 것이다.

---

1) 작품의 정서를 살리기 위해 "가자미"의 방언을 쓴 것으로 보인다.

　좌우를 흔들며 살던 그녀의 물 속 삶을 나는 떠올린다
　그녀의 오솔길이며 그 길에 돋아나던 대낮의 뻐꾸기 소리며
　가늘은 국수를 삶던 저녁이며 흙담조차 없었던 그녀 누대의 가계를 떠올린다
　두 다리는 서서히 멀어져 가랑이지고
　폭설을 견디지 못하는 나뭇가지처럼 등뼈가 구부정해지던 그 겨울 어느날을
생각한다

　시인은 "그녀"의 오솔길과 뻐꾸기 소리를, 가는 국수를 삶던 저녁을, 등뼈가 구부정해지던 그 겨울 어느 날까지 생각하고 있다. 현재는 그 과거의 토대 위에 성립되어 있는데 "김천의료원 6인실 302호에 산소마스크를 쓰고 암투병중인 그녀가 누워있"는 상황이나 "나는 그녀가 죽음 바깥의 세상을 이제 볼 수 없다"라는 인식이 그러하다. 이러한 시인의 눈길은 미래의, 상황까지, 즉 "그녀"의 "죽음" 상황까지 내다본다. 그리하여 "가재미가 가재미에게 눈길을 건네자 그녀가 울컥 눈물을 쏟아낸다 / 한쪽 눈이 다른 한쪽 눈으로 옮겨 붙은 야윈 그녀가 운다"라는 상황은 인간의 삶과 죽음에 대한 숙연함을 갖게 한다. 이와 같이 시인의 원시안에는 자본주의의 속도가 들어 있지 않다. 앞으로 앞으로 향하는 것이 아니라 "좌우를 흔들며 살던 그녀의 물 속 삶"이 있을 뿐이다. 자신의 존재를 잃어버리고 달려가는 자동차와 같은 자본주의의 속도는 없고 가난하지만 삶의 무게를 지니고 한발씩 걸어간 한 인간의 발자국이 보이는 것이다.
　그리하여 「가재미」에는 인간의 유대감이 들어 있다. 개인주의와 이기주의를 대신하는 공동체 의식이 들어 있는 것이다. 그것은 "김천의료원 6인실 302호에 산소마스크를 쓰고 암투병중인 그녀가 누워있"는 "옆에 나란히 한 마리 가재미로 눕는다"라는 시인의 행동에서 잘 나타나고 있다. "가재미가 가재미에게 눈길을 건네자 그녀가 울컥 눈물을 쏟아"내는 모습도 마찬가지이다.

　자본주의의 근시안은 이기적인 행동을 지향할 수밖에 없다. 자본주의는 최대한 자신의 이익을 늘리기 위해 탐욕을 드러내어 노동자들의 임금을 낮추고 대출이자율을 높인다. 보다 많이 소유하고 보다 많이 이익을 내려고 하는 것이 자본주의의 제1원칙이다. 사회적 불평등이나 부의 분배에 대한 불균형은 문제삼지 않고 적자생존의 원칙만 내세우고 적용한다. 문태준 시인의 「가재미」는 그와 같은 자본주의의 상황을 인간에 대한 사랑으로 그리고 원시안으로 극복하고 있는 것이다.

2.

　문태준 시인의 「가재미」가 뛰어난 점은 시 형식의 면에도 있는데, 우선 좋은 비유의 사용을 들 수 있다. "김천의료원 6인실 302호에 산소마스크를 쓰고 암투병중인 그녀가 누워있"는 모습을 "바닥에 바짝 엎드린 가재미" 같다는 비유가 그 단적인 모습인데, "그녀의 숨소리가 느릅나무 껍질처럼 점점 거칠어진다"에 이르러서는 좋은 비유의 한 정점을 보여준다. 문태준 시인이 구사하는 좋은 비유는 2003년 『'작가'가 선정한 오늘의 시』에서 시인 및 평론가들이 가장 좋은 작품으로 선정한 「맨발」에서도 잘 나타나고 있다.

　어물전 개조개 한 마리가 움막 같은 몸 바깥으로 맨발을 내밀어 보이고 있다
　죽은 부처가 슬피 우는 제자를 위해 관 밖으로 잠깐 발을 내밀어 보이듯이
맨발을 내밀어 보이고 있다
　펄과 물 속에 오래 담겨 있어 부르튼 맨발
　내가 조문하듯 그 맨발을 건드리자 개조개는

최초의 궁리인 듯 가장 오래하는 궁리인 듯 천천히 발을 거두어 갔다
저 속도로 시간도 길도 흘러왔을 것이다
누군가를 만나러 가고 또 헤어져서는 저렇게 천천히 돌아왔을 것이다
늘 맨발이었을 것이다
사랑을 잃고서는 새가 부리를 가슴에 묻고 밤을 견디듯이 맨발을 가슴에 묻
고 슬픔을 견디었으리라
아—, 하고 집이 울 때
부르튼 맨발로 양식을 탁발하러 거리로 나왔을 것이다
맨발로 하루 종일 길거리에 나섰다가
가난의 냄새가 벌벌벌벌 풍기는 움막 같은 집으로 돌아오면
아—, 하고 울던 것들이 배를 채워
저렇게 캄캄하게 울음도 멎었으리라

—「맨발」 전문

　어물선에 있는 "개조개"가 바깥으로 몸을 내보인 모습을 "맨발"로 비유하고 있는 작품인데, 그 세계인식은 깊고도 넓다. 시인은 부처와 그의 제자 가섭(迦葉)과의 깨달음을 담은 곽시쌍부(槨示雙趺)를 인유한 "죽은 부처가 슬피 우는 제자를 위해 관 밖으로 잠깐 발을 내밀어 보이듯"을 비롯하여 "내가 조문하듯", "최초의 궁리인 듯 가장 오래하는 궁리인 듯", "사랑을 잃고서는 새가 부리를 가슴에 묻고 밤을 견디듯", "가난의 냄새가 벌벌벌벌 풍기는 움막 같은 집", "움막 같은 몸 바깥으로" 등의 비유를 통해 힘든 삶이지만 품고 나아가야 하는 우주 만물의 운명을 잘 그리고 있다.

　비유는 상관없다고 여기거나 구별된다고 여기는 대상들로부터 유사성을 발견해내는 인식이다. 자신을 둘러싸고 있는 이 세계를 배제하지 않고 포용하는 행동이다. 자신의 편리나 편견에 의해 이 세계의 대상들을 배제하거나 회피하는 것이 아니라 수용해서 동일화를 지향하는 것이다. 비유는 조화의 추구이고 대립적인 대상들을 포용함이다. 따라서 비

유에는 자본주의의 속도가 들어 있지 않고 대신 공동체 의식과 연대감
이 들어 있는 것이다.

3.

　문태준 시인의 「가재미」가 형식적인 면에서 뛰어난 또 다른 점은 작
품의 내용을 효과적으로 담고 있는 시행(詩行)의 사용에 있다. 시인의 리
듬인 시행이 독자의 리듬인 율행(律行)보다 길기 때문에 시는 장중하고
사색적인 느낌을 주고 있는 것이다. 그리하여 공동체 인식과 멀리 내다
보는 눈길은 느리지만 길기만 하다. 만약 「가재미」의 시행이 지금보다
짧았다면 인간의 삶과 죽음과 그리고 그 힘든 노정에 대한 사유의 깊이
는 훨씬 감소되었을 것이다.
　파운드(E. Pound)가 정의했듯이 현대시는 논리시(logopoeia)의 성격을 갖는
다. 논리시는 음악성을 통하여 직접 호소력을 지니는 음악시(melopoeia)와
시각적 이미지를 중시하는 회화시(phanopoeia)보다 언어의 이지적인 면을
중시한다. 고도로 전문화되고 다양하고 급변하는 이 자본주의시대를 음
악이나 시각의 차원으로 담아내는 데는 한계가 있다. 따라서 이성적이고
논리적인 자세로 시의 대상들을 담아내야 하는데 작품의 주제를 살리는
시행의 사용도 그 일환이다.
　문태준 시인의 「가재미」는 좋은 비유와 아울러 적절한 시행의 구사
로 인해 가족애를 바탕으로 한 휴머니즘을 담고 있다. 그리하여 이기주
의와 물질주의가 만연한 이 자본주의시대를 되돌아보게 하는 힘이 있
는 것이다.

이미지가 있는 서술시

이시영, 『은빛 호각』(창작과비평사, 2003)

1.

　잠실시영아파트가 재건축으로 곧 헐린다고 한다. 베란다에 저보다 큰 장독대들을 이고 장장 삼십년을 버텨온 13평짜리 공중 시멘트 집. 언제 한번 지나면서 보니 빈민굴도 그런 빈민굴이 없었는데 싯가가 3억 7천이라고 해서 놀란 적이 있다. 77년 겨울, 시골에 계신 어머님을 모시고 와 첫 살림을 차렸던 곳. 이사한 첫날 생애 처음으로 마련한 내 집에 연탄을 한 백장쯤 들여놓고 내리던 함박눈을 펑펑 맞던 생각이 난다. 길 모퉁이에 쌀집과 연탄집을 겸한 금촌상회가 있어 쉽게 동 호수를 찾을 수 있었던 곳. 그러나 늘 좋은 일만 있었던 것은 아니다. 하루는 퇴근해서 돌아와보니 바로 앞동에서 남민전 사건이 터져 김남주 시인이 그의 동지들과 함께 달려갔다는 소식을 들었다. 목욕탕에 가면 멀찍이서 혼자 머리를 감다가 넓은 등을 보이며 사라지던 사람, 황혼녘이면 휘파람을 날리면서 곁을 스쳐가던 이가 그라는 것은 훨씬 나중에야 알았다. 그리고 79년 10월 27일 아침, 출근길의 아파트단지에 검은 까마귀떼처럼 펄럭이며 내

려앉던 하얀 신문 호외들 '대통령 유고'. 그 다음은 숨가쁜 사건들의 연속이어
서 일일이 다 기억의 필름을 인화할 수 없다. 5월 16일 저녁 회의를 마치고 돌
아오다 본, 잠실체육관으로 포신을 세우고 집결하던 탱크부대며 이튿날 새벽
'비상계엄 전국확대'라고 박힌 일간스포츠를 방바닥에 던지며 황급히 들이닥치
던 송기원의 상기된 얼굴 하며……

— 이시영, 「잠실시영아파트」 부분

이시영 시인의 여덟 번째 시집인 『은빛 호각』은 『만월』(창작과비평사,
1976) · 『바람 속으로』(창작과비평사, 1986) · 『길은 멀다 친구여』(실천문학사,
1988) 등에서 보여준 긴 서술시와 『이슬 맺힌 노래』(들꽃세상, 1991) · 『무
늬』(문학과지성사, 1994) · 『사이』(창작과비평사, 1996) · 『조용한 푸른 하늘』(솔,
1997) 등에서 보여준 짤막한 시들을 골고루 수록하고 있다. 작품의 배치
에 있어서 양적인 균형을 유지하고 있기도 하지만, 시인의 다양한 관심
사들을 내보이고 있는 것이다. 그리하여 담아야 할 내용에 따라 시인의
시 형태는 길기도 하고 짧기도 한데, 시인이 내보이고 있는 관심사는 어
린 시절 고향에서 체험했던 추억들에서부터 가지가지의 개인사, 1970년
대 및 1980년대의 시대적 상황들, 방북, 월드컵, 미국의 이라크 침공 등
에 이르기까지 다양하다.

지금까지 이시영 시인의 시에서 드러나는 특징은 수식에 치중하지 않
는 서술형 문체를 추구하고 있는 점이다. 그리하여 마치 매화나무 한 그
루를 담담하게 그린 한 폭의 한국화처럼 시인의 시들은 담백하고 포근
한 정서를 불러일으킨다. 그러한 예는 첫 시집 『만월』에 실려 있는 「후
꾸도」 · 「정님이」와 『바람 속으로』의 「낙식이형」, 『무늬』와 『사이』에 실
려 있는 뛰어난 연작시 「마음의 고향」 등에서 여실하고, 『은빛 호각』에
서 더욱 두드러진다. 열기에 들떠 온몸이 달아오르던 젊은 시절을 그린
「왕십리」, 다우다 이불장사를 하던 고향 선배를 소개한 「일만이 형」, 소
설가 최명희와의 일화를 그린 「최명희 씨를 생각함」, 고향의 로터리에

서 교통정리를 하는 교통순경을 그린 「푸른 제복」, 신경림 구중서 조태일 시인이 계엄법 위반으로 종로경찰서에 구금되어 있을 때의 일화를 소개한 「1980년 여름 종로경찰서」 등 일일이 소개할 수 없을 정도로 많은데, 「잠실시영아파트」도 그중 한 작품이다.

시인에게 있어 "잠실시영아파트"는 지금으로부터 27년 전 "시골에 계신 어머님을 모시고 와 첫 살림을 차렸던 곳. 이사한 첫날 생애 처음으로 마련한 내 집에 연탄을 한 백장쯤 들여놓고 내리던 함박눈을 펑펑 맞던" 곳이었다. 또한 "바로 앞동에서 남민전 사건이 터져 김남주 시인이 그의 동지들과 함께 달려갔다는 소식을 들었"던 곳이었고, "그리고 79년 10월 27일 아침, 출근길의 아파트단지에 검은 까마귀떼처럼 펄럭이며 내려앉던 하얀 신문 호외들 '대통령 유고'"를 접했던 곳이다. 그리하여 "잠실시영아파트"는 시인의 거주지이자 역사적 사건이 일어난 현장이기도 한데, 시인은 객관적 거리를 유지하면서 담담하고 나직하게 그 상황을 서술하고 있는 것이다.

서술시는 이야기시이지만 전적으로 서사시를 의미하지는 않는다. 서술시는 장르의 개념이 아니라 문체의 개념이기 때문에 서사시가 될 수 있지만 서정시의 형식도 될 수 있다. 서사시는 서술시이지만 모든 서술시가 곧 서사시는 아닌 것이다. 따라서 이시영 시인이 지금까지 추구한 작품들은 물론 『은빛 호각』에 수록되어 있는 것들은 서정시의 형식으로 쓰인 서술시이다. 그런데 서술시는 이야기를 하는 과정에 인간적인 감정이 내포됨을 주시할 필요가 있다. 시인이 이야기할 대상을 객관적인 거리를 유지하면서 독자들에게 차분하게 전하는 것은 인간적인 감정이나 가치를 배제하는 것이 아니라 오히려 제대로 포용해서 알리기 위한 자세이다. 그리하여 서술시에는 지극히 인간적인 호흡이 들어 있는데, 『은빛 호각』에서 단연 뽑을 수 있는 다음의 작품이 좋은 예이다.

신림 7동, 난곡 아랫마을에 산 적이 있지. 대림동에서 내려 트럭을 타고 갔던가, 변전소 같은 버스를 타고 갔던가. 먼지 자욱한 길가에 루핑을 이고 엎드린 한칸 방. 누나와 조카 둘과 나의 보금자리였지. 여름밤이면 집 앞 실개천으로 웃마을 돈사의 돼지똥들이 향기롭게 떠가는 것을 보며 수제비를 먹었지. 찌는 듯한 더위에 못 이겨 야산에 오르면 시골처럼 캄캄하던 동네. 개천 건너 그 동물병원 같은 보건소는 잘 있는지 몰라. 눈이 크다란 간호원에게 매일 아침 붉은 엉덩이를 내리고 스트렙토마이신을 한대씩 맞고 다녔지. 학교가 너무 멀어 오전 수업을 늘 빼먹어야 했던 집. 아니 결핵을 앓던 나를 따스히 보살펴주던 집. 겨울이면 루핑이 심하게 울어 조카의 어린 몸을 난로처럼 안고 자던 방. 아니 봄을 기다리던 누님과 나의 지상의 좁은 방 한칸.

―「지상의 방 한칸」 전문

시인은 인간적인 이해와 추억으로 누님과 함께 기거했던 좁은 방을 긍정하고 있다. "학교가 너무 멀어 오전 수업을 늘 빼먹어야 했던 집"이었고 "겨울이면 루핑이 심하게 울어 조카의 어린 몸을 난로처럼 안고 자던 방"이었지만, "결핵을 앓던 나를 따스히 보살펴주던 집"으로 여기고 있는 것이다. 이시영 시인의 시가 지금까지 특별한 수식에 치중하지 않으면서도 시적 긴장감을 가지고 있고 또 주제의 무게를 지닐 수 있는 것은 「지상의 방 한칸」에서와 같이 인간에 대한 진중한 관심 내지 예의가 있기 때문이다. 시인은 물질주의의 팽배에 의해 마멸되어 가는 인간성을 사회에서 소외된 착한 사람들을 통해 제시해주며, 간직해야 할 진정한 인간 가치를 추구하고 있는 것이다.

서술시는 고전시가로부터 한 전통으로 내려와 일제 강점기의 임화나 백석 또는 해방기의 김상훈의 시에서 여실히 나타나는데, 1970년대 이후에 등장한 민중시로 인해 크게 부각되었다. 이성부, 신경림, 김지하 등의 작품들이 정치적으로 경직화되고 경제적으로 부의 분배가 제대로 이루어지지 않은 시대 상황을 이야기했고, 1980년대에 들어서는 박노해, 백무산 등의 작품들이 보다 큰 목소리로 그리고 당당하게 이야기한 것이다. 민중시는 자신이 살아가는 시대와 사회의 모습을 정직하게 이야기하는 것으로 곧 리얼리즘 정신을 추구하는 것이다. 그리하여 기존의 작품에서 나타났던 과도한 주관성과 그것으로 인한 난해성을 극복하였고, 또한 시인에 의해 선택된 상황이나 인물이 시대를 담아내는 전형이 되었다. 결국 민중시 시인들은 배우지 못하고 가지지 못하고 내세울 것이 없는 민중들의 삶을 구체적 언어로써 이야기한 것이다.

이시영 시인의 시에서 드러나는 또 다른 특징은 포착된 대상을 이미지화해서 서술한다는 점이다. 긴 산문시든 짧은 시이든 시인의 작품들에는 이미지가 지배하고 있다. 사실 이미지는 서술시보다도 묘사시의 근본 요소이다. 묘사시는 주관적 개입을 최대한 억제하고 대상의 인상을 묘사하는 데에 관심을 갖고 있으므로 실제의 대상을 그대로 재현하는 것이 아니라 시인이 관심을 갖고 있는 면을 부각시키는 것이다. 이시영 시인은 소설의 구성과 같은 완결된 형식을 갖추고 있지 않은 상태로, 또 오래된 친구의 이름을 부르는 것 같은 기억으로 포착한 대상들을 이미지화해서 서술하고 있다.

> 길 하나가 산꼭대기를 향해 쭉 뻗어 있다
> 저 길을 누가 부랴부랴 갔을 것 같다
>
> —「저녁 산길」 전문

> 인사동 처마끝에 낙숫물 듣는 소리
> 방금 비둘기가 앉았다 날아간 자리가 파르르 젖는다
>
> —「기억」 전문

이처럼 이시영 시인의 시는 포착한 이미지를 토대로 서술되고 있다. 산꼭대기까지 뻗어 있는 "길"을 통해서는 "부랴부랴 걸어갔을 것 같"은 '누군가'를 이미지화하고 있고, 처마 끝에 떨어지는 빗소리를 통해서는 "방금 비둘기가 앉았다 날아간 자리가 파르르 젖는" 이미지로 즉 청각적인 대상을 시각적인 대상으로 이미지화하고 있는 것이다.

　이시영 시인의 작품들은 특히 사회로부터 밀려난 약한 사람들과 자신
의 삶을 극복해내려는 착한 사람들을 이미지의 대상으로 집중하고 있다
는 점에서 민중시 계열에 든다고 볼 수 있다. 그렇지만 이미지 자체를
중시하고 있다는 점에서 사건이나 내용을 중시하는 일반 민중시와는 차
별된다. 물론 이미지를 중시하면서 인간적인 감정을 배제시키는 사물시
와는 단연 구별된다. 이시영 시인의 이미지들은 자신이 실제적으로 보고
들은 것이어서 추상적이거나 관념적이지 않다. 결국 시인은 이야기할 가
치가 있다고 여기는 사람들을 이미지화하고 있는 것이다. 그러므로 시인
의 시들은 지극히 휴머니즘을 띠고 있는데, 긴 작품일수록 인간에 대한
이야기가 자세하고 재미있고 따습다. 나아가 시대와 사회를 이해할 수
있는 계기까지 마련해준다.

언덕길 막바지에 있는 집

김명인, 「집」(『파문』, 문학과지성사, 2005)

1.

새 집들에 둘러싸이면서
하루가 다르게 내 사는 집이 낡아간다
이태 전 태풍에는 기와 몇 장 이(齒) 빠지더니
작년 겨울에 허리 꺾인 안테나
아직도 굴뚝에 매달린 채다
자주자주 이사해야 한 재산 불어난다고
낯익히던 이웃들 하나 둘
아파트며 빌라로 죄다 떠나갔지만
이십 년도 넘게 나는
언덕길 막바지 이 집을 버텨왔다
지상의 집이란
貧富에 사무쳐 살이 우는 동안만 집인 것을

집을 치장하거나 수리하는
그 쏠쏠한 재미조차 접어버리고서도
먼 여행 중에는 집의 안부가 궁금해져
수도 없이 전화를 넣거나 일정을 앞당기곤 했다
언젠가는 또 비워주고 떠날
허름한 집 한 채
아이들 끌고 이 문간 저 문간 기웃대면서
안채의 불빛 실루엣에도 축축해지던
시퍼런 家長의
뻐꾸기 둥지 뒤지던 세월도 있었다

— 김명인, 「집」 전문

김명인 시인의 「집」이 읽는 사람에게 오랫동안 눈길을 끄는 것은 "언덕길 막바지"에 "집"이 있기 때문이다. 언덕길 끝에 있는 그 "집"은 길 위에서 헤매던 한 인간이 비로소 휴식을 취할 수 있는 안식처이기에 그저 포근하고 안온한 것이다.

김명인 시인은 첫 시집 『동두천』(문학과지성사, 1979) 이후 『머나먼 곳 스와니』(문학과지성사, 1988), 『물 건너는 사람』(세계사, 1992), 『푸른 강아지와 놀다』(문학과지성사, 1994), 『바닷가의 장례』(문학과지성사, 1997), 『길의 침묵』(문학과지성사, 1999), 『바다의 아코디언』(문학과지성사, 2002) 등에서 길 위를 수없이 걸었다. 시인이 걸었던 길은 신나게 소풍을 가거나 기대를 잔뜩 품고 먼 곳에 여행을 떠나거나 반가운 친구를 만나기 위한 것이 아니라 "헤매는"(「그대는 어디서 무슨 病 깊이 들어」) 것이었다. 또한 "서성거리"(「캔터키의 집 1」)는 것이었고, "긴 채찍으로 스스로를 치"(「들깨꽃」)는 것이었고, "피 흘릴 사랑 없"(「꿈꾸는 땅」)는 것이었고, "위안 없이 가"(「가야 할 길 집」)는 것이었고, 심지어 "죽음의 환한 저 끝"(「트럭에 실려가는 돼지」)을 인식하는 것이었다. 그리고 "절반 더 산안개에 묻혀 있"(「嶺東行脚 Ⅲ」)고, 앞날이 "보이지 않"(「개미」)고, "그저 그렇게 / 심드렁해 보"(「유적을 향하여」)이고, "온전히 그 끝을 알 수 없"(「길」)고, 그리고 "끝닿을 것 같지 않"(「구멍」)는 길을 간 것이었다.

시인이 걸어간 그 길은 동양사상에서 흔히 말하는 도(道)와 같은 형이상학적인 대상이 아니라 지극히 현실적인 거리였다. 물론 공간적인 길만이 아니라 "이 나라에서 돈 버는 길이란 사기거나 투기"(「돈」)라거나 "오늘은 사리원 가는 길"(「사리원 길」)처럼 상징적이고 이념적인 길도 있었지만, 한 소시민으로서 하루하루의 삶을 영위하기 위해 걷는 길이 지배적이었다. 시인은 그동안 한 청년으로서, 한 가장으로서, 한 시인으로서 즉 한 사회적 존재로서 길 위에서 고민하고 기대하고 반성하고 그리고 자신을 응시하며 헤맨 것이었다.

시인의 그와 같은 행동은 지극히 인간적인 모습이다. 인간이란 본래 양식을 구하기 위해, 자신의 짝을 구하기 위해, 땅을 넓히기 위해 길을 걸어온 것이다. 그러므로 집을 나와 걷는 행위는 자신의 몸을 희생할 정도로 강한 야망을 가지고 있다. 그 야망으로 인해 숱한 망설임이 있고 판단이 있고 행동이 있고 그리고 그것으로 인해 좌절감을 겪기도 하고 환호작약하기도 한다. 그에 비해서 집으로 돌아오는 길은 야망을 가지고 있지 않다. 양식을 구했든 구하지 못했든 휴식을 취하러 돌아오는 길이기 때문이다. 그러므로 서두를 필요 없이 천천히 걸어오기만 하면 되는 것이다.

그렇지만 걸어오는 길 끝에 집이 없는 인간은 발걸음이 평안하지도 가볍지도 않다. 마음 놓고 상한 몸과 정신을 추스르고 새로운 준비를 할 수 있는 집이 없기 때문인데, 그러한 모습은 김명인 시인의 경우에도 예외 없이 나타나고 있다.

십여 년 전인가, 나는
상봉동의 바위산에 올라가
닥지닥지 눌러앉은 서울의 집들을 바라본 적이 있다

그때 집이 없었으므로
눈높이까지 차오른 저 집들의 어디에
나도 마음 누일 방 한 칸 있었으면 했다, 가솥들을 끌고
몇 개월마다의 이사와 가파르던 숨결

—「칼새의 방」부분

"마음 누일 방 한 칸"이 없었기 때문에 시인의 귀갓길은 평온하지도 푸근하지도 않았다. 오히려 "가솥들을 끌고 / 몇 개월마다의 이사" 때마다 경험했던 "가파르던 숨결"을 떠올릴 뿐이었다. 따라서 시인이 집 한 채를 얻기 위해 야망을 품고 길 위를 헤맨 것은 당연한 행동이다. 시인의 그와 같은 행동은 특수한 모습이 아니라 이 도시에서 살아가는 소시민들의 보편적인 삶의 모습인 것이다. 그러므로 시인이 "그동안 내가 한 일은 서울에다 집 한 채 지었던 일"(「문패」)이라고 토로한 것은 허무한 일이지만, 길 위를 헤매는 사람들이 갖는 최고의 행복한 일이기도 한 것이다.

2.

집 문제는 밥 문제와 더불어 한국 문학에서 큰 물줄기를 형성하는 주제이다. 그것은 일제에 의한 강점과 한국전쟁과 같은 엄청난 외부 조건으로 인해 사람들의 삶이 송두리째 뽑힌 상황이었기 때문에 당연한 면이라고 볼 수 있다. 그런데 현대사회로 올수록 집 문제가 점점 부각되고 있다. 그동안의 경제 성장으로 인해 밥 문제가 상대적으로 작가들에게 덜 긴박한 문제로 인식되었기 때문일 것이다. 가령 최서해가 「홍염」・「기아

와 살육」·「박돌의 죽음」·「큰물진 뒤」 등을 통해 극도의 굶주림과 비인간적인 대우에 대해 살인과 방화로써 대항할 정도로 1920년대는 밥 문제가 절대적인 주제였지만, 1960년대에 들어서는 집 문제 역시 그에 못지않게 부각되었다. 현대 문학사에서 결코 빼놓을 수 없는 황석영의 「삼포 가는 길」이나 조세희의 「난장이가 쏘아올린 작은 공」을 그 단적인 예로 들 수 있을 것이다.

「삼포 가는 길」에 등장하는 인물들은 모두 떠돌이 생활에 지쳐 편안하게 정착하고 싶은 희망을 가지고 있다. 그러나 정씨와 영달이 고향인 삼포에 도착했을 때 관광호텔 공사장으로 변해 있어 그 꿈을 한순간에 깨지고 만다. 열 집 정도 살고 있어 '비옥한 땅은 남아돌아가고 고기도 얼마든지 잡을 수 있다고 그동안 꿈꿔온 고향을 순식간에 잃고 만 것이다. 결국 이 작품은 한 인간이 편안하게 안주할 수 있는 집을 구하는 것이 산업화 사회에서 얼마나 어려운가를 여실히 보여주고 있다. 「난장이가 쏘아올린 작은 공」 역시 산업화 사회에서 집이 얼마 소중한 것인가를 잘 보여주고 있다. 무허가 판자촌에서 살아가던 난쟁이 일가는 주택 재개발사업으로 인해 집을 잃게 되어 완전히 파탄되고 만다. 난쟁이인 아버지는 더 이상 가장의 역할을 할 수 없다는 절망감에 빠져 벽돌공장의 굴뚝에서 떨어져 자살을 하고, 난쟁이의 큰아들은 노동운동에 뛰어들어 끝내 경영자의 살해죄로 사형을 언도받고, 그리고 난쟁이의 딸은 입주권을 돌려받기 위해 부동산 투기업자에게 자신의 몸을 바치는 것이다. 이 작품은 집을 인간의 안식처라고 하는 인식을 넘어 교환가치의 대상으로 여기는 세태를 예리하게 파악하고 있어 더욱 주목된다. 난쟁이 일가는 주택 재개발 사업에 따라 받은 입주권을 가지고 아파트의 실제 분양가를 해결할 수 없었기 때문에 웃돈을 좀 받고 부동산 투기업자에게 팔아넘기고 마는데, 그 업자는 높은 프리미엄을 붙여 다른 실수요자에게 되팔아 엄청난 이익을 챙긴다. 이처럼 이 작품은 자본주의 사회에서 집이 철저히 교환가치의 상품으로 유통되고 있는 사실을 예리하게 간파하고 있다. 김명인 시인의 「집」에도 그와 같은 파악이 들어 있다.

> 자주자주 이사해야 한 재산 불어난다고
> 낯익히던 이웃들 하나 둘
> 아파트며 빌라로 죄다 떠나갔지만
> 이십 년도 넘게 나는
> 언덕길 막바지 이 집을 버텨왔다

　자본주의 사회에서 사람들은 "집"을 사용가치의 대상이 아니라 철저히 교환가치의 대상으로 삼고 있다. "집"을 식구들이 오순도순 모여 살아가는 따스한 거처지로 여기지 않고 재산 증식의 대상으로 수단화시키고 있는 것이다. 그리하여 "자주자주 이사해야 한 재산 불어난다고 / 낯익히던 이웃들 하나 둘 / 아파트며 빌라로 죄다 떠나"간다. 그렇지만 시인은 "집"을 교환가치로 여기지 않고 "언덕길 막바지"에서 "이십 년도 넘게" 지켜오고 있다. 시인 역시 이 자본주의 사회의 한 구성원으로서 당연히 이익에 관심이 있을 것이지만, 인간다운 삶의 가치를 견지하고 끝내 "집을 버텨"온 것이다. 따라서 언덕길 끝에 있는 시인의 "집"은 보금자리가 될 수 있다. 그 "집"은 텔레비전이나 신문이 제공하는 뉴스에 흔들리지 않는다. 또한 문밖의 길 위에서 해맨 시인의 얼굴을 평온하게 해주고, 수단의 대상으로 대우받은 굴욕감을 씻어주고, 마음 놓고 발을 뻗게 해준다. 더 이상 세상으로부터 그리고 자신으로부터 소외당하지 않고 인간으로서의 존엄성을 회복시켜주는 것이다. 그리하여 시인은 "집"을 식구처럼 사랑한다.

> 집을 치장하거나 수리하는
> 그 쏠쏠한 재미조차 접어버리고서도
> 먼 여행 중에는 집의 안부가 궁금해져
> 수도 없이 전화를 넣거나 일정을 앞당기곤 했다

　이처럼 시인은 "집"을 단순한 거처지가 아니라 사랑하는 식구처럼 여기고 있다. 그리하여 혹 여행이라도 가면 "안부가 궁금해져 / 수도 없이 전화를 넣거나 일정을 앞당기곤" 한다. 그렇기 때문에 "이태 전 태풍에는 기와 몇 장 이(齒) 빠지더니 / 작년 겨울에 허리 꺾인 안테나 / 아직도 굴뚝에 매달린 채"이지만 싫어하지 않는다. 오히려 막역한 친구처럼 넉넉히 이해하고 함께 한다. 진정 시인의 "집"은 게젤샤프트(gesellschaft)의 공간이 아니라 게마인샤프트(gemeinschaft)의 공간이다. "아이들 끌고 이 문간 저 문간 기웃대면서 / 안채의 불빛 실루엣에도 축축해지던 / 시퍼런 家長의 / 뻐꾸기 둥지 뒤지던 세월"의 아픔을 넉넉히 품고 있다. 길 위를 헤매는 동안 상한 시인의 몸과 정신을 다독여주는 것이다. 그러므로 시인의 "집"은 이 자본주의 사회의 광풍 앞에서도 쉽게 무너지지 않을 것이다.

천사를 만나는 황홀

정진규, 「천사의 똥」(『현대시학』, 2004.6)

1.

천사도 똥을 눈다 천사는 똥을 싼다 싼다는 말이 좋다 그냥 싼다 아무도 어쩌지 못한다 그냥 싼다 싼다는 말에는 참을 수 없는 황홀이 있다 그게 자유라는 몸이다 제일로 좋은 표준어이다 기저귀를 차고 있지만 오오, 자유를 받아내는 기저귀, 오오 천사의 똥! 새들도 날아오르면서 찌익! 황홀을 흉내낸다 싼다

—정진규, 「천사의 똥」 전문

정진규 시인의 「천사의 똥」은 갓난아기를 "천사"라고 비유할 정도로 사랑이 극진하게 나타난 작품이다. 그리하여 갓난아기가 "똥"을 싸는 모습을 불쾌히 여기거나 회피하지 않고 "자유"로운 것으로 여기고 있고, 똥을 "싼다"라는 말을 "제일로 좋은 표준어"로 삼고 있다. 심지어 시인은 갓난아기가 똥을 싸는 행동에 대해서 "황홀"을 느끼고 있다.

그동안 시인은 천사에 대해 많은 관심을 보였다. 「천사 1」·「천사 2」·「천사 3」의 연작시를 『별들의 바탕은 어둠이 마땅하다』(문학세계사, 1990)에서 내보였고, 「천사들」·「다시 천사에 대하여」라는 산문을 『알詩』(세계사, 1997)에서 선보였으며, 「신생아실에서」(『도둑이 다녀가셨다』, 세계사, 2000)에서도 천사를 불렀다. 그리고 『현대시학』(2004.6)에 발표한 「천사의 똥」·「옹알이」에서도 확인된다.

지금까지 시인이 관심을 보인 천사는 한 대상이 아니라 복수의 대상이고, 제한된 대상이 아니라 열린 대상이다. 그리하여 천사는 "이중섭"이나 "김종삼"을 지칭하기도 했고 시인들이 쓰고 있는 시의 행간 속에서 만나는 수많은 대상들로 방사되기도 했는데, 최근에 이르러서는 집안에 든 "아기"로 집중되고 있다. 시인에게 있어서 천사는 "속살이 화안하게 드러나 보이는 잇몸, 그런 모습의 말씀을 건넨다 입을 가리지 않는다 맨발로 건너오는 천사의 누더기가 꽃이 된다"(「천사 1」)와 같이 오염되지 않고 맑고 깨끗한 상태인데 그 특성은 갓난아기에 이르러서 더욱 여실하다. 그렇다면 시인은 왜 갓난아기를 천사로 여기고 집중적으로 찬미하고 있는가? 일찍이 노자는 갓난아기에 대해서 다음과 같이 찬미했다.[1]

정기를 집중하여 흩트리지 않고 유연한 자세로 갓난아기 같을 수 있겠는가?
專氣致柔, 能嬰兒乎?

— 『노자』 제10장 「能爲」

나 혼자만은 담담하고 염정하여 아무런 징조도 없으며 마치 웃음조차 모르는 갓난아기 같다.
我獨泊兮其未兆, 如嬰兒之未孩

— 『노자』 제20장 「異俗」

영구불변하는 덕에서 떨어지지 않아 순진한 갓난아기로 되돌아갈 수 있다.

---

1) 장기근 역, 『노자 / 장자』(삼성출판사, 1981)를 많이 참조함.

常德不離, 復歸於嬰兒

—『노자』 제28장「反朴」

백성들이 모두 귀와 눈을 집중시키지만, 성인은 그들을 갓난아기로 다룬다.
百姓皆注其耳目, 聖人皆孩之

—『노자』 제49장「任德」

덕을 돈후하게 가진 사람은 천진난만한 갓난아기에 비길 수 있다.
含德之厚, 比於赤子

—『노자』 제55장「玄符」

위의 제10장에서 노자는 몸을 다스리는 법과 나라를 다스리는 법을 논하고 있는데 결국 자연에 따르는 것이 가장 좋은 것이라고 말하고 있다. 그 자연적인 것이란 곧 갓난아기와 같다고, 정기를 밖으로 새어 나가지 않게 하고 마음과 몸을 부드럽게 해 음탕한 욕망에 흔들리지 않는 생기를 얻는 것으로 보았다.

제20장에서는 세속적인 중인들은 마치 풍성한 잔칫상을 받은 듯 또는 봄에 높은 대에 올라가 사방을 전망하듯 즐거운 양 들떠 있지만 자신은 마치 웃음조차 모르는 갓난아기와 같다고 했다. 그 모습은 홀로 멍청하고 우둔하고 촌스럽게 보이지만 뭇사람들과 달리 만물을 키우는 어미(大道)를 귀하게 여기는 것으로 보았다.

제28장에서는 도를 따라 여성적인 겸허나 유약을 지키면 천하의 계곡이 되어 모든 사람을 따르게 할 수 있을 것이라고 말하고 있다. 도를 지키면 어른이면서 갓난아기로 복귀하는 것이고, 현세에 살면서 무궁무진한 도에 복귀하는 것이고, 높은 왕위에 있으면서 소박한 자리로 복귀한다고 본 것이다.

제49장에서는 도를 터득한 성인은 고정관념이나 독단에 사로잡히는 일이 없이 항상 백성들과 같은 마음으로 생성화육을 하도록 만들어준다

고 말했다. 성인은 모든 사람을 동등하게 보아 주관적인 가치나 자기중
심의 선악으로 백성을 분별하는 일이 없어 순진하고 소박한 갓난아기의
상태로 돌아가 언제까지나 천하를 무사태평하게 한다고 믿은 것이다.

　제55장에서는 덕을 잘 터득한 사람을 갓난아기에 비유했다. 순진무구
하고 소박한 상태에서 허정과 유약을 지킴으로써 대자연과 잘 조화되어
스스로 잘 자랄 수 있다고 보았다. 만물은 대자연 속에서 인위적인 조작
이 아니라 조화를 이루어야 제대로 자랄 수 있다고 본 것이다.

　위와 같이 노자가 갓난아기를 찬미한 것은 세속적인 때가 묻지 않고
자연스러운 천성을 지니고 있기 때문이었다. 즉 노자는 갓난아기를 자신
이 생각하는 도에 가장 잘 부합하는 대상으로 여긴 것이다. 도의 체득에
관한 노자의 견해는 "척제현람(滌除玄覽)"(『노자』 제10장)으로 집약시킬 수
있다. 척제라는 말은 때를 말끔히 씻고 닦아낸다는 것이고, 현람이라는
말은 마음의 거울을 가리킨다. 따라서 척제현람이라 깊고 영묘한 마음에
묻은 때를 씻어낸다는 뜻이 되는데, 그 거울을 갓난아기로 본 것이다.

　정진규 시인이 「천사의 똥」에서 갓난아기를 찬미하고 있는 것은 노자
의 관심과 같은 차원으로 볼 수 있다. 세속의 물정에 오염되지 않은 갓
난아기를 단순한 부정(父情)의 차원이 아니라 인간의 도를 구현하는 이
상향으로, 그리고 시작품에서 추구해야 할 심미적인 대상으로 삼고 있는
것이다. 그러한 면은 시인의 다음 산문에서도 잘 나타나고 있다.

　　더 분명한 그들의 모습은 요즈음 우리집에 넘치고 있다. 우리집 사람들은 요
즈음 일상의 말이 내는 소리가 아닌 소리로 말하고 있는 것을 발견하고 나는
한없이 놀라고 있다. 그것은 실제로 한 천사가 우리집에 당도해 있기 때문인데,
그는 생후 3개월의 아기이다. 우리 집안사람들이 내는 그 소리는 아직 세상의
말을 모르는 아기와 교감하는 소리이다. 세상에 오염되지 않은 근원의 말, 그
첫 물줄기이다.

— 「천사들」 부분

　이처럼 시인이 갓난아기를 천사로 찬미하고 있는 것은 "세상에 오염되지 않은 근원의 말, 그 첫 물줄기"를 만나기 위해서이다. 시인이 시란 "천사 훔쳐내기"라고 또 다른 산문인 「다시 천사에 대하여」에서 정의한 근거는 이 점에서 해명될 수 있다.[2] 시인에게 천사의 말이란 "상처의 말"이 아니라 "흉터의 말"이다. 상처의 말은 아물기 전의 말이어서 또다시 "상(傷)"과 "음(淫)"을 낳지만, 흉터의 말은 흉터에 이르기까지 통과한 시간과 공간이 있는 체험의 집으로 또 다른 상처를 만들지 않고 오히려 생성의 토대가 된다. 그리하여 천사의 집은 아름답고 깨끗하고 "알"처럼 완전한 것이어서 황홀에 이른다.

2.

　정진규 시인의 「천사의 똥」에서 관심을 끄는 또 다른 면은 "황홀"이다. 그동안 시인은 "황홀"에 대해서도 많은 관심을 보였다. 「황홀」·「황홀한 잡것들」·「맨발-알 9」를 『알詩』에서 내보였고, 「이순」(『도둑이 다녀가셨다』)이나 「천사의 똥」 등에서도 보였다. 시인이 표명한 "황홀"이란 이성적 직관에 의한 것인데, 그것은 과연 어떤 것일까? 노자는 황홀에

---

2) "천사 훔쳐내기"는 다음의 작품에 잘 나타나고 있다. "술工場에 다니고 있는 나는 가끔 기쁘게 술을 훔쳐낸다 그런 날은 李仲燮과 金宗三을 만나러가는 날인데 그들은 언제나 毒한 소주만 훔쳐오라고 했다 훔친 물건을 그들은 더 좋아했다 반듯한 것 떳떳한 것은 언제나 그들을 거북하게 했다 감춰진 것 훔쳐내기, 그게 제일 재미있는 일이라고 도둑日記를 써보라고 그들은 내게 권했다 나는 말을 잘 들었다 그렇지만 그들은 정답하지 않았다 그들은 저승에서 함께 살고 있었지만 언제나 앙숙이었다 낡은 석유 풍로에 밥도 따로따로 지어먹었다 金宗三은 내가 훔친 술값으로 낡은 레코드 한 장씩을 언제나 내주었고 李仲燮은 가끔 銀箔紙 그림 한 點씩을 아깝게 내주었는데 자기 것이 더 비싼 거라고 우기지는 않았다."(「천사 2」 전문)

대해서 다음과 같이 정의하고 있다.

> (도를) 형상 없는 형상이라고 하고 물체 없는 형상이라 하며, 이를 황홀이라
> 한다.
> 是謂無狀之狀, 無物之象, 是謂恍惚
>
> —『노자』제14장 「贊玄」

> 커다란 덕의 모습은 오직 이 도만을 따르니, 도라는 것은 오로지 황하고 홀
> 하다. 홀하고 황한데 그 가운데에 모습이 있고, 황하고 홀한데 그 가운데에 무
> 엇이 있다.
> 孔德之容, 惟道是從, 道之爲物, 惟恍惟惚. 惚兮恍兮, 其中有象, 恍兮惚兮,
> 其中有物
>
> —『노자』21장 「虛心」

"황홀"의 사전적 개념은 "① 빛이 어른어른하여 눈이 부심, ② 사물에 마음이 팔려 멍한 모양, ③ 미묘하여 헤아려 알기 어려움"3) 등으로 나누어볼 수 있는데, 이 중에서 노자가 말한 황홀은 ③에 해당된다. 황홀은 무형(無形)이고 무상(無象)이며 이름을 지을 수 없는 것으로 곧 도의 특징을 지닌다. 도는 무형의 실체로 시간과 공간을 초월한 상대이다. 노자가 도를 천하의 어머니라고 할 수 있지만 "이름은 알 수 없고 억지로 자를 붙여 도라 하고 억지로 이름 지어 대라 했[吾不知其名, 强字之曰道, 强爲之名曰大]"(『논어』제25장)듯이, 도는 시간과 공간을 초월한 무형의 실재로서 인식할 수도 없고 이름 지어 부를 수도 없는 것이다. 그렇지만 그 무형의 도가 만물을 낳는다. 무형, 무상의 도 속에 유형의 만물이 무궁무진하게 내재되어 있는 것이다. 그러므로 도는 잡을 수 없는 것이지만 현상세계에 나타나고 작용한다.

정진규 시인이 "천사"에게 느끼는 "황홀" 역시 위와 같은 도의 차원

---

3) 이기문 감수,『동아 새국어사전』, 동아출판사, 1992, 2660면.

으로 이해될 수 있다.

시인이 느끼는 "황홀"은 만져볼 수도 없고 들을 수도 없고 볼 수도
없지만, 그것은 분명 존재한다. 그것은 "천사"가 "똥"을 "싼다"라는 것에
실재한다. "똥"을 싸는 것은 파괴와 생성이 한 덩어리로 존재하는 것이
고 향내가 퍼지는 것과는 정반대적인 것이지만, 만물이 생성되기 위한
썩는 일의 시작이기에 "황홀"할 수 있다. 썩는 것으로부터 모든 유형의
만물은 생성되기 때문이다. 따라서 "싼다"는 행위는 지극히 "자유"로운
것이다. 세속의 이해관계가 없고 자연의 질서가 고스란히 담겨 있으며,
지극히 순수하고 필연적인 것이다. 마치 "이를테면 滿開의 영산홍 한
그루, 그를 이 봄에도 어김없이 만날 수 있"(「황홀」)는 것과 같은 이치이
다. 그리하여 시인은 "싼다는 말에는 참을 수 없는 황홀이 있"음을 경험
하는데, 그것은 대지에 뿌리박으려는 한 인간의 지극한 모습이다. 곧
"흙터의 말"을 체득하는 것이다.

―「맨발―알 9」 전문

시인의 "황홀"은 이처럼 오랜 세월 "맨발로 헤매이다"가 "발바닥에
박힌", "가시"와 같은 것이다. 시인에게 있어 "가시"는 살을 부어오르거
나 곪게 하는 것이 아니라 새로운 살이 돋게 하고 뼈를 만들게 한다. 단

선적인 인식을 뛰어넘은 이 결과는 "황홀"을 경험한 자만이 알 수 있다. "황홀"은 사랑과 마찬가지로 설명할 수 없고 경험할 수만 있는데, 그것은 상처로서가 아니라 흉터로서만 가능하다. "미주알 빠"(「암탉―알 24」)지는 고통을 감수한 인간만이 생명의 위대함을 알 수 있듯이, 자신을 "천사"로 만드는 흉터가 있어야만 가능한 것이다. 그러므로 시인이 경험한 "황홀"은 생명의 박동을 느끼도록 한없이 새뜻하고 따뜻하다.

환한 빛의 세계를 노래하다

이오덕, 「빛과 노래」(『고든 박골 가는 길』, 실천문학사, 2005)

1.

한 달 동안 병원에서
밤낮 노래를 들었다.
며칠 뒤에는 고든박골 병실로 옮겨
햇빛 환한 침대에 누워
새소리 바람소리 벌레소리 듣는다.
아, 내가 멀지 않아 돌아갈 내 본향
아버지 어머니가 기다리는 곳
내 어릴 적 동무들 자라나서 사귄 벗들
모두모두 기다리는 그곳
빛과 노래 가득한 그곳,
그러고 보니 나는 벌써
그곳에 와 있는 것 아닌가

　　그곳에 반쯤 온 것 아닌가
　　나는 가네 빛을 보고 노래에 실려

—이오덕, 「빛과 노래」 전문

　아동문학가이자 우리말 연구가로 한평생을 살아온 이오덕 시인의 「빛
과 노래」는 그가 세상을 떠나기 엿새 전 아침에 쓴 작품이다. 시인은
1925년 11월 14일 경북 청송에서 태어나 2003년 8월 25일 충북 충주시
신니면 무너미마을 고든박골에서 향년 78세로 타계했다.
　이 작품에서 가장 주목되는 점은 죽음의 세계를 "빛과 노래 가득한
그곳"이라고 노래한 사실이다. 그리하여 시인의 그 세계는 어둡지 않고
지극히 밝다. 그곳이 두렵거나 쓸쓸하거나 외롭지 않고 오히려 고향이나
어머니의 품속처럼 편안하다. 시인은 그곳을 따스한 보금자리로 여기고
있다.

　　아버지 어머니가 기다리는 곳
　　내 어릴 적 동무들 자라나서 사귄 벗들
　　모두모두 기다리는 그곳

즉 사랑하는 아버지와 어머니 그리고 그리운 친구들이 반겨 맞이해줄
곳이기 때문에 외롭거나 쓸쓸하지 않고 포근한 곳으로 여기고 있는 것
이다. 서로 경쟁하고 시기하고 배척하는 세계가 아니라 감싸주고 챙겨주
고 나눠주는 세계, 그리하여 시인은 그곳으로 가는 길을 "빛을 보고 노
래에 실려"간다고 즐거워하고 있다. 죽음의 세계를 "빛"이 환한 곳으로
인식하고 당당하게 들어가는 자세야말로 인간의 숭고함이고 아름다움이
다. 평생을 함께 한 친구를 묻으면서 자신도 그의 곁에 묻히고 싶어하는
예지게이의 심정도 그와 같은 것이다.
　친기즈 아이뜨마토프(Chingiz Aitmatov)의 소설 『백년보다 긴 하루』는 한
인간의 죽음이 삶에 있어서 얼마나 소중한 것인가를, 또 한 인간의 죽음

환한 빛의 세계를 노래하다　41

을 통해 진정한 삶이란 어떤 것인가를 진지하게 사유하고 있다. 30년 이상 철도 노동자로서 함께 일해 온 동료 까잔갑이 죽었다는 사실을 전해들은 예지게이는 빨리 그의 곁에 가려고 한다. 그렇지만 수년 정도밖에 근무하지 않은 후배 동료들은 남아도는 사람이 하나도 없는데 왜 그의 곁에 있어야 되느냐고, 살아나지도 않을 것인데 꼭 그렇게 해야 되느냐고, 선뜻 이해하지 못한다. 예지게이는 그와 같은 후배들을 못마땅하게 여기고, 평생을 함께 해온 친구를 텅 빈 집에 외롭게 놔둘 수는 없다고, 자신의 뜻을 관철시킨다. 또한 친구의 유언을 지켜주기 위해 주위의 반대에도 불구하고 자신이 살고 있는 집으로부터 30Km나 떨어진 아나ー베이뜨 묘지에 묻으러 간다. 아나ー베이뜨는 만꾸르뜨(mankurt)[1]가 된 자식을 구하러 갔던 어머니 나이만ー아나가 오히려 아들이 쏜 화살에 맞아 묻혔다는 전설이 전해지는 곳이자, 츄안츄안족에 정복당한 선조들이 포로가 되어 잔인하게 묻힌 역사의 장소이기도 했다. 예지게이는 값진 삶을 살았던 친구가 부탁한 그곳에 무덤을 만들어주려고 그 먼 길을 간다. 하지만 그곳은 정부의 비밀사업이 추진되고 있는 철조망을 친 금지구역

---

1) 만꾸르뜨는 츄안츄안족이 전쟁에서 포획한 포로들을 통해 만들어졌다. 츄안츄안족은 포로들의 머리를 밀고 나서 어미 낙타의 유방을 도려내어 몇 조각으로 나눈 다음 더운 기가 가시지 않은 그 유방을 포로의 머리에다 씌운다. 유방은 접착제처럼 들러붙는데, 그 상태로 손발이 묶이고 목에 큰칼이 씌워진 채 물도 음식도 없이 살을 태우는 사막에 버려진다. 포로들은 굶주림과 목마름보다도 머리에 씌어진 낙타의 생가죽이 말라가면서 죄어드는 압력에 의해 죽어간다. 포로들은 그 고통을 견디지 못하고 대부분 죽는데, 살아남더라도 과거의 기억을 깡그리 잊어버리게 된다. 그리하여 말 못하는 짐승과 같이 주인이 시키는 대로 복종하며 살아가는 만꾸르뜨 노예가 된다. 아이뜨마토프는 죽은 아버지를 추모할 줄 모르고 조상들의 묘 터에도 관심이 없고 오히려 현대교육에 조종되어 자기 보신에만 신경 쓰는 까잔갑의 아들 사비찬 같은 사람을 예지게이의 입을 통해 또 다른 만꾸르뜨라고 비난하고 있다. "그 모든 과정과 학교를 다 거치면서 배운 결과라는 게 어떤 것인가! 어쩌면 그는 바로 그 배움 때문에 그렇게 되어버린 것이 아닐까? 어쩌면 어딘가에 악마처럼 표독한 성질을 가진 어떤 사람이 있어서 사비찬이 다른 어떤, 좀더 교양이 있는 사람이 아니라 지금 현재의 사비찬이 되도록 일부러 그렇게 부추겼던 것은 아닐까? (…중략…) (네놈은 만꾸르뜨야! 진짜 만꾸르뜨야!) 그는 사비찬을 한편으로는 증오했고 또 한편으로는 동정하면서 마음속으로 그렇게 말했다."(친기즈 아이뜨마또프, 『백년보다 긴 하루』, 열린책들, 2002, 528~529면)

으로 변해 있었기 때문에 무덤을 쓸 수 없었다. 그리하여 그냥 되돌아오고 마는데, 예지게이는 고인을 매장지로 모셔갔다가 집으로 되돌아가는 일은 세상천지에 없다고, 그런 일은 몇 백 년 동안 한 번도 일어나지 않았다고, 함께 간 사람들을 설득해 아나―베이뜨 묘지 근처의 낭떠러지에 친구의 무덤을 쓴다. 그곳 역시 친구의 고향 땅이고 나이만―아나가 만꾸르뜨가 된 아들을 멀리서 바라보며 울었을 일을 생각한 것이었다. 예지게이는 무덤을 쓰는 동안 이 다음에 자신의 무덤도 친구 곁에 써달라고 사람들에게 간곡하게 부탁한다. 친구와 함께 보란리―부란니 간이역에서 보낸 오랜 세월을 저 세상에서도 함께 나누고 싶어 하는 것이었다.

　이오덕 시인이 "내 어릴 적 동무들 자라나서 사귄 벗들"이 있는 곳으로 가려고 하는 것도 그와 같다. 시인은 마치 예지게이가 저 세상에 있는 까잔갑이 자신을 반겨 맞아줄 것으로 생각하는 것처럼 어릴 적 친구들이며 이 세상에 살아가면서 사귄 친구들이 따뜻하게 맞아줄 것으로 생각하는 것이다. 시인이 그렇게 믿는 근거는 바로 이 세상에서의 삶이 반영된 것, 즉 이 세상에 있는 동안 착하고 인정 깊은 친구들이 많았기 때문에 그들이 저 세상에서도 자신을 반갑게 맞아줄 것으로 믿고 있는 것이다.

> 모두가 착하기만 하던 동무들
> 그리운 그리운 동무들이었는데,
> 이제 그 동무들 다시 만나게 될까
> 될 것이다. 이토록 내 마음에 깊이 새겨져 있는
> 그 동무들 어찌 영영 인연이 끊어지겠는가
> 그 동무들은 반드시 나를 기다릴 것이다.
> 내가 이승에서 살아온 동안 언제나 나를
> 도와주려고 하면서 기다렸을 것이다.
> 빛과 노래 가득한 그곳에서
>
> 　　　　　　　　　　　　―「내 어릴 적 동무들」 부분

「빛과 노래」보다 하루 일찍 발표한 위의 작품에서도 그 착한 친구들이 여실히 확인된다. 그리하여 시인은 또 한번 죽음의 세계를 "빛과 노래 가득한 그곳"이라고 노래하고 있다. 그곳에 이승의 "나"를 도와주려고 했던 "그리운 동무"들이 기다리고 있기에 시인은 즐거운 마음으로 "노래" 부르며 가겠다는 것이다.

그곳에 즐거워하며 가기 위해서는 이 세상의 삶이 즐거워야 한다. "지금 이 순간 나는 살아 있다는 생각 / 그저 그런 것이 행복이란 생각 / 그것밖에는 모두 불행이란 생각"(「행복이란」)과 같이 자신의 운명을 긍정해야 한다. 또한 봄에는 감자 먹고 여름에는 강냉이 먹고 가을에는 밤 먹고 겨울에는 고구마 먹는 삶에 대해서 궁핍하고 단순하다고 여기지 않고 "맛있는 것만 먹는다. / 깨끗한 것만 먹는다. / 이보다 큰 복이 / 이 세상에 또 무엇이 있겠는가"(「먹는 것」)라고 감사해야 한다. 이 세상에서 착하고 정직하게 다른 사람을 위하며 살아갔을 때 저 세상에도 기쁘고 가벼운 걸음으로 갈 수 있는 것이다.

2.

이오덕 시인은 1955년 『소년세계』에 동시 「진달래」를 발표하면서, 그리고 1971년 한국일보 신춘문예에 수필이 당선되고 같은 해 동아일보 신춘문예에 동화 「꿩」이 당선되면서 아동문학 전반의 글을 본격적으로 쓰기 시작했다.

이오덕 시인이 남긴 저서는 50여 권이 넘는다고 한다(내용을 다 확인하지 못했기 때문에 더욱 보충이 필요하다).

① 동시 및 시집 : 『별들의 합창』(아인각, 1966), 『까만 새』(세종문화사, 1974), 『꽃속에 묻힌 집』(창작과비평사, 1979), 『개구리 울던 마을』(창작과비평사, 1981), 『나도 쓸모 있을 걸』(창작과비평사, 1984), 『언젠가 한번은』(대교, 1987), 『고든박골 가는 길』(실천문학사, 2005).

② 어린이 글 모음집 : 『일하는 아이들』(청년사, 1978), 『참꽃 피는 마을』(온누리, 1984), 『웃음이 터지는 교실』(창작과비평사, 1984), 『우리반 순덕이』(창작과비평사, 1984), 『이사가던 날』(창작과비평사, 1984), 『우리 집 토끼』(창작과비평사, 1984), 『봉지 넣는 아이들』(온누리, 1986), 『허수아비도 깍꿀로 덕새를 넘고』(보리, 1998).

③ 글쓰기 이론서 및 비평서 : 『글짓기 교육 이론과 실제』(아인각, 1965), 『아동시론』(세종문화사, 1973), 『시정신과 유희정신』(창작과비평사, 1977), 『어린이를 지키는 문학』(백산서당, 1984), 『어린이는 모두 시인이다』(지식산업사, 1988), 『삶을 가꾸는 글쓰기 교육』(한길사, 1990), 『우리 문장 쓰기』(한길사, 1992), 『글쓰기 어떻게 가르칠까』(보리, 1993), 『우리글 바로쓰기』(전3권, 한길사, 1995), 『문학의 길 교육의 길』(한길사, 2002), 『우리말 살려 쓰기』(아리랑나라, 2004)

④ 수필집 : 『거꾸로 사는 재미』(범우사, 1983), 『나무처럼 산처럼』(산처럼, 2002), 『나무처럼 산처럼』 2(산처럼, 2003)

⑤ 교육 및 사회비평서 : 『이 아이들을 어찌할 것인가』(청년사, 1977), 『울면서 하는 숙제』(인간사, 1983), 『이 땅에 살아갈 아이들 위해』(지식산업사, 1986), 『참교육으로 가는 길』(한길사, 1990), 『삶과 믿음의 교실』(한길사, 1977), 『아이들에게 배워야 한다』(길, 2004).

⑥ 동화 : 『종달새 우는 아침』(종로서적, 1987),

⑦ 편지 및 일기 : 『우리 언제쯤 참선생 노릇 한번 해볼까』(한길사, 1984), 『이오덕 교육일기』 1, 2(한길사, 1989)

⑧ 기타 :『삶·문학·교육』(종로서적, 1987),『도시에 비가 내리면』(청조사, 1987),
『어린이 글 이야기』(산하, 1994),『어린이 책 이야기』(한길사, 2002),『감자를 먹으
며』(낮은산, 2003)

이오덕 시인은 글쓰기뿐만 아니라 삶의 과정도 존경할 만한 걸음을
걸었다. 1944년 경북 청송 부동초등학교에서 처음으로 교사생활을 시작
해, 1964년 경북 상주 이안서부초등학교의 교감이 되었으며, 1973년 경
북 봉화 삼동초등학교 교장이 되는 동안 올곧은 소리를 하는 바람에 교
육당국으로부터 미움을 받아 18번이나 학교를 옮겨 다녔다. 그리고 1986
년 전국교직원노동조합 창립시 부회장이 되어 학교를 떠날 수밖에 없었
다. 아이들을 보다 사랑한 것이 모순된 사회의 법에 의해 오히려 사랑하
는 학교를 떠나야만 되었던 것이다. 시인은 아이들로 하여금 자연의 소
리를 듣게 하고 사람다운 감정과 생각을 갖게 하고 행동을 하는 것을
교육의 지론으로 삼았다. 시인은 1988년 배달어린이문학운동협의회(뒷날
어린이문학협회의회로 이름 바꿈)를 만들었고, 1993년 우리말바로쓰기모임(뒷
날 우리말살리는겨레모임으로 이름 바꿈)을 창립해 우리말에 대한 남다른 애
정을 가지고 연구했다.
이오덕 시인은 올곧게 살았기 때문에 자신의 죽음에 대해서도 당당히
노래 부를 수 있었다. 시인은 자식들에게 자신의 부고를 세상에 알리지
않도록 당부하면서 즐겁게 돌아간다는 유언을 남겼다. 시인이 "아버지
어머니가 기다리는 곳 / 내 어릴 적 동무들 자라나서 사귄 벗들 / 모두모
두 기다리는 그곳"(「빛과 노래」)으로 걸어간 세계에는 진정 환한 빛이 비
치고 새소리 바람소리 벌레소리 그리고 아이들의 맑은 노랫소리가 들릴
것이다.

비설거지하는 농부들에게 고개 숙이다

하종오, 『반대쪽 천국』(문학동네, 2004)

하종오 시인의 11번째 시집인 『반대쪽 천국』은 시인이 그동안 추구해 온 사회에 대한 관심과 농촌에 대한 관심을 고스란히 담고 있다. 시인의 사회에 대한 관심은 제1부에서 물질주의가 횡행하는 우리 시대를 풍자적으로 담고 있는 데서 그리고 제2부에서 코리안 드림을 꿈꾸고 살아가는 외국인 노동자들의 삶을 담고 있는 데서 여실하다. 시인은 제1부에서 「프로그램 천국」·「밥그릇 천국」·「카트 천국」·「패키지 천국」·「몰카 천국」·「에스컬레이터 천국」·「아스팔트 천국」 등으로 "천국"을 인간의 이상향이 아니라 타락한 곳으로, 고난 없는 낙원이자 바람직한 인간 가치가 실현되는 곳이 아니라 자본주의가 인간을 억누르고 조종하는 곳으로 풍자하고 있는 것이다. 제2부에서는 한국인(Korean)과 아시아인(Asian)이 맺어져 한국에서 살아가는 부부와 그들의 가족을 지칭하는 코시안(Kosian)들의 삶을 포함해 코리안 드림을 꿈꾸고 살아가고 있는 외국인 노동자들의 삶을 담고 있다. 열차 안에서 아이에게 젖을 물리고 있는 한국인 남편을 둔 베트남인 여자(「코시안 가족 1」), 자전거를 함께 타고 있는 인도

인 남편과 한국인 아내(「코시안 가족 2」), 쫓기듯 출근하는 스리랑카인 남편과 네팔인 여자(「코시안 가족 3」), 아이의 돌잔치를 치르는 네팔인 남편과 한국인 아내(「코시안 가족 4」), 한국인 남편에게 얻어맞은 베트남인 여자(「코시안 가족 5」), 그리고 이국 땅에서 힘들지만 열심히 살아가는 외국인 노동자들을 「코리안 드림」의 연작시를 통해 담고 있는 것이다. 이러한 면은 시인이 그동안 사회의 언저리에서 힘겹게 삶을 영위해가고 있는 민중들에게 가졌던 관심이 계속 이어지고 있음을 보여준다.

『반대쪽 천국』의 제3부 및 제4부는 오늘의 농촌 상황과 그 속에서 살아가는 농민들의 삶을 담고 있는데, 이 시집에서는 상당한 무게를 지닌다. 수록된 작품의 편수가 많다는 사실을 넘어 시인이 지금까지『벼는 벼끼리 피는 피끼리』(창작과비평사, 1981)·『사월에서 오월로』(창작과비평사, 1984)와 같은 초기 시세계에서부터『무언가 찾아올 적엔』(창작과비평사, 2003)의 최근 시세계에 이르기까지 줄곧 관심을 보인 영역이기 때문이다. 그만큼 시인에게 농촌 및 농민은 작품의 주요 배경이자 주제인 것이다.

『반대쪽 천국』에서 초기의 농민시들에 비해 눈에 띄는 사실은 등장하는 농민들이 바뀌었다는 점이다. 초기의 시들에서는 주로 젊은 시적 화자인 "나"를 중심으로 해서 농사를 짓는 일이 힘들지만 이 세상의 근본으로서 필요하고, 따라서 농토를 지켜야 한다는 의식을 강하게 내보였다. "한평생 쟁기 끌고 고랑 갈다 죽은 아버진 / 여름엔 보리 먹고 / 겨울엔 쌀 먹으라고 / 나에게 북 좋은 논밭 주셨다"(「들」)라고 자부심을 가지고, "어미아비가 맺은 씨앗들 다 뿌리는 농부가 되어야 한다"(「들녘」)라고 또 "평생 노동을 바친 논에서 나는 / 너에게 괭이와 보습과 팔뚝을 주마"(「들판」)라고 다짐했던 것이다. 정부의 수출지향 정책에 따라 가장 희생된 농민들과 오염되어 가는 농토에 대해 가슴 아파하면서도 땅을 지키려는 의지를 강하게 내보였던 것이다. 그런데『반대쪽 천국』에서는 힘없는 노인들이 주로 등장하고 있다. 정부의 경제개발 정책에 따른 이농현상의 심화로 오늘의 농촌은 노인들만 남아 있는 것이 사실인데, 시인은 그 상황을 담담하게 담고 있다. 따스한 시선으로 쓸쓸하지만 부지런히 살아가는 노인들을 품고 있는 것이다.

그리하여 이번 시집에 수록된 농민시들은 초기의 작품들에 비해 열정이 약하다고 볼 수도 있지만, 오늘의 농촌 상황을 사실대로 반영하면서 그 속에서 농민들의 새로운 힘을 찾아내고 있기에 가치가 있다고 볼 수 있다. 노인들을 쓸모 없는 존재로 여기지 않고 오히려 끈질긴 생명력을 가지고 있음을 발견하고 있는 것이다. 물동이를 이고 부지런히 다니던 젊은 날을 떠올리는 "노파"(「물동이 이고 똬리줄 입에 물고 팔자걸음 걸으며」), 급한 김에 바지를 내리고 두렁에 앉아 변을 보는 "노인"(「산그늘」), 같이 늙어가는 남편 몰래 팔 거리를 빼돌려 딸에게 송금하는 "여편네"(「딴살림」), 금 간 다리뼈 겨우 붙었는데 쉬지 않고 무릎걸음으로 도토리를 줍는 "늙은 어머니"(「지 살자고 하는 짓」), 자전거를 타고 물꼬를 살피러 다니는 "늙은 아비"(「국도」), 고추 모종에 살충제로 알고 제초제를 뿌린 "노인"(「누군가 아는 일」), 경운기를 몰고 가면서 농사와 자식들을 생각하는 "늙은 남편"과 "늙은 아내"(「경운기」) 등에서 노인들의 힘을 볼 수 있는 것이다. 이러한 시인 인식이 바로 힘없고 늙은 농민들을 무시하거나 회피하지 않고 적극적으로 포용하는 자세이다.

농민들의 생애는 "아잇적에는 오줌 싸서 키 쓰고 소금 얻으러 다녔고, 자라면서 소 몰고 풀 뜯어 먹이러 다녔고, 호미 들고 노을 보며 밭 매러 다녔고, 장가들어 새집 지으러 산비탈에 다녔고, 어른 되어서는 경운기에 처자식 태우고 장 보러 다녔고, 추곡수매 대금 받아 술 마시러 다녔고, 논뙈기 넓혀보려고 깊드리라도 사러 다녔고, 아주 늙어서는 농자금 빌리려고 땅문서 들고 다녔다"(「그 남자의 일생」)와 같이 요약할 수 있을 것인데, 시인은 그 삶의 과정을 무시하지 않고 소중히 감싸고 있다. 큰 이름을 남기거나 큰돈을 버는 것 같은 족적을 남기지 못하고 아침 햇살에 사라지고 마는 이슬방울 같은 하찮은 삶이지만, 그 가치를 품고 있는 것이다. 한평생 땅을 떠나지 않은 농민들이야말로 가장 자연스러우면서도 가장 인간다운 가치를 실현시키는 존재라고 새기고 있는 것이다. 그리하여 시인은 초기의 농민시에서 보여주었던 울분과 좌절 대신 늙은 부모를 안쓰러워하듯 따스한 눈길로 노인들을 바라보고 있다.

헛간에 상여 모셔둔 노인회관
큰방에 앉아 헛기침 낮게 하던 할아버지들
작은방에 누워 코 가늘게 골던 할머니들
한 분, 두 분, 허리 주무르다가 다리 두드리다가
슬그머니 일어나 집으로 돌아갔다
저저금 빨랫줄에서 빨래 내리고
풀어둔 닭들 닭장에 몰아넣고
텃밭 둑에 매둔 염소 우리에 가두고
호미 괭이 삽 모아 처마 아래 갖다놓으니
안마당이 난들 이십 리까지 훤해졌다
마른하늘 쳐다보며 땡볕 지고 저적저적
마른땅 내려다보며 지열 밟으며 저적저적
마을회관으로 돌아온 차례대로 한 분, 두 분,
헛간 문 열고 지붕 새는지 훑어보고 상여 살펴본 뒤
할아버지들 큰방에 들어가 앉아 다시 헛기침하고
할머니들 작은방에 들어가 누워 다시 코 골았다
그 소리들 커지자 마른천둥 치더니 주룩주룩 비 내리기 시작했다
반나절 작달비 보슬비 번갈아 내렸다

—「비설거지」 전문

　이 작품에서 상여를 마을과 떨어진 곳집에 두지 않고 "노인회관"에 보관하고 있는 사실이 우선 주목된다. 그만큼 오늘의 농촌 일손이 부족함을, 상여를 따로 관리할 일손이 없다는 것을 간접적으로 보여주고 있는 것이다. 그리하여 오늘의 농촌에서는 상여를 편리하게 사용하기 위해 노인회관에 보관해두고 있는데, 그곳에서 장기를 두기도 하고 화투를 치

기도 하고 또 낮잠을 자기도 하다가 "허리 주무르다가 다리 두드리다가 / 슬그머니 일어나 집으로 돌아"가는 노인들의 모습이, 다시 주목된다. 마치 동물이나 곤충들이 자신의 예민한 감각기관으로써 기후의 변화를 예감하고 피신하는 것과 같이 비가 올 것을 예감하고 비설거지를 하러 가는 모습에서 노인들의 끈질긴 생명력을 볼 수 있는 것이다. 이렇듯 노인들은 힘든 농사일로 인해 몸이 아프지만 결코 생명력이 없는 존재가 아니다. 노인들은 그 아픈 몸으로 집에 돌아가 빨래를 걷고 염소를 우리에 가두고 호미며 괭이며 삽 등의 농기구를 비에 젖지 않도록 처마 아래에 갖다놓고 다시 노인회관으로 돌아오는데, "헛간 문 열고 지붕 새는지 훑어보고 상여 살펴본 뒤" 방으로 들어간다. 상여까지 비설거지를 하는 노인들의 모습에서 삶의 경건함을 느낀다. 상여를 두려워하거나 회피하지 않고 오히려 자신들이 타고 갈 버스나 경운기와 같은 탈것으로 여기고 혹시 잘못되지나 않았나 하고 확인하는 노인들의 모습에서 삶과 죽음이 결코 다르지 않다는 진리를 새삼 깨닫는 것이다. 삶과 죽음이 함께 한다는 인식이야말로 인간의 가장 자연스러움이고 당당함이고 위대함이다.

　이러한 면이 『반대쪽 천국』에서 시인이 내세우고 있는 농민들의 힘이다. 오늘의 농민들은 도시인들에 비해 분명 힘이 쇠하고 정보에 어둡고 지식이 적다. 그렇지만 노인들을 결코 사회의 생산 활동에 참여하지 못하는 존재라고 소외시켜서는 안 된다. 농민들 나름대로 인간다운 삶의 가치를 지향하고 있고, 또 현재의 도시인들이 존재할 수 있도록 자신의 삶을 희생했기 때문이다. 농민들이 농촌에서 살아가는 존재일뿐더러 역사적 존재라고 인식해야만 진정한 농민시가 될 수 있는 근거가 바로 이 사실에 있다. 농민을 농사짓는 사람과 같이 단순하게 인식할 것이 아니라 사회적 존재임을, 농민이 단순히 자연에 순응하는 존재가 아니라 자연과 함께 살아가기 위해 부단히 적응하는 존재임을 인식해야 하는 것이다. 그럴 때 이웃과 농협과 도시인들과 함께 하는 사회적 존재로의 농

민이 파악되고, 농촌 자연의 아름다움에 가리지 않는 농민의 아름다움이
발견될 것이다.

 "한 톨 곡식도 버릴 수 없다던 할아버지"(「곡식 한 톨」)와 같이 농사를
천직으로 삼는 농민들의 삶이 "서럽고 거룩하다"(「들 흙」)라는 시인의 초
기 시 인식이 "노인네들에게서 쏟아져 나온 몸빛에 눈이 부셔서 / 나는
일어나 고개 숙"(「나이 대접」)이는 것으로 이어진 이번 시집은 겸손하기만
하다. 농민들을 소중히 여기고 품는 시인의 마음은 넓고 착하기만 하다.

반 너머 기울어진 절름발이 하현달의 술 한 잔

성선경, 「장진주사(將進酒辭)」(『서정과 현실』, 2004년 상반기)

  살구꽃 피면 한 잔하고 복숭아꽃 피면 한 잔하고 애잔하기가 첫사랑 옷자락 같은 진달래 피면 한 잔하고 명자꽃 피면 이사 간 옆집 명자 생각난다고 한 잔하고 세모시 적삼에 연적 같은 저 젖 봐라 목련이 핀다고 한 잔하고 진다고 한 잔하고 삼백예순날의 기다림 끝에 영랑의 모란이 진다고 한 잔하고 남도(南道)의 뱃사공 입맛에 도다리 맛 들면 한 잔하고 봄 다갔다고 한 잔하고 여름 온다 한 잔하고 초복 다름 한다고 한 잔하고 삼복 지나간다고 한 잔하고 국화꽃 피면 한 잔하고 기울고 스러짐이 제 마음 같다고 한가위 달 보고 한 잔하고 단풍 보러 간다고 한 잔하고 개천(開天)은 개벽(開闢)이라 하늘 열린다고 한 잔하고 입동(立冬) 소설(小雪)에 첫눈 온다고 한 잔하고 아직도 나는 젊다고 한 잔하고 아랫목에 뒹굴다 옛시(詩)를 읽으며 한 잔하고 신명(神明) 대접한다고 한 잔하고 나이 한 살 더 먹었다고 한 잔하고 또 한 잔하고
  그런데

  그런데
  우리 이렇게 상갓집에서나 만나야 쓰겠냐고
  선배님께 꾸중 들으며 한 잔하고

아직도 꽃 보면 반갑고
잔 잡으니 웃음난다고
반 너머 기울어진 절름발이 하현달.
　　　　　　　　　—성선경, 「장진주사(將進酒辭)」 전문

성선경의 「장진주사(將進酒辭)」는 오랜 전통이 있는 소재를 인유해서
현대사회에 살아가고 있는 자신을 되돌아보고 있는 작품이다. 인유는 과
거의 문화적 자산을 현대의 작품에 활용함으로써 한편으로는 전통을 살
리면서 다른 한편으로는 새로운 세계를 여는 창작방법이다. 인유의 대상
은 사회의 구성원들이 잘 알고 있는 것인 만큼 창작자와 독자는 보다
친밀감을 가질 수 있다. 결국 인유는 전통을 수용함으로써 작품의 현대
적 의미를 확대시키는 것이다.

성선경의 「장진주사」가 인유하고 있는 대상은 조선조 송강(松江) 정철
(鄭澈)의 「장진주사(將進酒辭)」이다. 이 작품은 또한 이백(李白)이 지은 「장
진주(將進酒)」와 이하(李賀)가 지은 「장진주(將進酒)」로부터 영향받은 것으
로 전해지고 있는데, 이만큼 술을 소재로 해서 인생무상을 노래하는 데
에 「장진주」는 전통이 깊은 것이다.

송강의 「장진주사」는 사설시조 또는 가사로 잘 알려진 작품이다. 이
작품은 『송강문집(松江文集)』 외에도 20여 종의 가곡집에 실려 있다고[1]
할 만큼 많은 사람들에게 회자되었다. 「장진주사」의 시행 배열은 원래
글줄로 되어 있어 현대시와 같은 구성의식은 없었다고 보이지만 작품의
효과를 위해 연이나 행으로 나뉠 수 있는데, 가사식 배열보다는 시조식
배열이 의미단락과 형식의 차원에서 더 타당하게 보인다.

혼 잔 먹새그려 또 혼 잔 먹새그려
곳 것거 算 노코 無盡無盡 먹새그려

---

1) 심재완, 『역대시조전서』, 세종문화사, 1972, 1173~1175면.

이 몸 주근 後면

지게 우히 거적 더퍼 주리혀 미여 가나

流蘇寶帳의 萬人이 우러네나

어욱새 속새 덥가나모 白楊수페 가기곳 가면

누른 히 흰돌 ᄀ는비 굴근 눈 쇼쇼리ᄇ롬 불제

뉘 혼 잔 먹자 홀고

하믈며 무덤 우히 진나비 프롬 불제 뉘우춘돌 엇디리(李選本)

이처럼 송강의 「장진주사」는 열거와 부연의 형식을 통해 인생무상을 노래하고 있다. 그렇지만 작품에서 자포자기하는 인생관이나 술을 통한 퇴폐적이고 향락적인 인생관은 보이지 않는다. 오히려 "한 잔"이라는 삶의 의미와 죽음이라는 또 다른 의미의 직조를 통해 인간 존재에 대해 숙고하게 한다.

꽃을 꺾어 수를 세면서 술을 무진무진 마시는 행동은(혼 잔 먹새그려 쏘 혼 잔 먹새그려 / 곳 것거 算 노코 無盡無盡 먹새그려) 적극적인 삶의 모습이다. 술을 마시는 동기는 사람이 죽으면 생전에 가난하게 살아 거적때기를 덮은 채 꽁꽁 묶여 지게 위에 실려 가는 초라한 장례이거나 유소보장이 둘러쳐지고 많은 사람들이 울면서 따르는 호화스런 장례이거나 상관없이(이 몸 주근 後면 / 지게 우히 거적 더퍼 주리혀 미여 가나 / 流蘇寶帳의 萬人이 우러네나), 묻히는 장소는 억새, 속새, 떡갈나무, 백양나무와 같은 허름한 곳이어서(어욱새 속새 덥가나모 白楊수페 가기곳 가면), 누렇게 바랜 해와 차가운 달과 궂은비와 굵은 눈과 회오리바람이 몰아칠 뿐 누가 찾아와서 술 한 잔 마시자고 권하겠는가(누른 히 흰돌 ᄀ는비 굴근 눈 쇼쇼리ᄇ롬 불제 / 뉘 혼 잔 먹자 홀고)라는 운명관 때문이다. 그리하여 하물며 친구가 된 원숭이가 찾아와 휘파람을 불 때 생전에 술을 마시지 못한 것을 뉘우친들 무슨 소용이 있겠는가(하믈며 무덤 우히 진나비 프롬 불제 뉘우춘돌 엇디리)라고 술 마실 필요성을 더욱 강조하고 있다. 따라서 이 작품은 권주가(勸酒歌)로 한정하기보다는 음주를 통해 삶의 의미를 사색하는 것으로 보아야 할 것이다.

이러한 면은 성선경의 「장진주사」에서도 재현되고 있는데, 더욱 긍정적인 인생관을 보이고 있어 새롭게 읽힌다. 송강이 술을 마시는 모습은 애잔하지만 성선경의 경우는 보다 유희적이다. 성선경의 유희적인 태도는 작품에 쓰이고 있는 서술어가 어두운 것보다 밝은 것이 많은 데서 우선 확인된다. 긍정적인 어휘가 부정적인 어휘나 무관심적인 어휘보다 우세한 데에서 삶에 대한 긍정성을 읽을 수 있는 것이다.

> "살구꽃 피면 한 잔하고 복숭아꽃 피면 한 잔하고 애잔하기가 첫사랑 옷자락 같은 진달래 피면 한 잔하고 명자꽃 피면 이사 간 옆집 명자 생각난다고 한 잔하고 세모시 적삼에 연적 같은 저 젖 봐라 목련이 핀다고 한 잔하고 진다고 한 잔하고 삼백예순날의 기다림 끝에 영랑의 모란이 진다고 한 잔하고 남도(南道)의 뱃사공 입맛에 도다리 맛 들면 한 잔하고 봄 다갔다고 한 잔하고 여름 온다 한 잔하고 초복 다름 한다고 한 잔하고 삼복 지나간다고 한 잔하고 국화꽃 피면 한 잔하고 기울고 스러짐이 제 마음 같다고 한가위 달 보고 한 잔하고 단풍 보러 간다고 한 잔하고 개천(開天)은 개벽(開闢)이라 하늘 열린다고 한 잔하고 입동(立冬) 소설(小雪)에 첫눈 온다고 한 잔하고 아직도 나는 젊다고 한 잔하고 아랫목에 뒹굴다 옛시(詩)를 읽으며 한 잔하고 신명(神明) 대접한다고 한 잔하고 나이 한 살 더 먹었다고 한 잔하고 또 한 잔하고" (제1연)

제1연에서 긍정적인 어휘는 "피다", "하다", "맛 들다", "보러가다", "젊다", "접하다", "먹다" 등이고 부정적인 어휘는 "지다", "가다", "기울다", "스러지다" 등인데 그 비율은 전자가 월등히 앞선다. 꽃이 지거나 봄이 지나가거나 달이 기울거나 스러지는 일 때문이기보다 꽃이 피거나 도다리 맛이 들거나 단풍 구경 가거나 자신이 젊다고 생각하거나 신명을 대접하기 위해서 술을 마시는 것이다.

그러한 면은 명사의 쓰임에서도 발견된다. 물론 명사의 쓰임은 문장 내에서 면밀히 따져봐야 하는 것이지만, 이 작품에서의 "살구꽃", "복숭

아꽃", "진달래", "명자꽃", "모란", "국화꽃", "첫사랑", "명자", "젖", "도
다리", "단풍", "개천", "개벽", "옛시", "신명", "대접" 등은 긍정적인 명
사로 쓰이고 있다. 반면에 부정적인 명사는 찾기가 힘들다.

이와 같은 면은 제2~3연에서도 마찬가지로 나타난다. "그런데 / 우리
이렇게 상갓집에서나 만나야 쓰겠냐고 / 선배님께 꾸중 들으며 한 잔하
고 // 아직도 꽃 보면 반갑고 / 잔 잡으니 웃음난다고 / 반 너머 기울어진
절름발이 하현달"과 같이 "반갑다", "웃음난다" 등과 같은 긍정적인 어
휘가 "상갓집", "꾸중듣다", "기울어지다", "절름발이" 등과 같은 부정적
인 어휘를 이끌고 있다. 이처럼 이 작품은 즐거운 마음으로 술을 마시는
것이지 기분 상해 마시는 것이 아니다. 이런 점에서 성선경의 「장진주사」
는 송강의 「장진주사」보다 긍정적이고 적극적인 인생관을 보여주고 있
다. 송강의 「장진주사」는 "먹다"가 반복되면서 삶의 기쁨을 추구하고 있
지만 "죽다", "주리다", "울다", "가다", "뉘우치다" 등의 부정적인 어휘
가 보다 지배하고 있어 인생무상의 주제로 귀결되는 것이다.

그렇다면 시인이 긍정적인 인생관을 나타내는 근거는 무엇일까? 그것
은 시인이 자신을 "반 너머 기울어진 절름발이 하현달"이지만 "나는 젊
다"라고 인식하고 있는 데서 알 수 있다. 자신이 젊기 때문에 인생의 아
름답고 즐거운 순간마다 술을 마신다는 것이다. 그렇지만 시인의 젊다는
인식은 실제의 나이에 의한 것이 아니라 "아직도"라는 심리적 인식에
의한 것임을 주시해야 한다. "아직도"는 "아직"의 힘줌말로 때가 되지
않았거나 미처 이르지 못한 상태 또는 이전과 같은 상태임을 뜻하는 말
이다. 따라서 시인은 실제의 나이는 젊지 않지만 이 세상의 것들을 즐기
는 마음은 "아직도" 젊다는 것이다.

그런데 시인의 이와 같은 인식이 그 자신만의 것이 아니라 사회적 존
재로서 갖는 것이기에 다시 주목된다. 그것은 "우리 이렇게 상갓집에서
나 만나야 쓰겠냐고 / 선배님께 꾸중"을 듣는 것에서 확인된다. 따라서 시
인의 "한 잔하"는 행동에는 공동체 의식이 들어 있다. 자기 자신만의 술

판이 아니라 자신과 잘 아는 친구(선배)와의 허심탄회한 술판인 것이다.

　이러한 면은 시인의 실제 삶이 그렇지 못함을 반영하는 것이기도 하다. 그렇다면 왜 시인은 그동안 친구들과 함께 어울려서 술을 마시지 못한 것일까? 그것은 서로 함께 할 시간적 경제적 여유가 없기 때문이다. 자본주의가 인간을 점점 지배함에 따라 사람들은 자신에게 이익이 되지 않는 일에 대해서는 무관심하거나 회피한다. 따라서 위의 작품에서 친구들과 어울려 술을 마시는 행위는 자본주의가 강요하는 경쟁과 속도에 대항하는 행위로 볼 수 있다. 어울림과 느림을 내세우는 시적 상징으로 볼 수 있는 것이다.

　이처럼 성선경의 「장진주사」는 삶의 무상함으로 술을 마시는 것이 아니라 인간다운 삶의 실현을 위해 술을 마시는 모습을 담고 있다. 따라서 술을 마시는 상황 역시 또 다른 인유의 방법으로 볼 수 있다. 우리 선조들이 술을 즐겨 마셨다는 증거는 『위지동이전(魏志東夷傳)』을 비롯해 수많은 고전에서 발견된다. "연일 마시고 먹고 노래하고 춤춘다"와 같은 면은 결국 자신의 삶과 운명에 대해 낙관하는 모습이다. 수많은 역사적 어려움 속에서도 민중들이 강인하게 살아남은 것은 이 낙관적인 인생관이 있었기 때문이다. 그리하여 봄꽃이 만발한 이 봄날, 성선경 시인의 「장진주사」는 진정한 인생의 의미를 되돌아보게 한다.

빛이 도달한 꽃

박형준, 『춤』(창비, 2005)[1]

1.

　박형준 시인의 네 번째 시집 『춤』은 "가볍게 뜬 / 소금쟁이가 / 만드는 파문 같"(「빛의 소묘」)거나 "가을 저녁 / 시골집 처마에"(「이 시장기」)에 남아 있는 "빛"을 그리고 있어 평온하고 고즈넉하다. 그렇지만 "빛"을 들여다볼수록 "고통의 미묘한 / 발자국 속에서 / 울다 가는"(「빛의 소묘」) 사람들의 깊은 흔적이 발견된다. 시인의 "빛"에 대한 관심은 첫 시집 『나는 이제 소멸에 대해서 이야기하련다』에서부터 지속되어 그 특성을 단적으로 말하기는 어렵지만, 이번 시집에서는 "꽃"(「춤」)으로 향하고 있기에 움직임이 발견된다.

　그렇다면 시인은 왜 "빛"을 줄기차게 그리고 있는 것일까? 그것은

---

1) '2005년도 제10회 현대시학작품상' 작품론으로 발표된 것임.

"빛"이 전적으로 밝음, 희망, 따스함, 전진 등의 이미지를 띠지 않는다고 할지라도 희미하게나마 그와 같은 면을 지향하고 있음을 반영한다. 따라서 "빛"의 세계는 좌절과 소멸이 아니라 "추억"과 연결된다. 추억은 소멸이 아니라 소생이다. 물리적 시간의 관점에서 보면 지나간 것이고 소비된 것이고 소멸된 것이지만 인간적 시간 혹은 시적 시간의 관점에서 보면 주체가 되살아나는 것이다. 진정 추억이란 자기를 성찰하고 긍정하고 구애하는 행동이다.

시인이 그리고 있는 "빛"에서 보다 유의해야 할 점은 그 토대이다. 고즈넉한 "빛" 자체보다도 그것이 빠져 들어간 담벼락 밑의 구멍과 한낮의 "빛"보다도 그것이 솟아나는 어둠을 보아야 하는 것이다. 그렇게 했을 때 밝지 못한 사람과 따스하지 못한 색깔과 편안하지 않은 시간과 장소가 "빛"의 토대로 놓여 있음이 발견된다. 쓸쓸함과 고독과 울음과 멍 등도 발견된다. 발뒤꿈치의 굳은살을 면도칼로 깎아내며 일본으로 징용 가서 배운 노래를 부르는 아버지(「생일」), 나무전봇대에 올라가 까치집에 손을 넣다가 떨어져 앉은뱅이가 된 경식이삼춘(「비료푸대 발」), 사방이 빌딩으로 막힌 공원에서 잠자는 노숙자(「흔적」), 심장이 고춧가루처럼 타들어가 소닷가루를 아홉 말이나 먹은 어머니(「멍」), 기차에서 뛰어내려 거적때기에 덮여 있는 사내(「빈들」), 풀밭에 죽은 채 구더기의 밥이 되고 있는 구관조(「구관조」), 어둡고 좁고 깨끗하지 못한 옴팡집(「地平」), 빗물이 새어드는 지하방(「물들이 빛나다」), 바닷물이 수챗구멍으로 역류하는 허름한 집(「수문통」), 먼지가 내려앉은 의자(「봄」), 다 헐어진 담벼락(「낡은 리어카를 위한 목가」) 등이 그 구체적인 면이다.

그렇지만 시인의 "빛"은 결코 어둡거나 쇠락함을 드러내지 않는다. 분노하거나 원망하거나 안타까워하지도 않는다. 그보다는 고요함 속에서 일렁이고 있다. 어둡지만 방향이 보이고, 사라진 운명이지만 소생되고, 울음소리가 들리지만 비극적이지 않고 지향하는 것이다. 따라서 『춤』에서의 "빛"은 이전 시대의 경우보다 그 파문이 크다. 최대한 날갯짓을 해

"꽃"에까지 도달하는 것이다.

2.

근육은 날자마자
고독으로 오므라든다

날개 밑에 부풀어오르는 하늘과
전율 사이
꽃이 거기 있어서

絶海孤島,
내리꽂혔다
솟구친다
근육이 오므라졌다
펴지는 이 쾌감

살을 상상하는 동안
발톱이 점점 바람 무늬로 뒤덮인다
발 아래 움켜쥔 고독이
무게가 느껴지지 않아서

상공에 날개를 활짝 펴고
외침이 절해를 찢어놓으며
서녘 하늘에 날라다 퍼낸 꽃물이 몇 동이일까

천길 절벽 아래

꽃파도가 인다

—「춤」 전문

　제1연은 "어린 송골매"가 사냥을 하기 위해 날아오른 모습인데, "고독"한 상황이다. "첫 비행이 죽음이 될 수 있으나, 어린 송골매는 절벽의 꽃을 따는 것으로 비행 연습을 한다"라고 작품의 부제를 단 것을 생각하면 더욱 그러하다. 어미의 품을 처음으로 벗어나 제 스스로 사냥을 하는 어린 송골매의 심정은 외롭고 불안하고 "고독"할 수밖에 없는 것이다. "絶海孤島"의 아득한 높이에서 느끼는 비상이기에 더욱 그러하다.

　그렇지만 제2연에서 어린 송골매는 "전율"을 느낀다. "꽃이 거기 있"기 때문인데, 그리하여 제3연에서 어린 송골매는 "내리꽂혔다 / 솟구친다." 사냥을 성공해서 "근육이 오므라졌다 / 퍼지는", "쾌감"을 느끼는 것이다. 어린 송골매는 발톱이 "점점 바람 무늬로 뒤덮"일 정도로 하늘을 헤쳐 나가고, "발 아래 움켜쥔 고독이 / 무게가 느껴지지 않아서 // 상공에 날개를 활짝 펴고" 날아간다. 시인은 그와 같은 "어린 송골매"의 "외침이 절해를 찢어놓"았다고, "서녘 하늘에 날라다 퍼낸 꽃물이 몇동이나" 될까라고 내세우고 있다.

　이런 점에서 어린 송골매의 비행을 "춤"이라고 명명한 것은 새롭게 와닿는다. 춤은 분명 지상에서 발이 떨어지는 아름다움을 추구하는 것이지만 어디까지나 땅에 발 딛고 있으므로 현실적이다. 춤은 피의 냄새가 섞여 있어 김수영의 「푸른 하늘은」의 "노고지리"처럼 처절한데, 치열한 생존경쟁의 모습을 유희적으로 그린 것은 삶을 비관하거나 절망하는 것이 아니라 낙관하고 희망하는 인식이다. 송골매는 가장 빠르게 나는 맹금으로 전속력으로 하강할 때는 시속 320Km 이상 되는 것으로 알려져 있다. 공중에서 다른 새들이나 박쥐를 사냥해야 하기 때문이다. 따라서 시인이 송골매를 마흔의 나이에 인지한 것은 관심이 간다.[2] 송골매는 40

---

2) 박형준 시인은 세 번째 시집인 『물속까지 잎사귀가 피어 있다』의 후기에서 "이 시집

년을 살게 되면 부리와 발톱이 낡아 더 이상 사냥을 할 수 없게 된다고
한다. 그렇지만 삶을 포기하지 않고 높은 산 위로 올라가 바위에 부리를
갈거나 쪼아 새로운 부리를 얻고, 그 부리로 자신의 헌 발톱을 죄다 뽑
아 새 발톱을 얻는다고 한다. 이와 같이 송골매는 피나는 자기 갱신으로
새로운 40년의 삶을 영위한다는 것이다. 그와 같은 면은 「밤 산보」에서
도 확인된다.

> 고독은 습관적으로 비둘기를 사냥한다
> 억센 발톱을 밀어내며
> 상처를 잊기 위해 전율하며,
> 야외공연장의 난간에서 파란 불꽃을 쏘아낸다
>
> 밤공기 속에 몸을 묻고
> 팽팽한 근육에 화살을 매겨
> 단숨에 공중을 꿰뚫는
> 저 단단한 불꽃
>
> 한때는 주인의 발밑에 웅크리고
> 졸음을 파고드는 손길에
> 나른한 목덜미를 맡겼으리라
> 근육은 오직 사랑을 받기 위해
> 둥글게 꼬리를 말아쥐는 데만 사용됐으리라
>
> 누가 꼬리를 잘랐을까
> 손톱 같다, 초원의 사자처럼
> 밤공기를 밟으며 나아갈 때마다
> 치켜진 꼬리에서 적의가 흘러내린다

으로 나는 청년이 저물었음을 안다. 그가 남긴 바람의 신발을 신고 이번엔, 내가 타박
타박 걸어가야 한다"라고 썼다. 그리고 네 번째 시집인 『춤』에서 "마흔"에 대한 인식
이 상당히 보인다.

　　눈가에 칼날이 긋고 간 흔적이 뚜렷하다

　　어둠으로 깊어진 눈동자에 들어 있는
　　저 초승달
　　전율하는 꽃이 거기 있었다는 듯
　　한순간에 비둘기의 울음소리를 낚아챈다

　　토요일에 연인들은 플라타너스 그늘
　　흔들리는 야외공연장에 팝콘을 던진다
　　입에 물린 상처를 내려놓고
　　야외공연장의 난간에서 고독은
　　다시 냄새를 맡는다

— 「밤 산보」[3] 전문

위의 작품을 이루고 있는 "고독", "근육", "전율", "꽃" 등의 요소는 「춤」에서도 동일하게 사용된 것들이다. 위의 작품에서 "고독"의 원관념이 잘 잡히지 않는데, "어둠으로 깊어진 눈동자", "한순간에 비둘기의 울음소리를 낚아챈다"와 같은 상황으로 보아 고양이로 여겨진다.

그렇게 보았을 때, 제1연에서 사냥을 하는 고양이가 느끼는 "고독"은 「춤」에서 "어린 송골매"가 사냥할 때 느끼는 "고독"과 같다. 고양이는 먹이 사냥을 위해 "억센 발톱을 밀어"낸다. "팽팽한 근육에 화살을 매겨 / 단숨에 공중을 꿰뚫는", "불꽃"을 내는 것이다.

고양이가 사냥할 수 있는 조건은 참으로 열악하다. "한때는 주인의 발밑에 웅크리고 / 졸음을 파고드는 손길에 / 나른한 목덜미를 맡겼"을 정도로 자각하지 못한 존재였고, "누가 꼬리를 잘"라 "손톱"처럼 뭉툭해졌을 정도로 신체가 정상적이지 못하다. 또한 "토요일에 연인들은 플라타너스

---

3) 이 작품은 『창작과비평』(2004년 겨울호)에 발표한 것인데 시집에 수록하면서 다소의 수정을 가했다. 이 글에서는 시집에 수록되어 있는 것을 텍스트로 삼는다.

그늘 / 흔들리는 야외공연장에 팝콘을 던"지는 상황에 비해서 환경이 열악하기가 그지없다. 그렇지만 고양이는 "습관적"으로 사냥한다. 특별하거나 예외적인 행동으로서가 아니라 일상적으로 "전율하는 꽃이 거기 있었다는 듯 / 한순간에 비둘기의 울음소리를 낚아"채는 것이다. "눈가에 칼날이 긋고 간 흔적이 뚜렷"한 그 "상처를 잊기 위해 전율하"는 것이다.

그런데 시인은 왜 살생이 일어나는 이 치열한 생존경쟁의 상황을 "밤산보"라고 표상했을까? 그것은 「춤」에서 어린 송골매가 사냥하는 모습을 "춤"이라고 표상한 경우와 같다. 결국 시인은 어린 송골매나 고양이가 사냥을 하는 것을 삶의 운명으로 인식하고 있는 것이다.

인간주의 심리학자인 매슬로우(A. Maslow)는 인간의 욕구를 피라미드의 구조로 파악하였다. 그리하여 맨 아래의 단계를 의식주 해결 같은 기본적인 생리욕구로 놓았고, 이를 토대로 해서 안정과 보장의 욕구, 사랑과 소속감의 욕구, 사회적 안정의 욕구, 그리고 자아실현의 욕구 등을 차례대로 올려놓았다. 매슬로우는 아래의 단계의 욕구가 충족되지 않으면 위의 단계의 욕구가 실현될 수 없다고 보았는데, 결국 아래 단계의 욕구가 충족되면 다시 다음 단계의 욕구를 추구한다고 본 것이다. 시인 역시 그와 같은 인식으로 어린 송골매와 고양이의 사냥을 진단하고 있는데, 그만큼 절박한 생의 체험을 했음을 반증하는 것이다.

> 석유를 먹고 온몸에 수포가 잡혔다.
> 옴팍집에 살던 때였다.
> 아버지 등에 업혀 캄캄한
> 빈 들판을 달리고 있었다.
> 읍내의 병원은 멀어,
> 겨울 바람이 수수깡 속처럼 울었다.
> 들판의 어디쯤에서였을까,
> 아버지는 나를 둥근 돌 위에 얹어놓고
> 목의 땀을 씻어내리고 있었다.

서른이 넘어서까지 그 풍경을
실제라고 믿고 살았다.
삶이 어렵다고 느낄 때마다
들판에 솟아 있는 흰 돌을
빈터처럼 간직하며 견뎠다.
마흔을 앞에 두고 나는 이제 그것이,
내 환각이 만들어낸 도피처라는 것을 안다.

달빛에 바쳐진 아이라고,
끝없는 들판에서 나는
아버지를 이야기 속에 가둬
내 설화를 창조하였다.
호롱불에 위험하게 흔들리던
옴팍집 흙벽에는 석유처럼 家系가
속절없이 타올랐다.
지평을 향한 生이 만든
겨울밤의 환각.

—「地平」 전문

　"석유를 먹고 온몸에 수포가 잡혔다"는 얘기는 시인의 세 번째 시집인 『물속에까지 잎사귀가 피어 있다』에 수록되어 있는 「백열등이 켜진 집」에도 나온다. 작품의 화자가 왜 석유를 마셨는지는 확실하지 않으나 "옴팍집에 살던 때" 일어난 것으로 보아 가난과 상관 있는 것으로 보인다. 시인은 산문집 『저녁의 무늬』에서도 옴팍집에 대해 소개하고 있는데, 마을의 가장 낮은 곳에 있는 집이라는 의미로 동네 사람들이 부른 것이었다. 8남매가 단칸 오막살이를 하고 있었으므로 가난의 대명사였던 것이다.

　"아버지"는 석유를 먹은 "나"를 업고 "읍내의 병원"으로 달려갔지만 멀기만 해 "나를 둥근 돌 위에 얹어놓고 / 목의 땀을 씻어내"렸다. 시인은 "서른이 넘어서까지 그 풍경을 / 실제라고 믿"어 왔다. "삶이 어렵다고 느낄 때마다 / 들판에 솟아 있는 흰 돌을 / 빈터처럼 간직하며 견뎌"내는 거울로 삼은 것이다. 그런데 "마흔을 앞에 두고 나는 이제 그것이, / 내 환각이 만들어낸 도피처"였다고 생각한다. 실제로 있었던 일이지만 살아오는 동안 추억의 두께를 더해 자신에게 유리하게 적용해왔다고 생각하는 것이다. 곧 "아버지를 이야기 속에 가둬 / 내 설화를 창조"한 셈이라고 여기는 것이다.

그렇다고 시인은 그 설화를 거짓으로 꾸몄다고 부끄러워하거나 헛된 일이라고 부정하지 않는다. "지평을 향한 生이 만든 / 겨울밤의 환각"이었기 때문이다. 어려운 경우에 처한 자신을 "달빛에 바쳐진 아이"로 여긴 것은 진정 처절한 삶의 인식이다. "옴팍집 흙벽에는 석유처럼 家系가 / 속절없이 타"오르는 상황과 같은 것이다.

이처럼 시인은 설화를 추억으로써 되살리고 있다. 단순히 과거로 되돌아가기 위한 것이 아니라 삶의 흔적들을 발견해 현재의 토대로 삼고 있는 것이다. 이는 흘러간 시간을 흘려보내지 않고 설화로 만들어 새로운 시간을 창조하는 모습이다. 과거로 되돌아가는 것이 아니라 현재의 자신을 새롭게 살리고 미래를 포용하는 것이다.

시인이 폐지를 주워 모아 생계를 유지하던 노인 부부가 세상을 뜨고 없지만 그들의 비참한 삶을 잊지 않고

> 새소리 시끌시끌한
> 꾸부정한 나무처럼,
> 다 허물어진 담벼락에 낡은 리어카가 기대여 쉴 뿐
> 백련이 피지 않는 백련사
> 그 모서리,
> 리어카 손잡이를 끌어줄 자리에 대신 거미줄이 흔들린다
> ─「낡은 리어카를 위한 목가」 부분

라고 그리고 있는 것도 그들을 되살리려는 모습이다. 노인 부부의 생애가 "백련"처럼 피어나길 희망하고 있는 것이다.

3.

洞口에 포구나무 서 있다

바람이 어머니의 기도를 하늘로 밀어올린다

포구나무 밑에서 포대기를 추켜올리는 여인

녁햇살 엉켜 있는 저 하늘의 뿌리

부옇게 떠서 더 가느다랗다

바람이 가지 끝 물보라를 툭툭 건드린다

포대기 속 불뚝불뚝 머리를 내밀며 아이가 운다

포구나무 가지 끝 아른거리는 연둣빛 저녁

—「조용한 봄」 전문

"연둣빛"으로 상징되는 "조용한 봄"이 지배하고 있지만 결코 움직임이 없는 것이 아니다. 외면으로 보기에는 조용하지만 그 세계 안에는 엄청난 움직임이 있다. 그것은 1행 1연으로 구성한 작법에서 우선 볼 수 있다. 시인은 작품을 서술로 연결시키지 않고 각각의 독립적인 이미지로 구성하고 있는 것이다.

　따라서 "洞口에 포구나무 서 있"을 정도로 평온한 풍경 속에서도 "바람이 어머니의 기도를 하늘로 밀어올"리고 있고, "포구나무 밑에서 포대기를 추켜올리는 여인"이 있다. 또한 "저녁햇살 엉켜 있는 저 하늘의 뿌리"가 있고, "바람이 가지 끝 물보라를 툭툭 건드"리고 있다. 그러한 움직임은 "포대기 속 불뚝불뚝 머리를 내밀며 아이가" 우는 모습에서 절정을 이룬다. "아이"가 우는 모습은 자신의 요구 사항을 온몸으로 제시하고 있는 것으로 마치 "꽃"이 피어나는 것과 같다. 그와 같은 세계인식이 「달」에서도 나타나고 있다.

　　　그녀와 키스할 때면
　　　이마에서,
　　　유리창 깨지는 소리가 난다
　　　뼈와 근육 너머로
　　　내 영혼을 들여다보는
　　　건기의 불꽃,
　　　약한 기세가 있나
　　　소혓바닥처럼
　　　쓰윽 핥고 지나가는

　　　야생에 눈을 뜨면
　　　시작되는 여행

—「달」 전문

　밤은 천 개의 눈을 가졌다는 말도 있듯이 어두움 속에서 "눈"은 비로소 생명력을 얻는다. 어둠에서야말로 "빛"은 자신의 모습을 현시한다. 그것은 내면 의식이 깨어 있을 때 가능한데, "그녀와 키스할 때면 / 이마에서, / 유리창 깨지는 소리가 난다"라고 인식한 것이 그 단적인 모습이다. 달이 어둠 속에 "불꽃"처럼 빛나는 존재라는 사실을 "유리창 깨지는 소리”로 깨닫고 있는 것이다. 그리하여 “내”가 달을 들여다보는 것이 아니라 “달”이 “뼈와 근육 너머로 / 내 영혼을 들여다보는” 것을 발견한다. 결국 “야생에 눈을 뜨면 / 시작되는 여행”을 인식하는 것이다. 「오전, 창에 번지는 빛」에서 “눈덩이 쌓인 골목”이지만 “광선 한 줄기가 꽉 닫힌 집 / 창변에 머무”는 것을 발견한 것도 마찬가지이다

차페크(Karel Capek)가 『평범한 인생』에서 말했듯이 시인은 자신 속에 무엇이 들어 있는지를 발견해서 그 얼굴에 맞는 이름을 부여해주는 사람이다. 그리하여 시인은 대상을 직시하거나 상상하거나 인유하고 그리고 추억한다. 박형준 시인은 특히 추억을 방편으로 삼고 소멸하는 대상들을 살려내고 있다. 그와 같은 것은 시인의 내면에 “빛”이 있기 때문에 가능하다. 인생이란 살아볼 가치가 있고 또 살아갈 가능성이 있다고 자신을 믿고 있는 것이다. 이는 시에 대한 지향이기도 하다. 박형준 시인의 “빛”은 『춤』의 시편들에서 “꽃”에 도달했다. “꽃”을 피우기 시작한 것이다.

2부

말이 품으려는 몸, 몸이 품으려는 말
신달자, 『오래 말하는 사이』

조로(朝露)의 화몽(花夢)부터 그믐밤까지의 여성인식
김명순(金明淳)의 생애와 시세계

통과의례의 섬, 그 여성성
김윤, 『지붕 위를 걷다』

모음을 찾아가는 닿소리, 그 사랑
김길나, 『닿소리 여행』

여성을 절실하게 이야기하다
하선영, 『콘도르를 기다리며』

붉은 열정의 물을 따르다
공계열, 『살구씨 속엔 살구나무가 있다』

말이 품으려는 몸, 몸이 품으려는 말

신달자, 『오래 말하는 사이』(민음사, 2004)

1.

　신달자 시인의 시집 『오래 말하는 사이』의 중심을 이루고 있는 시어
는 "몸"과 "말"이다. 이러한 면은 시집에 수록되어 있는 75편의 작품 중
에서 "몸"이나 "말"이 들어 있는 것이 58편("몸" 42편, "말" 16편)이나 된다
는 사실에서 우선 확인된다. 또한 표제시인 「오래 말하는 사이」("말")는
물론이고 「소리 없는 말씀」("말"), 「저 우주의 신비를 보아라」("몸"), 「생명
의 집」("몸"), 「산 도적을 찾아서」("몸"), 「땅 끝에서 잠들다」("몸"), 「고독이
라는 사내」("몸"), 「종소리」("몸") 등의 작품에 나타난 세계인식에서도 확
인된다. 따라서 『오래 말하는 사이』를 깊게 이해하기 위해서는 "몸"과
"말"에 대한 규명과 서로간의 연관성을 파악하는 일이 필요할 것이다.
　『오래 말하는 사이』의 토대를 이루고 있는 시어인 "말"과 "몸"을 이
해하는 데는 자크 라캉(Jacques Lacan)이 제시한 '실 당기기 게임'을 주목할

필요가 있다. 라캉은 무의식의 언어적 구조를 인간 주체의 형성과정에 적용해 세 단계로 체계화시켰는데, 실 당기기 게임은 '거울의 단계'와 '에디푸스 콤플렉스' 사이에 놓인다. 실 당기기 게임은 거울의 단계를 벗어나 상징계로 진입하는 단계이다. 거울의 단계는 생후 6개월에서 18개월 사이의 아이에게 일어나는데, 자신의 몸에 대해 지각하지 못하다가 거울 속에 비친 자기를 보고 비로소 인식하는 것이다. 그리하여 거울 속에 비친 자신의 모습을 완전한 존재로, 즉 이상적 자아(Ideal-I)로 생각한다. 그렇지만 자신이 타자와의 관계에서 형성되는 존재라는 사실을 모르고 있기에 객관성이 없다.

그러한 아이는 실 당기기 게임에 이르러 거울 속에서가 아니라 타자와의 관계에 의해 자아를 형성한다. 상상의 세계에서 상징의 세계로 이행함으로써 보다 성숙한 자아를 형성하는 것이다. 실 당기기 게임은 지그문트 프로이트(Sigmund Freud)가 자신의 손자가 실타래를 가지고 노는 모습을 보고 분석한 것을 라캉이 응용한 것이다. 이 단계에서 아이는 실타래를 던지다가 침대 밑으로 사라지면 안타까움으로 '오!'(Fort)라고 외치고, 다시 잡아당겨 실타래가 나타나면 '아!'(Da)라고 외치며 안심한다. 프로이트는 이 놀이에서 실타래를 아이의 엄마라고 해석했다. 따라서 실타래가 침대 밑으로 사라졌다는 것은 엄마가 부재하는 상황이고, 실타래가 나타났다는 것은 엄마가 등장한 상황이다. 그러므로 아이가 이 놀이를 되풀이하는 것은 엄마의 부재에 따른 결핍을 수동적으로 회피하는 것이 아니라 능동적으로 극복해나가는 모습이다. 거울의 단계에서 엄마로부터 독립되지 못하던 아이가 비로소 주체성을 갖는 것이다.

라캉은 실 당기기 게임에서 말(언어)의 역할에 주목했다. 아이는 '오!'와 '아!'의 반복을 통해 어머니의 부재에 따른 결핍을 극복하고 있지만, 다른 한편으로는 말의 반복으로 인해 자신의 근원적인 욕망이 억압되고 있는 것도 인지하게 된다. 아이는 말의 반복을 통해 자의식을 형성해 사회의 관습과 문화의 세계로 진입하지만, 자기 본래의 욕망으로부터 멀어지는 것도 인지하는 것이다. 이처럼 인간은 실 당기기 게임을 통해 자신의 주체성을 형성하기 시작하면서 동시에 자신의 근원적인 욕망이 상실됨을 인식하는 것이다. 그렇지만 그 인식이 자신의 욕망을 포기하는 것은 아니다. 오히려 상실된 욕망에 대한 안타까움과 요원한 바람을 가지고 다가가는 것이다.

신달자 시인이 『오래 말하는 사이』에서 "말"에 대하여 많은 관심을 보이고 있는 것이 바로 아이가 실 당기기 게임을 하는 것과 같다고 볼 수 있다. 시인은 "말"을 통해 자신의 자아를 부단히 형성해나가고 있지만, 동시에 자신의 근원적인 욕망이 억압되고 있다는 것도 알고 있다. 그리하여 그 생래적인 욕망체에 닿고자 부단히 애쓰는데 시인은 그것을 이루는 수단이 아이러니컬하게도 "말"밖에 없다는 사실에 고민한다. "말"에 의해 자신의 욕망이 상실되는 것을 인지하고 있는데, 그 "말"을 통해 다가갈 수밖에 없다는 운명에 갈등하는 것이다. "말과 소리를 벗어놓"(「침묵피정 1」)기도 하고, "말문을 닫"(「침묵피정 2」)기도 하고, "몸을 버리지 않고서는 닿지 못"(「침묵피정 3」)하겠다고 절망하기도 한다. 그렇지만 시인은 말의 회피가 결코 가능하지 않다는 것을, 그것이 바람직하지도 않다는 것을 깨닫는다. 그리하여 조금이라도 자신의 근원적인 욕망을 채우려고 "말"의 존재성을 긍정하고 있다.

동틀녘 열 길 우물 속에서 길어 올리는
외할머니 두레박에 어리는 첫 햇살 섞인 말

단 한 알의 돌마저 고르는
어머니 수천 번의 키질 끝에 눈송이 같은
하얀 쌀밥 위에 따스한 김으로 오르는 말

천 날 기원이 깃든 속 깊은 겹겹의 그 말들
덜커덩 젊은 날의 급물살에 떠내려보내고

나 무엇을 잃었는지 일생 눈물 끝 찾지 못하고
들릴 듯 들리지 않는 말 찾아 나 오늘도 떠내려가네
—「말을 찾아서」 전문

시인은 위의 작품에서 볼 수 있듯이 자신의 근원적 욕망을 채워줄 수 있는 "말"을 "동틀녘 열 길 우물 속에서 길어 올리는/ 외할머니 두레박에 어리는 첫 햇살 섞인" 것만큼 소중하게 여기고 있다. "말"을 "햇살 섞인" 것으로 또 "따스한 김"이 오르는 것으로 삼고 있고, "천 날 기원"이 깃든 것으로 여기고 있는 것이다. 이처럼 시인은 "말"을 평온하고 충만하고 아름답고 깨끗하고 신성하고 진정성이 있고 생동감이 넘치는 대상으로 인식하고 있다. 그리하여 "말"이 손닿을 수 없는 곳에 있지만, 그것을 향한 시인의 열정은 줄어들지 않는다. "일생 눈물"을 흘리며 가슴 깊숙이 품는 것이다. "단 한 알의 돌마저 고르는/ 어머니 수천 번의 키질 끝에 눈송이 같은/ 하얀 쌀밥 위에 따스한 김으로 오르는 말"을 품기 위해 "오늘도 떠내려가"는 것이다.

2.

『오래 말하는 사이』에서 관심이 가는 또 다른 시어는 "몸"이다. "몸"이란 바로 시인이 "말"로써 품으려고 하는 대상이기 때문이다. 그렇다면 그 대상이란 어떤 것일까? 라캉은 인간의 근원적인 욕망이란 어머니와 결합하는 것으로 보았다. 결핍 없는 신화의 공간인 어머니의 자궁으로 돌아가고자 하는 욕망으로 본 것이다. 태아는 어머니의 자궁에 있는 동안 주체와 객체가 완전히 결합되어 결핍 없이 지낸다. 그렇지만 어머니의 자궁으로부터 분리되어 나오는 순간부터 결핍을 느낀다. 그리하여 인간은 어머니와의 결합을 본래적으로 끊임없이 욕망하는 것이다.

그렇지만 인간은 자신의 욕망이 불가능하다는 것을 알고 있다. 실 당기기 게임에 이르러 말(언어)을 통해 비로소 자아를 형성하며 자신의 결핍을 극복해나가지만, 그것으로 인해 자신의 근원적인 욕망이 상실되는 것도 알고 있다. 그리하여 인간은 말 때문에 자신의 근원적인 욕망이 조각나고 마는 운명에 절망한다. 그러면서도 자신의 욕망체에 다가가기 위해서는 말로써만 가능하다는 사실에 갈등하고 망설이면서 자신의 욕망을 위해 또다시 말에 천착하는 것이다.

『오래 말하는 사이』를 지배하고 있는 "몸"이 바로 시인이 추구하는 근원적인 욕망의 대상이다. 시인은 완벽한 충만감으로 인해 결핍감을 느낄 수 없는 어머니의 자궁에 다가가고자 "말"로써 그 신화의 세계를 품고 있다. 주체와 객체가 분리되지 않고 합일되어 있는 생명의 터전인 "몸"을 이상향으로 삼고 지향하고 있는 것이다. 따라서 시인에게 "몸"이란 "말"과 같이 따스하고 신성한 대상이다. 또한 평온하고 깨끗하고 진정성이 있고 생동감이 넘치는 대상이다. 그리하여 그 "몸"은 손으로 잡을 수 없는 곳에 있는 대상이지만, 시인은 그것을 향해 열정을 태우고 있다.

나는 배부른 여자를 바라보는 일도
징그러웠는데 오싹했는데
아 저 우주의 신비를 봐
둥그렇게 우주를 안은 여자의 몸을 만지며
나는 조금씩 몸이 살아난다
열 손톱이 찡하게
지르르 지르르
울리는 종소리를 듣는다
50층 건물보다 더 나를 압도하는
검은 젖꼭지와 저 아름다운 동산에서
나의 추억의 천사들이 푸드득거리며
쏟아져 나오고
그 성스러운 신비에 비누 거품을 문지를 때
여자가 꽃핀다
어머니가 꽃핀다
생명이 꽃핀다
내 손이 꽃이 되어 피어나고 또 피어난다
오랜만에 너무 빛나고 귀한 내 손이여
나는 두 손을 들고 오래오래 앉아 있었다
—「저 우주의 신비를 보아라」 전문

위의 작품에서 "여자"의 "몸"을 "우주의 신비"라고 비유한 면에서 시인의 욕망체에 대한 자세를 확인할 수 있다. "우주의 신비"를 품고 있는 "배부른 여자"는 바로 시인이 품고자 하는 신화의 세계이다. 따라서 시인은 그 세계로 다가가기 위해 "말"로써 "성스럽게 무릎을 꿇"는다. "몸을 닦았다", "조금씩 몸이 살아난다", "아름다운 동산", "천사들이 푸드득거"린다, "성스러운 신비", "너무 빛나고 귀한 내 손"도 품는다. "여자가 꽃핀다 / 어머니가 꽃핀다 / 생명이 꽃핀다"라고도 "말"한다. 시인이 또 다른 작품에서 "내 몸속에 아직 절개되지 않은 / 숨은 우주 하나 / 생

명이 자라지 못하는 / 폐가로 문 닫은 지 오래 / 은총의 껍데기로 말문 닫
은 지도 오래 / 너무 고요해 내 몸속에 있는지 / 배꼽 주변을 손으로 더듬
어"(「생명의 집」)보는 것도 마찬가지의 행동이다.

　시인이 "여자"의 "몸"을 두고 "여자가 꽃핀다", "어머니가 꽃핀다",
"생명이 꽃핀다"라고 "말"한 것은 뤼스 이리가라이(Luce Irigaray)가 추구한
'차이의 페미니즘'의 모습이기도 하다. 이리가라이는 시몬 드 보부아르
(Simone de Beauvoir)가 "여자는 태어나는 것이 아니라 만들어지는 것"이라고
주장한 것에 비해 "나는 여자로 태어났지만 나는 나이다"라고 주장했다.
남녀의 성차를 부정하고 성을 중성화시키는 것을 여성해방으로 인식하
는 기존의 페미니즘에 비해 성차별을 인정할 것을 주장한 것이다. 남성
과 여성은 엄연히 다른 특성을 가지고 있으므로 그 차별성을 인정하고
그에 해당하는 사회적 권리와 의무를 적용해야 한다고 주장했는데, 언뜻
보면 이러한 인식은 페미니즘에 반하는 것처럼 여겨질 수도 있지만, 여
성이 자신의 "몸"을 사랑하는 것이야말로 페미니즘의 필수 조건이기에
새길 만한 것이다.

3.

아침에 일어나면
베란다에 앉은 화분에
꽃 한 송이 또 피어 있다

밤의 깊은 침묵이 호올로 이끌어낸
붉은 전언(傳言)

한마디 툭 내 이마를 때리니
꽃피는 공간에
나 서 있는 것 보인다

노래 한번 불러주지 못했는데
간밤 웅성거림 하나 없이
따뜻한 예감으로
내 가슴속에 활짝 피어올라
기우뚱하는 나를 바로 세우는
저 몸집 연약한
그러나 당찬 말씀의 홀몸 길들이기

아침부터 나는 학습 중이다
—「소리 없는 말씀」 전문

시인은 자신의 근원적인 욕망체인 "몸(집)"에 다가가려고 "아침부터 나는 학습 중이"라고 "말(씀)"한다. 이러한 면이 바로 실 당기기 게임을 하는 아이의 모습이기도 한데, 결국 시인은 생명력 있는 "말(씀)"로써 생명력 있는 "몸(집)"을 욕망하고 있는 것이다. 이런 점에서 『오래 말하는 사이』에 등장한 "몸"과 "말"은 서로 상관없는 대상이 아니라 바늘과 실과 같은 관계의 존재이다. "몸"은 "말"을 통해 인식되고 있고, "말"은 "몸"을 품고 있는 것이다. 라캉은 표상으로 드러나지 않고 감추어진 대상(무의식)을 페르디낭 드 소쉬르(Ferdinand de Saussure)의 개념을 빌려 기의(記意 : signifie)라 했고, 그 대상을 표현한 것을 기표(記表 : signifiant)라고 했다. 기의는 기표의 형식을 덧입어야 읽혀질 수 있다고 본 것인데, 신달자 시인 또한 "몸"(기의)을 "말"(기표)로써 최대한 품고 있는 것이다.

그렇지만 시인의 그 욕망은 결코 채울 수 없다. 어느 정도는 채울 수 있겠지만 완전히 이룰 수는 없다. 그래도 시인은 포기하지 않고 자신의 대상을 향해 애태우며 다가간다. "단 한마디만 피게 할 수 있을까 / 그

한마디의 독을 마시고 / 나란히 누울 수 있을까”(「오래 말하는 사이」)라고
희망하며 향하는 것이다. 시인은 생명력 있는 “몸”을 생명력 있는 “말”
로써 품는 것이 자신의 운명이라고 여기고, 채울 수 없는 인간의 운명에
대해 절망하기보다 희망으로 삼고 지향한다. 생명력 있는 “몸”을 품기
위해 기존에 선택한 “말”에 만족하지 않고 또 다른 생명력 있는 “말”을
부단히 찾고 있는 것이다.

조로(朝露)의 화몽(花夢)부터 그믐밤까지의 여성인식

김명순(金明淳)의 생애와 시세계

1.

탄실 김명순은 1917(22세)년 동경 유학시절 최남선이 발행하던 『청춘』의 현상문예 모집에 단편소설 「의심의 소녀」가 당선되어 문단에 데뷔한 최초의 여성 작가이다. 또한 1925년 『생명의 과실』이라는 시집을 간행한 최초의 여성 시인이다. 김명순이 문단에 데뷔한 1917년은 한국 근대문학의 기념비적인 작품으로 평가받고 있는 이광수의 「무정」이 『매일신보』에 연재된 해이므로 그녀의 문학적 출발은 큰 의미를 갖는다. 한국 근대 문학사에서 여성 작가가 남성 작가와 대등하게 출발했다는 의의를 갖는 것이다.

김명순은 문단에 진출한 뒤 본명과 망양초(望洋草, 茫洋草), 탄실(彈實), 망양생(望洋生) 등의 필명을 사용하면서 작품활동을 했다. 그리하여 1925년에는 24편의 시와 4편의 감상문, 2편의 소설을 담은 『생명의 과실』이라는 시집을 간행했다. 이 시집은 김억의 『해파리의 노래』(1923), 주요한의 『아름다운 새벽』(1924), 박종화의 『흑방비곡(黑房秘曲)』(1924)에 이어서 나온 것으로 근대 시문학의 선구적인 위치에 있다. 김명순은 최초의 서양화 화가이자 여권신장에 관해 많은 글을 쓴 나혜석과 여성종합지『신여자』를 주관해 여성문학의 요람을 만든 김일엽을 일컫는 제1세대 여성작가 중에서 가장 많은 시작품을 남겼다. 여성의 희생과 순종이 강요되는 시대에 그 극복을 적극 지향하고 나선 것이었다. 따라서 그동안 근대 문학사 정리에서 무시되거나 별도의 항목으로 여겨지던 김명순의 작품은 새롭게 조명되어야 한다.

김명순은 1896년 평안남도 평양에서 출생해 서울 진명여학교와 일본 유학을 했다. 1917년 주요한·이성춘 등과 함께『청춘』으로 문단생활을 시작해 1919년에는 김동인·전영택·주요한 등과 함께『창조』동인에 가담했으며, 1920년에는 일본에 체류하면서 조선 유학생 기관지인『학지광』·『여자계』등에 시·수필·소설 등을 발표했다. 그 후『개벽』을 비롯한 여러 잡지와『동아일보』·『조선일보』등에 많은 작품을 발표했다. 1925년에는『매일신보』기자로 입사하여 염상섭·안석영 등과 함께 일했고, 그의 유일한 시집인『생명의 과실』을 출간했다. 1928년에는 대륙키네마사의 영화 나의 친구여 와 이경손 프로덕션의 영화 숙영낭자전 에 출연했고, 1930년에는 안종화 감독의 영화 꽃장사 와 노래하는 시절 , 김영환 감독의 영화 젊은이의 노래 등에 주연으로 출연했다. 1939년(44세) 그의 마지막 시작품으로 추정되는「그믐밤」을『삼천리』(1월호)에 발표하고 난 뒤 생애를 알 수 없는데, 일본에서 만났다는 몇몇 문인들의 증언으로 미루어보아 이국땅에서 쓸쓸히 사망했을 것으로 추정된다. 김동인은 김명순이 일본으로 건너간 연유로 산문「적막한 예원」에서 "그가 젊었을 때는 그래도 그에게 밥을 주는 사람이 있었다. 그러나 그 젊음이 차차 없어지는 것을 기회로 그는 밥을 잃었다"라는 사실을 들고 있는데, 식민지 여성 시인으로서 감당해야 되었던 삶이 새삼 슬프기만 하다.

2.

　김명순의 작품은 양과 질에 있어서 동시대의 여성 시인 중 단연 앞섰고, 남성 시인들에 비해서도 결코 뒤지지 않았다. 김명순이 남긴 작품 수는 2005년 1월 현재 필자가 확인한 바에 따르면 시 62편, 번역시 11편, 소설 16편, 번역 소설 1편, 수필 11편 등이다. 김명순의 시작품은 1920년 『창조』 7월호에 발표한 「조로의 화몽(朝露의 花夢)」에서부터 1938년 『삼천리』(1월호)에 발표한 「그믐밤」까지 이어지고 있다. 시세계의 특징으로는 우선 자아인식을 들 수 있다.

　탄실(彈實)이는 단 꿈을 깨뜨리고 서어함에 두 뺨에 고요히 굴러 내려가는 눈물을 두 주먹으로 씻으며 백설 같은 침의(寢衣)를 몸에 감은 채 어깨 위에는 양모(羊毛)로 두텁게 직조한 흰 숄을 걸치고 십자가의 초혜(草鞋)를 신고 후원의 이슬 맺힌 잔디 위로 창랑(蒼浪)히 걸어간다. (…중략…)

　백(白), 「어데선지 아주 참을 수 없는 슬픈 노래가 들리는구려.」 하고 한층 더 귀를 기울 이매 홍장미는 영리하게
　「언니, 그 노래 누가 하는지 아시오? 저어 해변에 절하듯이 굽어진 산이 보이지요?
　거기 망양초(望洋草)라는 이가 창백한 얼굴을 하여 가지고 매일 노래한다오, 나는 그의 목소리만 들어도 어쩐지 눈물이 쏟아져요」 (…중략…)

　「내가 꽃을 피웠을 때 담홍의 웃는 듯한 꽃을 탐스럽게 피웠을 때 하

루는 남호접이 와서 내 꽃에 머무르고 말하기를 너는 천심(天心) 난
만히 울고 웃고 자기 를 정직히 표현한다고 일러주며 후일에 또 올
터이니 이 해변에서 기다리라고 하셨지요? 그래서 저는 10년째 하루
와 같이 거문고를 타며 매일 기다리지요. 그렇지만 조금도 그가 더디
오신다고 원망도 의심도 아니합니다. 그러나 적적하니까 매일 노래를
합니다.」하고 머리를 숙이며 눈물을 씻는다. 백장미도 홍장미도 연고
를 모르면서 눈물을 흘린다. (…중략…)

사랑하는 이여
나의 넓은 화원에서
오색으로 화환을 지어
그대의 결혼식에
예물을 드리려 하오니 (…중략…)

불치의 병에 우는 탄실이 눈물…… 초엽(草葉)에 맺힌 이슬이 주일(朝日)의
광채를 밭에 진주(珍珠)같이 빛낸다.

—「조로(朝露)의 화몽(花夢)」 부분

위의 작품은 망양초라는 필명으로 1920년 7월 『창조』에 발표되었는
데, 등장인물의 이름이 시인의 본명인 탄실과 필명인 망양초가 함께 쓰
이고 있다는 점에서 특이하다. 또 몽유록 소설과 같이 현실→꿈→현
실의 서사적 구조를 바탕으로 묘사와 대화와 설명이 자유롭게 쓰이고
있는 점도 특이하다. 따라서 위의 작품은 자유시가 형성되지 않은 동시
대의 시단 상황에 비추어보면 상당히 파격적이라고 볼 수 있다.

근대 자유시는 자유사상을 근저로 이전 시대의 정형적인 면을 지양하
는 시형식을 추구했는데, 그 대표적인 예가 주요한의 「불놀이」이다. 주
요한의 시문학적 업적은 이미 많은 연구에서 정리되었듯이 시조라는 정
형시를 파괴하고 새로운 형태의 시를 확립시킨 데에 있다. 시조는 하나
의 문학 형식이 아니라 유교이념을 가장 잘 표현할 수 있는 형식 그 자

체였지만, 정형화된 사회가 무너지고 근대사회가 도래하자 새로운 시대를 담아낼 자유시 형식이 요구되었던 것이다.

따라서 김명순의 「조로의 화몽」은 주요한의 「불놀이」와 더불어 시조를 대신하는 근대 자유시의 형성에 기여했다. 「불놀이」가 1919년 2월에 창간된 『창조』에 발표된 것에 비해 「조로의 화몽」이 1년 남짓 늦게 발표되었지만, 동시대의 그 어떤 시보다도 자유로운 형식을 추구한 것이다. 남성들의 작품이 지배하던 시대에 등장한 여성시라는 점을 생각하면 더욱 의미를 갖는다.

「조로의 화몽」이 근대 자유시의 형성에 기여한 점은 형식의 창조에만 있는 것이 아니라 자아를 인식했다는 점에도 있다. 근대 자유시는 인습화된 인간 대신 고독한 자아를 담았다. 그러한 면은 「조로의 화몽」에서 "탄실(彈實)이는 단 꿈을 깨뜨리고 서어함에 두 뺨에 고요히 굴러 내려가는 눈물을 두 주먹으로 씻으며 백설 같은 침의(寢衣)를 몸에 감은 채 어깨 위에는 양모(羊毛)로 두텁게 직조한 흰 숄을 걸치고 십자가의 초혜(草鞋)를 신고 후원의 이슬 맺힌 잔디 위로 창랑(蒼浪)히 걸어간다"와 같이 나타나고 있다.

"망양초"는 자신을 찾아온 "백장미"와 "홍장미"에게 나비가 다시 돌아온다고 약속해 10년째 원망을 않고 기다리고 있는데 적적하기 때문에 매일 노래를 부르고 있다고 얘기한다. "탄실이"는 그 이야기를 듣고 깨어난 뒤 자신의 불치병에 가슴 아파하며 눈물을 흘린다. 서자로 태어난 김명순 자신의 자전적인 면이 반영된 것으로 보이는데, 그 '눈물'이 자유시의 형성에 있어서 중요한 요소이다.

1920년대 전반기에 나타난 자유시의 지배적인 특징은 눈물이 자제되지 않고 유출된 점이다. 가령 주요한이 「불놀이」에서 "오오 사로라, 사로라! 오늘밤! 너의 발간햇불을, 발간 입술을, 눈동자를, 또한 너의 발간 눈물을……"이라고 한 것이나, 황석우가 「눈으로 애인아 오너라」에서 "지금 울고, 아아 흥골이 불어오르도록 또 울어, / 납촉액(蠟燭液) 같은 뜨

거운 눈물로"라고 한 것, 홍사용이 「나는 왕(王)이로소이다」에서 "그러나
그러나 눈물의 왕— 이 세상 어느 곳에든지 설움이 있는 땅은 모다 王
의 나라로소이다"라고 한 것 등에서 보듯이 눈물의 정서가 지배적이다.
3·1운동의 실패에 따른 시인들의 절망감이 여과 없이 표출된 것이다.
그렇지만 그 눈물을 무조건 비판할 것이 아니라 형식에 구애받지 않는
자유시를 형성하는 데에 큰 기여를 했다고 볼 수 있다. 자유로운 감정의
표현으로 볼 수 있는 것으로 김명순이 「조로의 화몽」에서 보인 눈물 또
한 같은 것이다.

　　그러면서도 김명순은 눈물에만 의지하지 않았다. "그러나 눌리었던
우리들을 / 해방하는 노래가 들려지오니 / 우리는 꿈길을 버립시다"(「고혹」)
라고 지극히 이성적인 태도를 보였다. 감상적이거나 절망적이지 않고 발
딛고 있는 처지에서 냉철하게 '해방'의 노래를 부른 것이다. 또한 "온 하
늘이 그에게 호령하다 / "전진하라 전진하라"(「탄실의 초몽(初夢)」)며 자신의
길을 굽히지 않고 나아갔다. 이러한 면은 『생명의 과실』의 머리말에서
도 여실히 나타나고 있다.

　　　이 단편집은 오해받아온 젊은 생명의 고통과 비탄과 저주의 여름으로 세상에
　　내놓음이다.

　　『생명의 과실』의 머리말은 이처럼 아주 짧은데, "오해받아온" 상황이
란 다름 아니라 여성으로서 남성 지배적인 유교사회에서 겪어야 했던
이러저러한 불이익이었을 것이다. 그 오해는 "젊은 생명의 고통과 비탄
과 저주"처럼 심한 상처를 받은 것이었는데, 그만큼 여성의 존재가 열악
했음을 보여준다. 그럼에도 불구하고 김명순이 창작활동을 해 "여름"을
즉 열매를 "세상에 내놓"은 일은 여성 시인으로서 자기 인식을 적극적
으로 내세웠기 때문에 의미 있는 것이다.

3.

　김명순의 시작품에 나타난 자아인식이 개인 차원에서 머무르지 않고
남녀평등의 추구로 연결된다는 점에서 큰 의미를 갖는다. 시문학은 본래
주관적 장르로서 자아의 내면을 표현하는 것이지만 시인 역시 사회적
존재이므로 작품은 시대와 사회를 반영하는 것이다. 따라서 김명순이 자
유시 형식으로 드러낸 여성해방인식은 사회성을 띤다.

> 조선아 내가 너를 영결할 때
> 개천가에 고꾸라졌던지 들에 피 뽑았던지
> 죽은 시체에게라도 더 학대해 다오
> 그래도 부족하거든
> 이 다음에 나 같은 사람이 나더라도
> 할 수만 있는 대로 또 학대해보아라
> 그러면 서로 미워하는 우리는 영영 작별된다
> 이 사나운 곳아 사나운 곳아.

—「유언」 전문

　위의 작품에서 보듯이 김명순은 자신이 살아가던 조선 사회를 "이 사
나운 곳아 사나운 곳아"라며 분노하고 있다. 시인이 이렇게 경멸하는 가
장 큰 이유는 "이 다음에 나 같은 사람이 나더라도 / 할 수만 있는 대로
또 학대해보아라" 하는 자학적인 태도에서 볼 수 있듯이, 여성이라는 운
명으로 인해 인간다운 가치를 인정받지 못하고 있기 때문이다. 그녀가
살아가던 시대는 남녀평등이 실현되지 않고 있어서 여성들은 남성이 지
배하는 사회의 관습과 제도에 구속될 수밖에 없었다. 그러므로 김명순은
"유언"이라는 극단적인 행동까지 남녀평등의 지향에 내포시키고 있다.
여자는 태어나는 것이 아니라 만들어지는 것이라는 보부아르의 인식을

바탕으로 타자로서 강요하는 남성들에게 적극적으로 대항한 것이다.

김명순의 여성해방인식은 동시대에 지배했던 '개조'의식의 산물이라는 점에서 주목된다. 1920년대 중반기까지 유행된 개조의식은 "우리는 문명이라는 말만 취할 것이 아니라 그 내용을 취하여야 할 것이며 우리는 개조하는 소리에만 따를 것이 아니라 개조할 거리를 장만하여야 할 것"(「창간사」,『부인』 제1호, 1922.6, 2면)이라는 한 여성지의 창간사에서 쉽게 볼 수 있다. 또한 "개조! 개조! 이 부르짖음은 전세계의 끝으로부터 끝까지 높으게 크게 웨쳐납니다. 참으로 개조할 때가 온 것입니다"(「창간사」,『신여자』 제1호, 1920.3, 2면)와 같이 다소 격앙되었음을 알 수 있다. 그만큼 1920년대에는 기존의 봉건질서를 극복하고 개인의 자유를 추구하려는 의식으로 남녀평등을 실현하려고 했다. 그리하여 김명순은 기존의 사랑에 대해서 비판적인 태도를 보였다.

> 길바닥에, 구르는 사랑아
> 주린 이의 입에서 굴러나와
> 사람 사람의 귀를 흔들었다
> '사랑'이란 거짓말아.
>
> 처녀의 가슴에서 피를 뽑는 아귀야
> 눈먼 이의 손길에서 부서져
> 착한 여인들의 한을 지었다
> '사랑'이란 거짓말아.
>
> —「저주」 부분

김명순은 "처녀의 가슴에서 피를 뽑는 아귀야"라고 토로하고 있듯이 남성에게 종속된 여성의 "사랑"이 얼마나 모순된 것인가를 여실하게 나타내고 있다. 자신의 주체성을 상실한 사랑은 결코 인격적이고 평등한 관계를 이룰 수 없음을 인지하고 있는 것이다. 또한 "주린 이의 입에서

굴러나와 / 사람 사람의 귀를 흔들었다"라고 했듯이 사랑이란 관념적이
고 추상적인 대상이 아니라 지극히 현실적인 것임을 인식하고 있다. "주
린 이의 입"의 상황이 여성에게 불리한 사랑을 낳는다고 파악한 것이다.
사랑은 남녀간에 인격적이고 평등한 관계가 이루어져야 진정 가능한 것
이지만 현실적인 조건도 마련되어야 한다. 김명순은 그 점을 인지하고
비현실적인 사랑을 마음속에서 지우고 있다. 기존의 사랑에 순종적으로
따랐다가 "생장(生葬)되는 이 답답함을 어찌하랴 / 미련한 나!"(「유리관 속에
」)라고 자신을 반성하고 있는 것도 마찬가지이다.

기존의 유교적 관습과 제도에 대항하여 남녀평등을 실현하려는 김명
순의 여성해방인식은 동시대 남성 작가들의 경우보다 진정성이 있다. 이
해조가 「자유종」에서 여성교육의 필요, 남녀차별의 폐지, 사회적 기회균
등 등을 제시했지만 관념적인 것이어서 진정성이 없었고, 이광수가 『무
정』에서 보다 논리정연하게 남녀평등의 필요성을 제시했지만 역시 추상
적인 것으로 진정성이 없었다. 『무정』은 뚜렷한 언어관에 의해 씌어져
한글 문체를 확립시킨 작품이지만, 추상적인 자유연애를 민족의식과 작
위적으로 결부시킴으로써 진정성이 없었던 것이다.

4.

김명순의 시작품에서 새롭게 조명되어야 할 또 다른 세계는 민족해방
인식이다. 나혜석이나 김일엽의 작품세계에 대한 종래의 연구에서도 민
족해방인식은 고찰되고 있지 않다. 나혜석은 3·1운동의 참여로 옥고를
치른 경험까지 있고, 김일엽의 여성해방인식은 일제 강점기의 굴곡을 반
영하고 있으므로 적극적인 고찰이 필요한 것이다.

늙은 병사가 있어서
오래 싸웠는지라
온몸에 상처를 받고는 싸움이 싫어서
군기(軍器)를 호미와 괭이로 갈았었다.

그러나 밭고랑은 거세고
지주는 사나우니
씨를 뿌리고 김을 매어도
추수는 없었다. (…중략…)

사람들이 머리를 비틀었다
자나 깨나 싸움이 있을진대
사나 죽으나 똑같을 것이라고
사람마다 두 팔에 힘을 내뽑았다.

—「싸홈」 부분

 "그러나 밭고랑은 거세고/지주는 사나우니/씨를 뿌리고 김을 매어
도/추수는 없었다"라고 잘 나타나 있듯이 일제의 농지수탈은 이루 말할
수 없었다. 일제는 1912년 '토지조사사업'을 실시해 조선의 농토를 막대
하게 빼앗았고, 1920년에는 '산미증산계획'을 실시해 조선의 양곡을 약
탈해갔다. 그리하여 일본으로 건너간 쌀의 양은 1930년대에 이르러서는
1910년대의 8배나 증대되어 조선인들의 식량난은 매우 심각했다. 그리
하여 조선인들은 급속히 소작농으로 전락하거나 화전민이 되거나 도시
노동자로 내몰렸고, 심지어 만주·시베리아·하와이·사할린·멕시코·
일본 등지로 떠나가게 되었다. 또한 잡곡밥이나 죽으로 연명하는 경우가
대부분이었고 소나무의 껍질을 벗겨 방아에 찧은 송기떡이나 술찌끼나
밀기울 등으로 연명했다.
 따라서 위의 작품에서 "자나 깨나 싸움이 있을진대/사나 죽으나 똑
같을 것이라고/사람마다 두 팔에 힘을 내뽑았다"라는 면은 설득력이 있

다. 정면으로 대항하거나 가만히 누워서 잠을 청해도 온몸에 멍이 들어
죽는 상황이므로 적극적으로 대항할 필요가 있는 것이다. "온몸에 상처
를 받고는 싸움이 싫어서 / 군기(軍器)를 호미와 괭이로 갈았었다"와 같은
현실 회피는 결코 주권을 지킬 수 없는 것이다.

> 귀여운 내 수리 내 수리
> 힘써서 아프다는 말을 말고
> 곱게 참아 겟세마네를 넘으면
> 극락의 문은 자유로 열리리라.
>
> 귀여운 내 수리 내 수리
> 흘린 땀과 피를 다 씻고
> 하늘 웃고 땅 녹는 곳에
> 골엔 노래 흘리고 들엔 꽃 피자
> 그대가 세상에 없었던들
> 무엇으로 승리를 바라랴.
>
> 그때까지 조선의 민중
> 너희는 피땀을 흘리면서
> 같이 살길을 준비하고
> 너희의 귀한 벗들을 맞아라.

— 「귀여운 내수리」 부분

"수리"는 매과의 수리속(屬)에 속하는 맹금으로 힘이 세고 부리와 발
톱이 크고 날카롭다. 김명순이 그 "수리"를 "내"와 같다고 동료의식을
나타낸 것은 민족이 결코 추락하지 않고 언젠가는 창공으로 날아오를
것이라고 믿었기 때문이다. 그리하여 "곱게 참아 겟세마네를 넘으면 / 극
락의 문은 자유로 열리리라"고, 아프고 힘들어도 좌절하거나 포기하지
않고 인내하면 민족해방의 날이 열릴 것이라고 예견하고 있다. 마치 이

육사가 「광야」에서 "다시 천고의 뒤에 / 백마 타고 오는 초인이 있어 / 이
광야에서 목놓아 부르게 하리라"라고 예견한 목소리와 같다. 그러므로
"그때까지 조선의 민중 / 너희는 피땀을 흘리면서 / 같이 살길을 준비하고
/ 너희의 귀한 벗들을 맞아라"라는 제시는 공감대를 형성한다.

　김명순의 민족해방인식은 1920년대의 시단에서 단연 선구적인 것이
었다. 단재 신채호가 이미 민족해방을 추구한 시를 쓰고 있었지만 김명
순은 이상화 · 윤동주 · 한용운 · 이육사 등의 시인보다도 앞서 추구했다.
따라서 김명순의 민족해방인식은 근대 문학사의 연구에서 부각시킬 필
요가 있는 것이다.

5.

　　그러나 불행히 나는 그의 과거를 잘 알지 못한다. 다만 그는 평양 태생이라
는 것과 그의 모친이 애매 여성(반 기생?)이었었던 것과 그의 고모들도 역시 그
렇다는 것과 자기는 의붓자식이고 어머니는 일찍이 돌아갔다는 것과 따라서
어려서는 가정에서 귀염을 받으며 자라났으나 장성한 뒤에는 의붓자식으로 서
러움을 많이 받았다는 것밖에는 알지 못한다. 그래서 그런지 그의 혈관 속에는
그의 어머니의 피와 또는 그의 고모들의 피가 흐르는 것 같다. 그로 하여금 '일
개의 멜랑콜릭한 여성'을 만든 것이 의붓자식이라는 처지였으며 얼마간 퇴폐적
기분을 가지고 있게 한 것이 그의 가정 안의 환경이 아니었을까? (…중략…)

　　그리고 이것들 제요소를 층층이 쌓아 놓은 그 중간을 꿰뚫고 흐르는 것이 외
가의 어머니편의 불순한 부정(不淨)한 혈액이다. 이 혈액이 때로 잠자고 때로
굽이치며 흐름을 따라서 그 동정(動靜)이 일관되지 못한다. 그리하여 이 동, 정
이, 그의 시에, 소설에, 또한 그의 인격에 나타난다. (…중략…)

　　김씨는 인제 해바라기꽃이 떨어지듯이 시들 것이다. 생각하면 그는 불행한

여성의 하나이다. 정열도 없고 뻗어나갈 힘도 없고 풀이 죽었다.
　　　　─김기진, 「신여성 인물평─김명순 씨에 대한 공개장」 부분

　　다소 길게 인용한 위의 글은 팔봉 김기진이 1924년 11월 『신여성』에 발표한 것이다. 주지하다시피 팔봉 김기진은 1925년 조선프롤레타리아 예술동맹(KAPF)을 결성한 뒤 1935년 경기도 경찰부에 해산계를 제출하기까지 프로문학을 이끈 당대 최고의 비평가이자 이론가였다. 그가 프로문학 창작이 위축되고 일제의 검열을 피하기 위해 내세운 대중화론은 조직 내의 소장파들로부터 환영받지 못했지만 지금까지 민중문학의 방향에 큰 영향을 끼치고 있다.

　　그렇지만 위의 글을 읽으면 당황스럽고 실망감을 갖게 된다. 김명순이 작품활동을 왕성하게 하고 있었지만 단지 여성이라는 이유만으로 지극히 배척되고 또 왜곡되고 있기 때문이다. 김동인이 「김연실전」을 통해서 그리고 전영택이 「김탄실과 그 아들」을 통해서 김명순을 방종한 여자라고 부정적으로 그리고 있는 것도 마찬가지이다. 결국 유교적 관습에 젖어 있는 동시대 남성 작가들의 보편적인 여성인식을 새삼 확인할 수 있는 것이다.

　　김명순은 열악한 상황 속에서도 남성 작가들에 비해 결코 뒤지지 않는 작품활동을 했다. 「조로의 화몽」·「고혹」·「탄실의 초몽」 등에서 보듯이 자아인식을 강하게 나타냈고, 「유언」·「저주」·「유리관 속에」 등에서 보듯이 여성해방인식을 적극적으로 지향했다. 김명순의 여성해방인식은 기존의 봉건질서를 극복하려는 개조의식의 산물이라는 점에서 주목된다. 또한 김명순은 「싸움」·「귀여운 내 수리」 등에서 보듯이 민족해방인식을 선구적으로 나타내었다.

통과의례의 섬, 그 여성성

김윤, 『지붕 위를 걷다』(문학수첩, 2004)

1.

밀도 높은 문체로 자기 존재를 진지하게 사유한 오정희의 소설 「옛우
물」에 등장하는 여성 주인공은 45살의 생일날 아침, 다른 날과 마찬가지
로 6시에 일어났다. 가장 적합한 자리라고 생각하고 놓은 전기밥솥, 가
스레인지, 프라이 팬, 낡아서 모터 소리가 요란한 냉장고 등이 여느 날
과 다르지 않게 제자리에 있는 것이 눈에 들어온다. 그녀는 그 낡아가는
가구들 사이에서 자신의 존재에 대해 생각해본다. 한 사람의 생애에 있
어서 45년이란 어떤 것인가? 부자도 가난뱅이도 될 수 있는 나이, 대통
령도 마술사도 될 수 있는 나이, 죽어서 먼지와 바람으로 분분히 날릴
수 있는 나이, 진화의 표본을 찾아 적도 밑 1,000Km의 바다를 건너 갈라
파고스 제도로 갈 수 있는 나이, 아프리카에 가서 사랑의 의술을 펼칠
수 있는 나이, 무인도의 로빈슨 크루소가 될 수 있는 나이, 꽃이 피고 지

는 자연의 섭리를 노래한 근사한 책 한 권쯤 낼 수 있는 나이…….

그런데 그녀는 작은 지방 도시에서 한 가정주부로서 하루하루를 보내고 있다. 더러 베스트셀러 시와 에세이를 읽고 텔레비전 뉴스를 보고 신문을 읽는 것으로 세상을 보는 창구로 삼고 있고, 한 달에 한 번씩 아들이 다니는 학교의 자모회에 참석하고, 일주일에 두 번 재래시장을 보고, 일주일에 한 번 쑥탕에 간다. 한 가지 옷을 입고도 결혼식이나 초상집에 가서 적당히 연출할 줄 알고, 마늘과 생강이 어우러져서 내는 맛을 알고, 행주와 걸레가 제자리에 놓여 있는 것을 사랑한다.

그렇지만 가정생활에 젖어 있는 그녀는 기능을 잃어버려 400년 전에 멸종된 도도라는 새가 자신이라는 생각을 떨쳐버릴 수가 없다. 도도가 되어버렸다……. 그리하여 그녀는 남편과 아들이 서둘러 아침을 뜨고 각각 일터와 학교로 간 뒤 집안을 치우고 나서, 가스레인지 위에 찻물주전자를 올려놓고, 누군가에게 전화를 건다. 지역번호를 누른 뒤 재빠르게 숫자를 꾹꾹 누른다. 아득한 공간 속으로 신호음이 열 번, 스무 번 울리면서 나아가지만 아무도 받지 않는다. 그녀는 전화기를 내려놓고 제자리로 돌아와 끓인 물을 찻잔에 붓고 찻숟가락으로 찬찬히 젓는다.

그녀가 전화를 건 곳은 지옥까지 가겠다고, 빛과 소리와 어둠의 끝까지 가보겠다고 다짐했던 그였다. 그런데 그는 이 세상에 없다. 그녀가 저녁쌀을 씻다가 문득 고개를 들어 지는 해를 바라보는 습관 속에서만 존재할 뿐이다. 그렇지만 그녀는 그의 부재로 인해 자신 안의 무엇인가가 소멸되어 가는 것을 느낀다. 그것이 무엇인지는 정확하게 알지 못하지만 분명 느낀다. 그리하여 그에게 전화를 건 것이었다.

그에게 향하는 그녀의 마음속은 마치 금빛 잉어를 품고 있는 우물과 같다. 두렵고 신비하고 알 수 없는 이끌림이 있는 우물, 그것은 곧 여성성(女性性)[1]을 상징한다. 생산과 욕망의 비밀이 뿌리 깊게 내려 있는 여

---

1) 일반적으로 여성성은 생물학적 조건에 의한 섹스(sex), 사회문화적 조건에 의해 형성되는 젠더(gender), 생물학적 측면과 문화적 측면을 망라하는 섹슈얼리티(sexuality) 등의

성적 리비도의 공간인 것이다. 그러나 45살의 그녀는 자신의 우물이 말라가는 것을 감지하고는 사랑과 욕망에 뒤척이던 삶이 사라진다는 사실에 상실감을 느낀다. 그리하여 그녀는 연결되지 않는 것을 잘 알면서도 그에게 전화를 걸어본 것이다. 그녀의 그 행동은 여성성을 상실할 수밖에 없지만 잃어버리지 않으려는 안타까운 몸부림이다. 그것이 헛된 일인지 알면서도, 금지 구역으로 철조망이 쳐져 있는 것을 알면서도, 45살 이후의 삶에 적응해가려는 눈물겨운 통과의례의 모습인 것이다.

인간의 삶은, 특히 여성성의 통과의례를 겪는 여성들의 삶은, 결코 모범답안지 안에 가둘 수 없다. 문학이란 그와 같은 인간의 내면을 진실하게 보여주고, 그것이 한 인간에게 얼마나 중요한 것인가를 나타내는 것이다. 결국 이 세상의 존재들과 관계하며 인간다움을 실현하기 위한 주체성을 회복시켜 나가려는 것이다. 김윤 시인의 시세계 또한 자신의 여성성을 찾으려는 진지한 사유의 산물이라고 할 수 있다.

2.

홍몽 꾼 듯 잠깨는 생일날 새벽 두근두근 비꽃 오네

비 한 줄금 잠든 박태기꽃을 깨우려고 외등 불빛을 끌어다가 자주색 꽃눈마다 뿌리네 어디서 누가 악을 쓰며 여섯째 딸을 낳고 있는지 지금도 그런 사람 있는지 그 날 우리집 부엌처럼 미역국 얼어붙을 듯 끓고 있는지 아버지는 아직 문도 열지 않은 캄캄한 저자거리로 술을 드시러 가셨는데 끝내 아들 못 얻은 일 기가 막혀 그 사발 들이킬 수밖에 없었는데 그 새벽술 내게 스며들어 사과

차원에서 개념화할 수 있는데, 이 글에서는 모성까지 포함하는 광의의 개념으로 쓰고자 한다.

씨처럼 숨었네 내 속 흐르다가 손톱 밑에 방죽으로 고였네 가시풀 키가 넘게
자랐네 그 酒精 한 그릇 몇 십 년 악착같이 뜨고 삭다가 손톱 안에 하얀 얼굴
드러내네

—「손톱 밑에 방죽이 있다」 부분

아들을 낳지 못한 어머니를 떠올리며 어린 시절의 애달픈 가족사를
"손톱 밑에 방죽"으로 비유하고 있다. 시인은 어머니의 그 출산을 어른
이 된 자신의 생일날 새벽 떠올리고 있는데, 그 정황은 앞에서 인용한
오정희의 소설에서도 엿볼 수 있다.

할머니는 깨끗한 바가지에 쌀을 담고 그 위에 마른 미역을 한 잎 걸
쳐 안방 시렁에 얹어 삼신할머니께 먼저 바친다. 물이 가득 담긴 무쇠솥
이 걸린 부엌의 아궁이에는 잔뜩 밀어넣은 장작들이 타들어가고 있다.
특별히 누군가가 말해주지 않았지만 아이들은 분주하면서도 조심스런
집안의 분위기로 말미암아 어머니가 아기를 낳으려고 한다는 것을 눈치
챈다. 아이들은 싸늘한 사랑방에 모여 재미도 없는 놀이에 열중하는 체
하지만 귀는 온통 안방에 쏠려 있다. 안방에서는 이슬이 비친다거나 양
수가 터졌다거나 문이 덜 열렸다거나 아직 멀었다거나 하는 할머니의
목소리가 들리고 아이고 아이고 하는 어머니의 고통에 찬 외침이 새어
나온다. 그때마다 아이들은 어깨를 움찔거리고 얼굴이 굳어진다. 아버지
는 보이지 않는데, 이미 딸을 여럿 둔 처지로 주막에 가서 술을 마시고
있다. 평소와 다르지 않게 술잔을 들고 있지만 평소와 다르게 온통 마음
속으로는 아들을 바라고 있다. 오랜 고통의 시간이 지난 뒤 안방에서는
평온함이 감도는데, 이내 어머니의 울음소리가 들린다. 아이들은 어머니
가 또 딸을 낳았다는 것을 자연스레 알게 된다.

"어디서 누가 악을 쓰며 여섯째 딸을 낳고 있는지", "그 날 우리집 부
엌처럼 미역국 얼어붙을 듯 끓고 있는지", "아버지는 아직 문도 열지 않
은 캄캄한 저자거리로 술을 드시러 가셨는데 끝내 아들 못 얻은 일 기

가 막혀 그 사발 들이킬 수밖에 없"는 상황도 그와 같다. 그리하여 아버지가 마신 "그 새벽술 내게 스며들어 사과씨처럼 숨었"고 마침내 "내 속 흐르다가 손톱 밑에 방죽으로 고"인 것이다.

어머니가 아이를 낳는 일을 알게 되는 것이 여성으로서 여성성에 눈 뜨는 관문이다. 여성이란 무엇을 하는 존재인가를 또 어떻게 해야 되는 존재인가를 여실하게 깨닫는 것이다. 특히 어머니가 "아들 못 얻은 일"을 통해 집안에서 대접받지 못하는 사정을 생각하는 것은 같은 여성으로서 동정하는 차원을 넘어 자신의 존재를 인식하는 일이다. 아들을 맹목적으로 숭상하는 유교적 가부장제가 요구하는 여성에 대한 역할과 책임에 동의할 수 없어 어머니를 동정하고 옹호하면서, 다른 한편으로는 여성으로서 자신의 사회적 존재를 깨닫는 것이다. 그리하여 시인은 어머니의 억울함을 극복하기 위해 자신은 당신과 다르게 살아야 한다고 결심한다.

나는 야반도주를 꿈꾼다

골목 어귀 담뱃가게 입간판이 황사로 부옇게 보이지 않는 날 스무 살 철없던 봄밤에 어머니 몰래 짐을 싸고 싶었다 제주나 어디 외딴섬에 가서 이름을 감추고 묻혀 사는 꿈을 꾸곤 했었다 하얀 냉이꽃 핀 들판에 이제 바람은 시들어 중금 속을 실어 오지만, 제주도도 더는 숨을 곳이 아니지만 가자고 하는 사람 따라 밤기차를 타러 나서고 싶다 발톱 끝부터 신명이 올라 대장간 화덕처럼 타오르며

이제 스무 살에 스무 해가 보태졌지만 나는 아직도 야반도주를 꿈꾼다
— 「봄」 전문

"어머니"의 품을 떠나는 행동은 당신을 배반하는 것이지만, 자연스런 일이다. 인간은 어머니와의 육체적 탯줄을 끊는 것뿐만 아니라 정신적 탯줄을 끊어야만 비로소 독립적인 존재가 되기 때문이다. 어머니의 자궁

에서 자라난 인간은 어머니의 품에 있는 것이 평온하고 행복하지만 그곳
으로부터 벗어나지 못하면 나약한 아이로 영원히 머무르고 만다. 그러므
로 시인의 "야반도주"는 다행스러운 일이고, 어머니의 품속으로부터 벗
어나 "제주나 어디 외딴섬에 가"고 싶어 하는 것은 자기를 키우는 용기
있는 행동이다. 어머니를 기만하고 배반하는 행동이지만 한 인간의 통과
의례로써 충분히 용서되는 일이다. 지혜의 여신 아테네(Athena)가 자신의
어머니인 클리템네스트라(Clytemnestra)를 죽이려고 한 오레스테스(Orestes)를
법정에서 재판하면서, 만약 인류가 한 사람으로 발전하기 위해서 증오하
는 부모의 쇠사슬을 풀 것이 필요하다면 그 살생도 가능하다고 용서한
것과 같은 이치이다.

　그런데 야반도주를 혼자 하는 것이 아니라 "가자고 하는 사람 따라
밤기차를 타러 나서고 싶다"고 한 점이 주목된다. 그 "사람"이 여성인지
남성인지 불분명하지만 이성일 가능성이 많다. "발톱 끝부터 신명이 올
라 대장간 화덕처럼 타오르"는 것에서 엿볼 수 있는데, "스무 살" 여성
으로서 독립적인 존재가 되기 위해서는 이성 또한 동행해야 한다는 것
을 알 수 있다. 그것은 어머니가 아이를 낳은 사실을 통해 깨달은 일이
다. 아이를 낳고 키우기 위해서는 "가자고 하는 사람"이 필요하다는 사
실을 인지하고 구체적으로 실행하려는 것이다. 그렇다면 시인이 지향하
는 그 "섬"은 어떤 곳인가?

　　　수십 척 배들
　　　희고 붉은 깃발로 일어선다
　　　마을 사람들 떼지어 나와
　　　정월 띠배 띄우는데
　　　아늑한 능선
　　　어딘가 草墳을 알처럼 숨긴
　　　저 지붕 낮은 마을
　　　낯설지 않다

엄마 몰래
위도 파시로 도망갈꺼나
숨어서 몸팔꺼나
죽은 언니랑 캄캄한 대청마루에 누워서
가고 싶던 곳
어둠 속 몇 백리 밖 멀리
커다란 그물 던져놓던 우리

—「그 섬은 그물 안에 갇혔다」 부분

"섬"은 시인의 이상향이다. 시인의 그 섬은 쟝 그르니에(Jean Grenier)의 "섬"(『섬』)과 다르다는 점에서 의미가 있다. 늘 바다와 가까이 살며 어린 아이가 조약돌을 가지고 놀고 있는 모습이 상상되는 곳이거나 인간이 발 들여놓지 않은 곳, 풍요로운 열매들이 펼쳐져 있는 곳, 하늘이 숲 속으로 삼켜지는 곳과는 다른 유토피아의 공간인 것이다. 시인이 생각하는 섬은 인간 밖에 존재하는 장소가 아니라 인간과 인간이 뒤섞이는 장소이다. 인간의 시간 밖에 존재하는 곳이 아니라 인간의 하루하루 삶이 영위되는 시장터이다. 시인은 그 섬에 대한 지향을 "몸팔"다라는 시어로 집약시키고 있다. 자신의 노동으로써 독립적인 존재가 되려고 하는 이 결심이야말로 진정한 자아를 만들어가는 확고한 세계인식이다. 그러므로 그 섬은 시인에게 낯설지 않다. 난파선에 떠밀려온 사람들이나 야만족이나 해적이 살고 있는 위험한 곳이 아니라 "수십 척 배들 / 희고 붉은 깃발로 일어"서는 삶의 터전이다. "가느다랗게 멀었다가 가까워지는 / 젓대 소리"가 들리고, "위도 해신당 풍어굿"이 열리고, "어딘가 草墳을 알처럼 숨긴 / 저 지붕 낮은 마을 / 낯설지 않"은 곳이다. 이처럼 섬은 시인이 사회적 존재로서 정착하고자 하는 이상향으로 관념적이거나 추상적인 곳이 아니라 구체적이고 실제적인 곳이다.

섬은 사실 감옥이다. 세상의 경험이 없는, 그리하여 넓은 세계를 경험하고 싶은 청년들의 입장에서는 더욱 그렇다. 사방이 물로 둘러싸인 섬은 마치 우물 안처럼 답답하고 외롭고 쓸쓸한 공간이다. 그렇기 때문에 섬은 하루빨리 벗어나야 하는 궁벽하고 지겹고 삶의 다양성을 발휘할 수 없고 적응할 만한 일터가 없는 곳이다. 그러므로 청년들은 자라날수록 섬에 자신을 적응시키기보다 그곳으로부터 탈출을 꿈꾼다.

그럼에도 불구하고 김윤 시인에게 있어 "섬"은 유토피아이다. 어머니의 품으로부터 탈출해서 닿고자 하는 욕망의 상징체이다. 따라서 시인의 시세계에서 섬을 한 지역적 장소로 한정시킬 필요는 없고, 무수히 많은 이상향으로 인정해야 할 것이다. 시인이 사회적 존재로서 설 수 있는 토대를 지속적으로 추구하는 한 섬은 또 다른 섬으로 선택되고 결합되어 확장되어 나아간다. 이것은 어머니의 품 밖으로 점점 항해하는 행동이다. 어머니의 짙은 그림자를 뒤로하고 유토피아의 환상을 품고 먼 곳으로 나아가는 것이다. 그 지향에는 죽음조차 두려워하지 않고 배의 노를 젓는 자기 신뢰가 있다. 휴식이 없어도 힘들지 않고 파도를 만나도 두렵지 않고 집이 없어도 불안해하지 않는, 마치 로빈슨 크루소와 같은 것이다.

다니엘 디포(Daniel Defoe)의 『로빈슨 크루소』의 로빈슨은 부모가 좋은 직업을 갖고 안락한 삶을 살기를 원했지만 모험적인 인생을 꿈꿔 끝내 선원이 된다. 아프리카로 가다가 해적을 만나 노예시장에 팔리기도 하지만, 탈출에 성공해 다시 항해를 한다. 그런데 배가 난파되는 바람에 무인도에서 살게 되는데, 동굴에 집을 짓고 동물의 기름으로 불을 밝히고 야생동물과 갖가지 열매를 식량으로 삼는다. 그 세월이 장장 27년, 어느 날 로빈슨은 섬 가까이 온 배를 타고 가까스로 탈출한다. 그 후 로빈슨은 결혼도 하고 안락한 삶을 살아가지만 끝내 머무르지 못하고 다시 떠나기로 결심한다. 62살이나 되었는데도 배를 또 타려는 이유는 섬을 자신의 유토피아로 생각했기 때문이다.

김윤 시인 역시 로빈슨과 같은 지향을 보이고 있다. "야반도주"(「봄」)는 그 출발점이고 "진천 보탑사"(「숯막」) → "창령사"(「밤 춘천역」) → "청주 박물관"(「알타이 초원의 말」) → "남사면 장례식장"(「저 자두나무」) → "철원 지나 동송읍 네거리”(「겨울 도피인사」) → “법성포 지나 / 가마미”(「동진 조선소」)
→ “프놈펜 프사트마이 시장”(「수녀님은 캥거루 주머니를 가졌다」) → “앙코르
유적지 바욘 사원”(「미소」) → “강원도 양양군 현북면 어성진리, 법수치
리”(「남대천」) → “도암댐”(「빈 황태 덕장」) → “강원도 영월군 동강 어라연”(「어
라연 가는 길」) → “소요산 기슭 어디쯤”(「별 여인숙 그 여자」) → “자양동 노룬
산 시장”(「장님」) → “남산자락 옛 안가”(「찔레꽃」) → “대정읍 안성리”(「대정
마을」) → “公州 송산리 무령왕릉”(「多利」) → “상원사 영산전”(「상원사 쇠박
새」) → “두만강”(「살구가 익는 두만강」) → “남한산성”(「남한산성 西門 밖에는 서
낭당이 있다」) → “희방사”(「희방폭포」) → “목동 성당”(「뒷모습」) → “안동군 임
하면 임하댐”(「수몰촌 빈 집」) 등으로 항해하고 있는 것이다.

3.

그 여자
쇠빗장 질러진 문 밖에
백 년을 서 있었네
처마 밑 비 뿌리고
그 옆 벗나무
꽃 하르르 지다가
불같이 타다가
얼음 꽃 필 때
어쩌다 창문에 부윰한 불빛
비치기도 했는데
빗장 걸린 문 끝내 열리지 않았네

―「문 밖에 서 있던」 부분

유토피아의 "섬"(「그 섬은 그물 안에 갇혔다」)을 꿈꾸는 파과기를 지난 젊은 여성으로서 갖는 당연한 통과의례는 이성과의 관계이다. 이때의 관심은 사회적으로 인정된 남녀가 새로운 가족을 이루기 위한 행동이기에 온통 기대감과 설렘에 휩싸인다. 그리하여 "저는, 집으로 바로 들어가질 못하고, 송두리째 텅 빈 것 같은 마을을 한 바퀴 돌고도…… 또 들어가질 못하고…… 서성대다가 시끄러운 새소리를 들었어요. 미루나무를 올려다보니 부부일까? 두 마리의 까치가, 참으로 부지런히 둥지를…… 둥지를 틀고 있었어요. 오래 바라보았습니다, 둘이 서로 번갈아가며 부지런히 나뭇잎이며 가지들을 물어나르는 것을"(신경숙, 「풍경이 있던 자리」) 절실하게 바라본다.

그렇지만 자신이 기대하는 이성을 얻는다는 것은 쉬운 일이 아니다. 그 엄청난 일을 이루기에는 경험이 없는데다가 다양한 가능성의 길이 있다는 사실을 인지할 만큼 여유가 없기 때문이다. 그리하여 대체로 "빗장 걸린 문 끝내 열" 수 없고, "그 여자 / 쇠빗장 질러진 문 밖에 / 백 년을 서 있"게 된다. 그것은 "꽃 하르르 지다가 / 불같이 타다가 / 얼음 꽃 필 때"까지 계속되는데, 그래도 그 사랑은 아름답고 순결하고 자기를 살리기 위해 온몸을 불태운 "꽃"이기에 소중하다. 자기를 너무 응시해서 죽고 마는 나르시스(Narcisse)의 신화를 알고 있으면서도 그 열정을 끄지 못하고 향기를 피우고 옻오르는 것이다.

　　내 몸 송두리째 옻올라서
　　나무 한 채로
　　훨훨 타오른 적 있었지
　　손톱 끝
　　내장 속까지
　　검자주색 옻칠 올리느라
　　부르트고 붓고
　　헐어터진 마음이

기어서
기어서 너에게 간 일 있었지

—「漆木」부분

　"옻"오르는 것은 오래도록 고통스러운 일이다. 그러나 시인은 그것이 두려워 옻나무에 다가가지 않거나 포기하지는 않는다. 몸과 마음이 "부르트고 붓고 / 헐어터"지더라도 "훨훨 타오"르는데, 그것은 젊은 존재로서 갖는 권리 행사이다. 죠르쥬 바따이유(Georges Bataille)가 『에로티즘』에서 말했듯이 폐쇄적인 존재의 구조를 와해시키고 새로운 세계로 자아를 적극적으로 개방시키는 것이다. 죽음까지 파고드는 그 불타는 열정에 의해 "내 몸 송두리째 옻"오르는 것이다.

　이성인 "너"로 인해 "옻"오르는 일은 물건을 팔고 사는 계약관계가 아니라 완전한 일체를 지향하는 인식이고 행동이다. 그것은 설명할 수 없지만 분명 경험하는 일이다. 프시케(Psyche)가 에로스(Eros)와의 사랑을 위해 명계(冥界)도 마다하지 않고 숱한 고난과 위험을 겪으면서도 포기하지 않고 다녀온 것과 같다. 그런데 그 옻오른 사랑은 현재 시인의 옆에 있지 않고 지나간 세월에 존재한다. 이 사실은 참으로 안타깝고 비극적인 현실이지만, 시인에게는 포기할 수 없는 욕망을 불러일으키는 매혹의 대상으로 존재한다. 그리하여 시인은 엄연한 현실을 인정하면서도 자신의 욕망으로 옻오르는 것이다.

　사실 시인의 이러한 열정은 한 인간의 본능 차원보다도 사회적인 차원에서 이해하고 그 의미를 새길 필요가 있다. 허버트 마르쿠제(Herbert Marcuse)가 『에로스와 문명』에서 지적했듯이 인간의 성욕은 과잉 억압된 점이 있는데 그것을 극복하는 행위로 볼 수 있는 것이다. 지그문트 프로이트(Sigmund Freud)가 주장한 것처럼 마르쿠제는 인간의 문명이 발전하기 위해서는 최소한의 성에 대한 억압이 필요하다고 인정했지만, 필요 이상으로 억압되고 있다고 보았다. 인간의 문명생활을 위한 필요조건을 넘어

서 지배계급의 이익을 위해 착취되고 있다고 본 것이다. 따라서 시인의
옻오르는 일은 단순한 본능의 행동이 아니라 사회적인 의미까지, 즉 아
들을 숭상하는 유교적 가부장제로부터 위축당하고 있는 여성으로서 자
기 주체성을 지키려는 대응으로 볼 수 있는 것이다.

시인의 "송두리째 옻"오르는 행동은 사회적으로 금기시된 대상에 다
가가는 모습이다. 금기의 대상은 손에 닿으면 안 되기 때문에 항상 먼
거리에 존재한다. 그렇지만 시인에게 있어 그 거리는 전혀 문제되지 않
고, 오히려 그 먼 거리로 인해 욕망을 불태운다. 진정 금기의 대상은 영
원히 소유할 수 없는 것이지만 포기할 수 없는 대상이기도 하다. 그리하
여 시인은 통과의례로 또 다른 섬을 항해하는 것이다.

4.

김윤 시인의 시편들에서 보이는 "죽음"과 "흔적"의 시어는 앞에서 살
펴본 "섬"이나 "꽃"과는 다른 이미지를 띠고 있다. "죽음"은

"제삿날"(「먹히다」)
"장례식" 및 "장의차"(「저 자두나무」)
"弔燈"(「잊어버리라고 눈이 온다」)
"상여"(「동진 조선소」)
"관"(「석류나무 한 그루」)
"무령왕릉"(「多利」)
"상여"(「상여꽃 소리」)
"요령"(「남한산성 西門 밖에는 서낭당이 있다」)
"칠성판"(「알타이 초원의 말」)

"귀신"(「플래카드」)

등과 결합관계를 이루고 있고, "흔적"은

    "아픈 기억"(「잊어버리라고 눈이 온다」)
    "상처"「문 밖에 서 있던」)
    "절인 기억"(「엑스레이 속에 숨어 있는」)
    "찢겨진 마음"(「빈 황태 덕장」)
    "절여진 날"(「갯능쟁이」)
    "푸르게 멍든"(「어라연 가는 길」)
    "소금절인 눈물"(「찔레꽃」)
    "칼날 같은 아픔"(「칼 가는 남자」)
    "상처"(「남한산성 西門 밖에는 서낭당이 있다」)
    "잿물 먹인 기억"(「수몰촌 빈 집」)

등과 결합관계를 이루고 있다. 따라서 시인의 시편들에서 보이는 죽음과 흔적의 이미지는 여성성이 결코 낭만적인 것만은 아니라는 것을, 지극히 사회적인 것이라는 것을, 지향한 섬을 거치면서 터득한 사실이라는 것을 보여준다.

    비운 지 삼 년이 지난 간장 항아리에 아직도 소금발이 서려 있다 절여진 시간이 내려앉고, 우려내고 씻어내도 항아리 내벽에 붙어 있는 마른 바다의 숨소리 뜨거운 채 하얗게 꽃피우고 있다 한때는 짙푸른 여름 콩꽃이었을 그 하늘 비어 있다 곰삭은 욕망이 빈 항아리 가득 배를 채우고 빙열 같은 실핏줄을 태우고 있다 알을 다 내보낸 내 아기집 속에도 바람 아직 소금처럼 달고 더운 숨결 가득 부둥켜안고 있나 간장이 익어가듯 달여진 세월이 물푸레나무처럼 흔들리고 있나 햇살 가득한 뒤꼍 빈 항아리는 목이 탄다

    내 안 가득 피어나는 소금꽃

—「빈 간장 항아리」 전문

　　"항아리"는 우물과 같이 여성성을 상징한다. 항아리 속에서는 생산과 욕망의 비밀이 숨겨져 있고 삶의 기억들이 뿌리내려져 있다. 항아리는 여성적 리비도의 공간이자 세계이다. 항아리를 내려다보고 있으면 "한 때는 짙푸른 여름 콩꽃이었을 그 하늘"같이 아름다웠던 젊은 날의 얼굴이 물결친다. 그러면서 "알을 다 내보낸 내 아기집 속에도 바람 아직 소금처럼 달고 더운 숨결 가득 부둥켜안고 있"는 것도 보인다. "곰삭은 욕망이 빈 항아리 가득 배를 채우고 빙열 같은 실핏줄을 태우고 있"지만 "간장이 익어가듯 달여진 세월이 물푸레나무처럼 흔들리고 있"는 것도 보인다. 그리하여 "빈 항아리는 목이 탄다." 자신과 함께 한 "세월"의 흔적들이 지워져가고 있지만 순순히 떠나보내지 않으려고 "우려내고 씻어내도 항아리 내벽에 붙어 있는 마른 바다의 숨소리 뜨거운 채 하얗게 꽃피우"려는 것이다.

　　시인의 "항아리"에 대한 "욕망"은 서려 있는 "소금밭"로, 하얗게 꽃피우고 있는 "바다의 숨소리"로, 태우고 있는 "실핏줄"로, 달고 더운 "숨결"로, 그리고 피어나는 "소금꽃" 등으로 상징화되고 있다. 그리하여 시인의 항아리는 소금밭이 되기도 하고 바다의 숨소리가 되기도 하고 실핏줄이 되기도 하고 숨결이 되기도 하고 그리고 욕망의 섬인 소금꽃이 되기도 한다. 이러한 확장은 시인이 자신의 여성성을 지키려고 하는 욕망이 지속되고 있음을 확인시켜주는 것이다. 자신의 욕망을 실현시키기 위해 하나의 상징에서 또 다른 상징으로 끊임없이 이동해가는 것이다. 따라서 "항아리"에서부터 "소금꽃"으로까지의 거리는 시인의 욕망의 거리이다. 그것은 결코 이룰 수 없는 것이지만 놓칠 수도 없는 것이다. 시인의 그 열정은 욕심이 아니라 지극히 욕망이다. 욕심보다 더 근원적이고 본질적이고 그리고 절대적인 욕망이다. 불만족을 채워가는 차원이 아니라 자신의 결핍을 부단히 채워가는 것으로 결국 시인은 자신의 운명을 인식하고 끝없이 섬을 찾아가는 것이다. 그리하여 시인은 그 "소금꽃"을 과거의 방향으로 피우면 자신이 위험하다는 것을 자각한다.

파란 형광판에 비친
내 갈비뼈들
기관지 펄럭거리며 앓던 흔적
한 이름만 바라보고 바라보다가 휘어진
우유색 등뼈
그림자 흐릿한 거기
날카로운 화살표 저쪽 걸어 들어가면
뭉텅뭉텅 머리칼 빠지는 끈덕진 울음소리
이 악물고 삼켜온 것들이 자라서 헤엄치는
물고기 무늬의 문신들
문닫은 가게들 사이로 누군가 나를 끌고 오는
남루한 골목 끝
「추락 위험」의 붉은 표지판

—「엑스레이 속에 숨어 있는」 부분

"항아리"(「빈 간장 항아리」)가 비워지는 것을 감지한 시인은 "뭉텅뭉텅 머리칼 빠지는 끈덕진 울음소리"를 또한 듣는다. "이 악물고 삼켜온 것들이 자라서 헤엄치는 / 물고기 무늬의 문신들"도 바라본다. 그 보고 듣는 것들이 시인의 "흔적"이다. 특히 "한 이름만 바라보고 바라보다가 휘어진 / 우유색 등뼈"의 흔적이다. 그렇지만 그 흔적이 아쉬워 되돌아가서는 안 되는 것을 시인은 잘 알고 있다. "날 무디어진 내 사랑을 / 숫돌 위에 부려 놓고 물도 뿌리지 못하는 사이 / 서리 낀 목소리 / 멀리 잦아"(「칼 가는 남자」)들었지만 다시 칼을 갈아서는 안 되는 것도, "너에게 못 가 닿은 말은 / 내 발치께나 돌아와서 / 쓰라린 허벅지 가장자리를 맴돌"(「석류나무 한 그루」)지만 더 이상 가슴 아파해서는 안 된다는 것도 잘 알고 있다. 날카로운 화살표가 있는 끝으로 가면 "「추락 위험」의 붉은 표지판"이 세워져 있기 때문이다.

이러한 인식은 섬을 꿈꾸면서 사랑하고 아이를 낳던 세월을 보내면서 갖는 통과의례의 아픔이다. 시인이 "엑스레이"를 찍는 것은 그 아픈 몸을 진단하려는 모습이다. 지나가는 날들을 보내고 싶지 않지만 그것으로 인해 상처받지 않기 위해 현재의 자신을 엑스레이를 통해 객관적으로 바라보려고 하는 것이다. 그 결과 지나치게 길 끝으로 나아가면 추락할 위험이 있다는 것을 깨닫는다. 시인의 이 인식은 자기 구원(救援)이다. 자신이 처한 현실을 회피하거나 두려워하는 것이 아니라 주체성을 가지고 수용하는 것이다. 어머니의 품으로부터 벗어나 섬을 지향하며 떠도는 자신을 지켜내고자 하는 것이다. 그리하여 시인은 어머니를 포용한다. 어머니를 무시하거나 배척하는 것이 아니라 자신이 주체가 되어 성숙한 인간 정신으로 수용하는 것이다. 따라서 시인의 모성은 여성성을 버리거나 상실한 것이 아니라 포용하며 품은 것이기에 무게가 있다.

> 달빛 한 필 짜내는 밤이면 다듬잇돌은 저 혼자 소리를 낸다. 할머니의 다듬이질 소리가 들린다. 동래 鄭씨 문중에서 열아홉에 시집와서 스물둘에 혼자되신, 나라에서 貞烈夫人 첩지를 내린. 空閨의 긴 밤과 낮을 닳도록 두드렸을 다듬잇돌을 어머니는 왜 내게 주셨을까. 나 자랄 때 형제들이 호두를 깨느라 귀퉁이가 흠집투성이인 돌. 낙수정 푸른 대숲을 머리에 이고 할머니가 흘려보냈을 바람 소리, 별 소리, 잠 안 오는 긴 밤의 서릿발 같은 다듬이 소리가 내 옆구리에 들어와 앉는 날이 있다. 내 좁은 어깨를 두드리며 굽은 척추뼈 받쳐주는 날이 있다. 저 혼자 그늘 한 자락을 붙들고 있다가 해거름처럼 닳은 신발을 끌고 와 나를 깨우는 소리. 내 안 작은 거품들이 무명 끝처럼 풀을 세우는
>
> —「貞烈夫人 다듬잇돌」 전문

시인이 "동래 鄭씨 문중에서 열아홉에 시집와서 스물둘에 혼자되신, 나라에서 貞烈夫人 첩지를 내린", "할머니"를 포용하는 것은 종교적 믿음만큼이나 근원적이다. 이성에 대한 사랑보다 "옻"(「漆木」)오르는 것이 약하겠지만 자연의 생명력처럼 지속적인 것이기도 하다. "空閨의 긴 밤과 낮을 닳도록 두드렸을 다듬잇돌을 어머니는 왜 내게 주셨을까" 하고 의문을 갖기도 하지만, "잠 안 오는 긴 밤의 서릿발 같은 다듬이 소리가

내 옆구리에 들어와", "내 좁은 어깨를 두드리며 굽은 척추뼈 받쳐주는"
현실을 소중히 안는 것이다.

이처럼 시인은 대합실에 모인 사람들 틈에서 이성인 "너"(「漆木」)를 찾
는 대신 "청상인 내 할머니"(「밤 춘천역」)를 찾고, "상원사 영산전 아래 기
와 불사를 맡는 보살 할머니"(「상원사 쇠박새」)를 보며 탯줄을 떠올리고,
또 "나 어릴 때 어머니는 몽혼주사라고"(「몽혼」) 부르며 주사를 놓아주던
일을 떠올린다. 그리고

> 먹어야 산다고 어머니는 앓고 있는 나를 골방에 밀어 넣었는데 소반 위에 하
> 얗게 삶아진 닭 한 마리, 식구들 몰래 먹던 질긴 살점, 파란 은행 알들. (…중
> 략…) 내가 어머니를 다 먹어버린 걸 꺼야.
>
> —「먹히다」 부분

라고 어머니의 희생적인 사랑을 새기고 있다. "옻칠한 경대 속에 얼레빗
하나 / 어머니가 흘린 눈물이 / 방죽이 되어 푸른 뚝방길을 오"(「상자들은
모두 뚜껑이 있다」)르는 것을 느끼고도 있다.

늙은 "어머니"를 포용한다는 것은 자신의 세월을 내다버리지 않고 소
중히 보관하는 자세이다. 어머니의 품을 벗어나 항해했던 자신의 섬을
내버리거나 원망하지 않고 지속적으로 품고 나아가는 것이다. 따라서 시
인이 어머니를 포용하는 것은 단순히 과거를 그리워하거나 그 그리움에
안주하는 것이 아니라 현실을 지탱하는 것이고 미래를 바라보는 것이다.
감상적으로 과거에 젖는 것이 아니라 적극적으로 현재를 인식하고 미래
를 추구하는 행동이다. 그것이 곧 자기 존재를 인식하는 여성성의 지향
이다. "흰옷 입은 여자 하나 / 빨랫줄에 하얗게 / 잿물 먹인 기억을 널고
있"(「수몰촌 빈 집」)는 모습이 그 좋은 예이다. 시인이 서서히 비어가는 자
신의 항아리를 긍정하며 채우는 모습인데, 지속적으로 품고 나아가면

누군가

우산을 받고
내 지붕 위를 걷고 있다
젖은 기와 위를
자박 자박 걷고 있다
몇 십 년을 그 소리 듣고 있다
내 귀 돌을무늬 돋아서
지붕의 숨소리도 들리는데
누군가 내 지붕 위를
비질하며 걷고 있다

비 그치고 조용한 밤
어린 날 버렸던 종이우산들이
무럭무럭 자라서
열기구처럼 더운 공기를 품고
지붕을 통째로 들어올린다
번쩍 들리다가 주저앉는다

지붕 위에
산 같은 누군가 앉아 있다
내 등에 줄을 매고 있다

—「지붕 위를 걷고 있다」 전문

와 같은 돌올한 작품을 얻을 것이다. 「키 큰 후박나무」·「상자들은 모두 뚜껑이 있다」·「토란」·「칼 가는 남자」·「상여꽃 소리」·「수몰촌 빈 집」 등과 같이 잘 익은 감들이 주렁주렁 열릴 것이다. 결국 시인은 자신의 여성성을 꽃피울 수 있는 또 다른 섬을 발견해낼 것이다.

모음을 찾아가는 닿소리, 그 사랑

김길나, 「닿소리 여행」(『애지』, 2004년 여름호)

1.

그대에게 닿기 위해 간다
가 닿지 않고서는 말도 글자도
그 아무 것도 아닌 닿소리들을 데리고
오늘도 나는 그대에게로 간다

ㄱ

이미 사라진 것들, 아직 나타나지 않은 것들, 이들이 볼 부비고 떠 있는 허공
의 풍경 한 폭을 날개에 달고 새가 허공을 가로질러 난다 그리고 수직 낙하하
는 착지 지점. 에서

ㄴ

지상의 길 하나 수평으로 닦이고 있다

ㄷ
나는 길가의 어느 열린 대문으로 오래 전에 들어왔다

ㄹ
연인으로 환생한 ㄱ과 ㄷ이 두근두근 몸을 포갠다 수수만년을 걸어나온 내
몸 안의 지밀에서는 불켜진 혼야의 문풍지가 층층이 떨려나고 촛불 밖 공기들
도 분홍빛으로 술렁인다 그리고 몸 안을 흐르는 오래된 강줄기가 몸 밖으로 흘
러 흘러나가고 꽃과 아기들이 흐르는 시간 속으로 불쑥불쑥 들어오고 허공과
땅 사이로 흐르는 목숨들이 리을리을 휘돌아나가고

ㅁ
어느 날부터는 대문이 닫힌다 나 사각 방에 담긴다 내 안의 말랑말랑한 것들
이 굳어지고 고착되는 사이 내 눈앞에는 사각 틀로 찍어낸 존재의 복제품들이
지폐로 얼굴을 가리고 서 있다 내 몸 안의 세포들이 복제를 꿈꾸는 동안 內壁
의 벽화에는 혼돈의 모자이크가 증식하고 균열이 번식한다

ㅂ
ㄷ이 ㅁ위로 다가와 올라앉았으나 이미 ㄷ의 체위가 바뀌었으므로 대문은 사
각 방 지붕 위에서 허공으로 열렸다 아래는 사각 방 안에 두고 상체만 틀 밖으
로 올라왔다 절반이 묶인 한 생이 허공 쪽으로 저문다 노을이 붉다 이제, 눈을
들어보니

ㅅ
사람이다

ㅇ
사랑이다

—김길나, 「닿소리 여행」 전문

김길나 시인의 「닿소리 여행」은 한글이 음양오행의 이치를 바탕으로
만들어졌음을 인지하고 자음의 모양을 풀면서 그 음양의 의미를 인간의

사랑에 적용하고 있는 작품이다. 한글의 닿소리(초성)는 발음 기관의 모양을 본떠서 만들었고 중성은 천지인(天地人)을 상형해서 기본자로 만든 것이지만, 모두 음양오행에 근거를 두고 있다. 그것은 기적적으로 발견된(참으로 다행스러운 일이다)『훈민정음』의「훈민정음 해례」나「정인지 서」에서 여실히 나타나고 있다.[1]

해례의 제자해(制字解)에서는 천지의 이치는 음양과 오행뿐이라고 전제하고 곤(坤)과 복(復)의 사이가 태극(太極)이 되고, 동(動)과 정(靜)의 뒤가 음양이 된다고 보았다. 우주가 맨 처음에 곤복 사이에서 태극이 생겼고, 다시 동정한 뒤 음양이 생겼고, 이것이 근본이 되어 우주의 만물이 창조되었다는 것이다. 결국 이 세계 안의 모든 생류(生類)는 물론 귀신이나 사람의 말소리까지 다 음양의 이치로 성립된다고 본 것이다. 「정인지 서」에서도 천지자연의 소리가 있으면 반드시 천지자연의 글이 있다고 보고, 소리에 따라 글자를 만들어서 만물의 뜻을 통하게 하고 삼재의 이치를 싣게 했다고 전하고 있다.

김길나 시인의 작품에서도 이러한 면은 "닿소리"가 "가 닿지 않고서는 말도 글자도/ 그 아무 것도 아닌" 것에 불과하다고 인식하고 있는 데

---

1)『훈민정음』은 33장, 세 부분으로 이루어졌다. 첫째 부분은 세종이 지은 예의(例義)로「훈민정음」이라 하여 권두에 실었고, 다음 부분은「훈민정음 해례」로 제자해 초성해 중성해 종성해 합자해 용자례 등으로 이루어졌고, 마지막 부분은「정인지 서」가 수록되어 있다. 이 책의 중심은 해례인데 정인지·최항·박팽년·신숙주·성삼문·강희안·이개·이선로 등이 썼다.『훈민정음』은 1940년 경북 안동군 와룡면 주하동 이한걸 씨 댁의 세전가보(世傳家寶)였던 것이 3남 용준으로부터 당시 경성제국대학 김태준 교수를 거쳐 골동품 수집가 전형필 씨로 들어감으로써 학계에 퍼지게 되었다. 이 책의 발견으로 인해 한글의 제자 원리에 대해 그동안 구구했던 학설이 발음기관 상형설로 증명되었고, 자모의 조직도 해명되었다. 또한『훈민정음』의 완성이 세종 28년 9월 상순으로 되어 있어 오늘날 한글날의 근거가 되었다. 그렇지만 이 점은 큰 오류를 범한 것이다. 훈민정음은 글자를 지칭하는 것이기도 하고 책을 지칭하기도 하는데, 오늘날의 한글날은 책의 완성을 기념하는 날에 불과한 것이다. 따라서 진정한 한글날은 한글 장체 기념일이기도 하고 반포 기념일이기도 한 세종 25년(1443) 겨울(양력으로 하면 1월 28일)이 타당하다고 여겨진다. 이상의 내용은 김민수,『주해 훈민정음』(통문관, 1959)을 따른 것이다.

서, 그리고 "그대에게 닿기 위해 간다"라는 사실에서 여실히 확인된다. 닿소리가 모음과 결합되어야 글자가 성립되듯이 "나" 역시 "그대"에게 닿아야만 완전한 존재가 된다는 것이다.

그렇다면 시인에게 "그대"는 누구인가? 그것은 작품에 선명하게 드러나고 있지는 않지만 굳이 드러낼 필요도 없다. "그대"는 "나"의 불완전함을 채워주는 존재이므로 어느 하나로 한정할 수 없기 때문이다. "나"에게 있어 "그대"는 항상 복수일 수밖에 없다. 나의 정신적 지주가 될 수 있는 부모님이나 은사님이나 종교적 대상이나 시적 대상이나 연인이 될 수 있고, 일상의 삶에서 만나는 대상일 수도 있다. 배가 매우 고플 때 음식을 차려주는 어느 집 주인이 될 수도 있고, 급하게 갈 곳을 잘 데려다주는 택시 기사일 수도 있고, 감내하기 어려울 정도로 답답한 마음을 안정시켜주는 책 한 권이 될 수도 있는 것이다. 따라서 "그대"가 누구인가 하는 문제보다 다가가야 하는 필요성이 무엇인가 그리고 다가가는 그 행동의 의미가 무엇인가가 더 중요한 것이다.

그렇다면 "나"는 "그대"에게 왜 다가가는가? 그것은 "ㅇ / 사랑이다"라고 시인이 말하고 있는 데서 잘 나타나고 있듯이 "사랑"하기 때문이다. "사랑"하기 위해 그 먼 "닿소리 여행"을 하고 있는 것이다.

2.

ㄱ

이미 사라진 것들, 아직 나타나지 않은 것들, 이들이 볼 부비고 떠 있는 허공의 풍경 한 폭을 날개에 달고 새가 허공을 가로질러 난다 그리고 수직 낙하하는 착지 지점. 에서

　김길나 시인은 「훈민정음 해례」에서 "어금니 소리로 혀뿌리가 목구멍을 막는 형상을 본뜬 것"이라고 밝힌 "ㄱ"을 "이미 사라진 것들, 아직 나타나지 않은 것들"이라고 규정하고 있다. 세계 만유의 근원인 태극 상태로 본 것이다. 태극이란 우주가 아직 개벽되지 않은 때인 무극(無極)이고 카오스(chaos)이다. 그렇지만 태극 상태가 생명력이 없거나 정지된 것이 아니다. 그 깊은 안에서는 음양 생성의 토대가 끊임없이 만들어지고 있는데, 시인은 그 모습을 "이들이 볼 부비고 떠 있는 허공의 풍경 한 폭을 날개에 달고 새가 허공을 가로질러" 날아가는 것으로 그리고 있다. 이러한 과정을 거쳐 마침내 태극에서 음양이 태어난다. "수직 낙하하는 착지 지점. 에서" 태극이 나뉜 두 기운인 이기(二氣)가 탄생하는 것이다.

　시인의 이러한 태극 인식을 그동안 작품들에서 보여주었던 "0時"의 세계와 같은 것이다. 그것은 『빠지지 않는 반지』(문학과지성사, 1997)에서 보여준 「0時」는 물론이고, 『둥근 밀떡에서 뜨는 해』(문학과지성사, 2003)에서 보여준 12편의 연작시 「0時에서 0時 사이」에서 여실히 나타나고 있다. 시인이 인식하는 "0時"는 "무시무시한 중력의 블랙홀을 방금 / 빠져나왔다 시간만이 끝까지 살아남아 0時는 / 참을 수 없이 뜨겁다 / 참을 수 없이 무겁다 / 영원의 특이점이므로 // 우주처럼 / 시간이 점 하나로 응축된다 / 한 처음이 새롭게 폭발한다 // 끝인지 시작인지 아무도 모른다"(「0時」 전문)와 같다. 또한 "시간을 집합하고 / 시간을 털어낸다 // 우주 속에서 / 자전하는 둥근 시간 / 꽉 차고 텅 비는 / 교환이다 / 지상의 길이 / 0時에서 0時로 가고 있다"(「0時에서 0時 사이―둥근 바퀴」 부분)와 같다. 결국 「닿소리 여행」에서 "이미 사라진 것들, 아직 나타나지 않은 것들"이 존재하는 상황인 태극이나 0時는 음양을 낳는데, 시인은 그것을 닿소리 "ㄴ"으로 듣고 있다.

　　ㄴ

　　지상의 길 하나 수평으로 닦이고 있다

지상의 길 하나는 음양을 토대로 삼고 있는 실체이다. 그리하여 지상의 길은 처음과 끝이 있고, 왼쪽과 오른쪽이 있고, 위와 아래가 있고, 밝음과 어두움이 있다. 또한 길에는 해와 봄과 여름과 동쪽과 남쪽과 불이 양의 위치로 있고, 달과 가을과 겨울과 서쪽과 북쪽과 물이 음의 위치로 있다. 이러한 인식은 「훈민정음 해례」에서 "ㄴ"을 "혓소리로 혀끝이 윗잇몸에 닿는 형상을 본뜬 것"이라고 한 것과 직접적인 상관성은 없다고 할지라도 "닿소리 여행"의 과정으로서는 자연스럽다. 원시의 근원인 태극이 음양을 바탕으로 한 만유의 토대인 길로 진행된 것은 자연스럽고도 당연한 과정이기 때문이다. 인간은 양식을 구하기 위해서, 집을 구하기 위해서, 그리고 성욕을 채우기 위해서 그 "길"을 "닦"는다. "0時에서 0時로 가는 / 물안개 서리는 지상에서 / 몸 안의 길을 따라 / 몸 밖, 세상을 걸어가는 / 당신과 나의 / 한없이 쓸쓸하고 더딘 보행"(「서시」 부분)도 그러한 면이다. 그리하여 닿소리는 다시 "ㄷ"에 다다르는 것이다.

ㄷ

　　나는 길가의 어느 열린 대문으로 오래 전에 들어왔다

"지상의 길을 수평으로 닦"은 결과 "어느 열린 대문으로" 즉 집으로 들어선 닿소리. 인간에게 있어 집이란 삶의 근거가 되는 장소이다. 집은 노동의 장소이고, 자기 성찰의 장소이며, 충만한 성행위가 이루어지는 장소이다. 그러한 사실은 인간인 프쉬케와 신안 에로스 간의 사랑이 맺어진 보금자리인데서 여실히 확인된다. 시인은 "소리가 좀 세게 나는 까닭에 ㄴ에서 획을 더한 것"(「훈민정음 해례」)이라는 제자의 원리를 뛰어넘어 "ㄷ"을 인간의 새로운 생명력이 생성되는 공간으로 인식하고 있다. 그 공간에서 이루어지는 사랑의 모습은 "반혓소리로 혀의 형상을 본뜬 것"(「훈민정음 해례」)인 "ㄹ"에서 더욱 구체적으로 나타나고 있다.

ㄹ

연인으로 환생한 ㄱ과 ㄷ이 두근두근 몸을 포갠다 수수만년을 걸어나온 내 몸 안의 지밀에서는 불켜진 혼야의 문풍지가 층층이 떨려나고 촛불 밖 공기들도 분홍빛으로 술렁인다 그리고 몸 안을 흐르는 오래된 강줄기가 몸 밖으로 흘러 흘러나가고 꽃과 아기들이 흐르는 시간 속으로 불쑥불쑥 들어오고 허공과 땅 사이로 흐르는 목숨들이 리을리을 휘돌아나가고

"ㄹ"의 집안에서 이루어지는 "두근두근 몸을 포"개는 연인의 사랑. 그 사랑이 음과 양의 결합이고 조화이고 일체이다. 그런데 그것은 우연적이거나 요행적인 것이 아니라 "수수만년을 걸어나온" 것이다. 오늘날 빅뱅(Big Bang) 우주론을 주장하는 천문학자들의 연구에 따르면 우주의 나이는, 즉 빅뱅의 순간부터 현재까지의 시간은 약 1백억~1백 50억 년으로 추정된다. 따라서 연인 "ㄱ"과 "ㄷ"이 집에서 사랑할 수 있는 인연은 1백억 년 이상의 시간을 "걸어"온 결과이다. 또한 이 우주에는 1천억 개의 은하가 있고 각 은하에는 1천억 개의 별이 존재할 정도로 넓고도 넓은데 그 속에서 이루어진 인연이기에 소중한 것이다. "빅뱅으로 새 우주가 열리고 심장의 / 첫 펌프질 소리가 생명의 첫 탄성으로 터져나오"(「몸 안의 전시실―아기집」 부분)는 것은 "별이 죽어 예까지 온 수십억 년의 길"(「몸 안의 전시실―별」 부분) 끝이다. 따라서 사랑이 이루어진 집의 "문풍지가 층층이 떨려나고 촛불 밖 공기들도 분홍빛으로 술렁"이거나 "몸 안을 흐르는 오래된 강줄기가 몸 밖으로 흘러 흘러나가고 꽃과 아기들이 흐르는 시간 속으로 불쑥불쑥 들어"오는 것은 당연한 일이다.

ㅁ

어느 날부터는 대문이 닫힌다 나 사각 방에 담긴다 내 안의 말랑말랑한 것들이 굳어지고 고착되는 사이 내 눈앞에는 사각 틀로 찍어낸 존재의 복제품들이 지폐로 얼굴을 가리고 서 있다 내 몸 안의 세포들이 복제를 꿈꾸는 동안 內壁의 벽화에는 혼돈의 모자이크가 증식하고 균열이 번식한다

　"나"는 사랑의 장소를 구했기 때문에 또다시 먼 길을 가기보다 "사각 방에 담기"는 운명을 택한다. 그리고 "사각 틀로 찍어낸 존재의 복제품들"을 키우는 삶을 맡는다. 마치 선녀와 나무꾼의 전래 동화에서 나오는 선녀처럼 자신이 발 딛고 있는 이 지상세계를 삶의 터전으로 삼고 자기 분신을 키우는 것이다. 그런데 그 "복제품들이 지폐로 얼굴을 가리고" 있다. "나"의 사랑만으로 그들의 삶을 온전하게 영위할 수 없는 이 시대의 상황을 반영하고 있는 것이다. 그렇지만 그러한 환경 속에서도 사랑은 소멸되지도 정지되지도 않는다. 사랑은 결코 "대문에 닫"히거나 "사각 방에 담긴" 상태로 머무는 것이 아니다. 사랑은 밀고 당기는 힘이 끊임없이 파장을 일으키며 진행되는 실체이다. 초고온 초고밀도로 무한히 팽창하다가 폭발한 태극처럼 사랑 또한 어느 순간 팽창되어 껍질을 깨트리는 것이다. "內壁의 벽화에는 혼돈의 모자이크가 증식하고 균열이 번식"하는데, 그 결과가 "ㅂ"인 것이다.

ㅂ

　　ㄷ이 ㅁ위로 다가와 올라앉았으나 이미 ㄷ의 체위가 바뀌었으므로 대문은 사각 방 지붕 위에서 허공으로 열렸다 아래는 사각 방 안에 두고 상체만 틀 밖으로 올라왔다 절반이 묶인 한 생이 허공 쪽으로 저문다 노을이 붉다 이제, 눈을 들어보니

　「훈민정음 해례」에는 "ㅁ은 입술소리로 입의 형상을 본뜬 것"이라고 묘사되어 있고, "ㅂ은 입술소리인데 좀 세게 나는 까닭에 ㅁ에서 획을 더한 것"이라고 묘사되어 있다. 똑같은 토대 위에 형성된 것인데 닿소리의 진행에 따라 그 모습이 변화한 것이다. "이미 ㄷ의 체위가 바뀌었으므로 대문은 사각 방 지붕 위에서 허공으로 열"린 모습으로, "아래는 사각 방 안에 두고 상체만 틀 밖으로 올라"온 모습으로, "절반이 묶인 한 생이 허공 쪽으로 저문" 모습으로 변한 것이다. 그 주체와 내용은

ㅅ

사람이다

ㅇ

사랑이다2)

라고 명시했듯이 인간이고 사랑이다. 결국 음양오행의 원리를 온몸으로 받고 있는 인간이 사랑을 실행해가는 것이다.

사실 한글의 탄생도 세종이 백성을 사랑했기 때문에 가능했다. 『훈민정음』 예의에는 세종이 직접 "나랏말이 중국과 달라, 한자와 서로 통하지 아니하므로, 백성이 말하고자 할 바가 있어도, 제 뜻을 잘 펴지 못하는 사람이 많더라. 내 이를 딱하게 여기어, 새로 스물여덟 글자를 만들었으니, 사람들로 하여금 쉬 익히어, 날마다 쓰는데 편하게 할 뿐이다"3) 라고 밝히고 있듯이, 백성에 대한 사랑이 토대로 되어 있다.

김길나 시인 역시 인간 삶의 근간을 이루는 것이 사랑이라는 면을 「닿소리 여행」에서는 물론 지금까지의 작품들에서 잘 보여주고 있다. 사랑은 결코 제자리에 머무르는 것이 아니다. 끊임없이 자기를 변혁시키며 무수한 대상에 다가가는 것이다. 지금까지 시인이 작품들에서 보여준 걸어가다, 앞질러가다, 손짓하다, 기어오르다, 두리번거리다, 올라가다, 달려오다, 눈을 깜박인다, 들어가다, 들어갔다 나오다, 연다, 비추다…… 등의 서술어가 그 사랑의 행동을 여실히 나타내고 있다. 그리하여 "닿소리 여행"은 계속 진행되고 있는 것이다.

ㅈ

사람이 닦아놓은 길을 이고

---

2) 「훈민정음 해례」에서는 ㅅ을 "잇소리로 이의 형상을 본뜬 것", ㅇ을 "목소리로 목구멍의 형상을 본뜬 것"이라고 만든 원리를 밝히고 있다.
3) 김민수, 앞의 책, 2면.

사람의 생각이 물구나무선다

ㅊ
점 하나가 기존의 형태를 바꾸었지
벌레들이 서식하는 변증법의 나무에서
색깔 다른 꽃들이 피어나고 시들고
또 벙글고 역풍이 드센 길 위로
중력을 거스르는 새로운 사과 한 점
솟구쳐 오르고 그 점 속에서 또다시
변혁의 소용돌이가 새어나올 때

ㅋ
점은 線을 불러내고
ㄱ을 쪼개지

ㅌ
ㄷ을 자르고

ㅍ
직각으로 공간을 구획하여
ㅁ을 덧대고 한 쌍의
ㄷ을 양방향으로 돌려세우고
점 속에 응집된 힘, 힘에서 뻗쳐 나온 획의
이동, 그 속에서 끊임없이 변신하고자 하는
글자의 저의가 번뜩이지 그리고

ㅎ
하늘 아래서
점과 線이 만들어 놓은 마지막
도형, 완고한 직선을 구부리고
날선 角을 펴는 함마 소리

신음 소리가 붉게 고이는
충혈된 ㅎ이 앞선 닿소리들을 데리고
미명의 안개 속에서 목마르게
모음을 찾아가는
지금 자궁 안 백지는 파도가 한창이다
흰빛을 찢는 파도가.

—「닿소리 여행 2」 전문

여성을 절실하게 이야기하다

하선영, 『콘도르를 기다리며』(한국문연, 2005)

1.

우리에게 「기술복제시대의 예술작품」이라는 글로 잘 알려진 벤야민 (Walter Benjamin)은 「얘기꾼과 소설가」란 글에서 이야기의 전통이 어떠한 변화를 겪고 있으며 이야기와 소설이 어떤 관계를 맺고 있는가를 흥미 있게 들려주고 있다.[1] 벤야민은 이 글에서 날이 갈수록 이야기할 수 있는 능력을 가진 사람을 만나기가 어렵다고 진단했는데, 인간의 가장 확실한 능력으로 간주했던 것, 즉 경험을 이야기를 통해 주고받을 수 있는 능력을 박탈당했다고 보았다. 벤야민은 그와 같은 현상이 제1차 세계대전 이후 명백해지기 시작했다고 파악했다. 참전했던 사람들이 전쟁이 끝나 고향으로 돌아왔지만 자신이 경험한 것들을 내놓지 않고 오히려 입

---

1) 반성완은 이 점을 살리기 위해 글의 본래 제목인 「이야기꾼(Storyteller)」을 「얘기꾼과 소설가」로 바꾸어 『발터 벤야민의 문예이론』(민음사, 1992, 165~194면)에 수록했다.

을 다문 것이다. 따라서 전쟁이 끝난 후 10년 동안 홍수처럼 쏟아진 각종 책들은 이야기로 전달된 경험의 산물이 아니라고 보았다.

또한 벤야민은 얘기꾼의 기본 유형을 선원과 농부로 보았다. 이리저리 먼 곳으로 옮겨 다니면서 장사를 하는 선원과 정직하게 생업을 꾸려가면서 고향에 눌러앉아 자기 마을의 이야기와 전설을 잘 알고 있는 농부를 얘기꾼의 전형으로 삼은 것이다. 속담·격언·설교·충고 등 그들의 이야기 속에는 유용한 점들이 내포되어 있다. 따라서 얘기꾼이란 이야기를 듣는 사람에게 조언해줄 줄 아는 사람이다. 그렇지만 사회의 변화에 따라 의사소통의 직접성이 점차 감소하는 바람에 자신이나 다른 사람에게 조언해줄 수 없게 되었다.

벤야민은 이런 차원에서, 즉 이야기의 몰락 단계에서 소설이 발흥되었다고 파악했다. 소설이 이야기와 근본적으로 구별되는 점은 책에 의존한다는 사실이다. 소설은 구전으로 전수될 것이 아니라 인쇄술의 발명과 함께 비로소 등장한 것으로 고독한 개인의 산물이다. 자신의 중요한 관심사를 다른 사람에게 더 이상 표현할 수 없고 또 자신이 다른 사람으로부터 조언을 받지 못했기 때문에 다른 사람에게 조언해줄 수 없게 되자 생겨난 것이다.

하선영 시인의 시들에서 우선 관심이 가는 면은 이야기의 몰락 단계에서 소설이 등장한 것처럼 다른 사람에게 이야기하고 싶어 하는 절실한 마음이다. 시인은 자기 자신에게 뿐만 아니라 다른 사람에게 여성의 문제를 전하고 듣고 또 해결방안을 모색하고 싶어 한다. 그렇지만 그것이 결코 쉽지 않음을 알게 된다. 다른 사람과 직접적으로 의사 소통할 수 없는 상황에 놓인 자신을 발견하기 때문이다.

나는 전생에 동네 아낙 A였을까?

길을 가다 문득

지나치는 낯선 사람에게
말이 하고 싶은 원시적 충동을 느낀다.
도시인답게 냉정한 척 입술 깨물어도
아이고, 입이 근질거려 참을 수 없다.
뜨악한 표정으로 영문 몰라
나를 바라보는 상대의 얼굴
웃기는 것은 나 역시 누군가가
말을 걸어오면
경계하고 재보는 거지.
같은 종족이면서도
서로 뜨겁게 바라보지 않는 인간들
누구에게라도 말을 걸고 싶어
새장 속에서 조잘거리듯

이것이
내가 시를 쓰는 이유

—「자화상」 전문

　"길을 가다 문득 / 지나치는 낯선 사람에게 / 말이 하고 싶은 원시적 충동을 느"낄 정도로 "나"는 이야기하고 싶어 한다. "도시인답게 냉정한 척 입술 깨물어도" "입이 근질거려 참을 수 없다." 그렇지만 그 절실함을 해결할 수 없음을 곧 깨닫는다. "뜨악한 표정으로 영문 몰라 / 나를 바라보는 상대의 얼굴"을 보면서 이야기하고 싶은 마음을 상실했기 때문이고, "나 역시 누군가가 / 말을 걸어오면 / 경계하고 재"본다고 토로하는 데서 알 수 있듯이 자신도 다른 사람에게 경계심을 풀지 못하고 있기 때문이다. 그만큼 상호간에 친밀감을 형성하고 있지 못하므로 의사소통이 이루어지지 않고 있는 것이다. 마르크스(Karl Marx)가 진단했듯이 이 자본주의 사회에서의 삶이란 인간이 인간으로부터 소외된 상태이므로 그와 같은 인간관계는 예외적인 일이 아니다. 시인은 "이것이 / 내가 시

를 쓰는 이유”라고 밝히고 있다. 서로 이야기를 나눌 수 없도록 소외된
상황이지만 자신의 욕망을 포기하지 않고 지향하고 있는 것이다. 물론
그것이 쉽지 않다는 것을 시인은 잘 알고 있다. 자신의 능력이 부족해서
라기보다도 “나”를 에워싸고 있는 환경의 문제가 손댈 수 없도록 크기
때문이다.

나는 길을 걷다가 문득
어릴 때 본 ‘포세이톤 어드벤쳐’라는 영화.
내가 그 주인공 목사라 생각해본다.
밑은 천길 낭떠러지 마냥 끝이 보이지 않는 허공.
두 손만 밧줄에 매달려 끊임없이 발버둥치고
붙잡고 있지만 아, 힘이 없다.
밧줄에 더 이상 오래 버티지 못할 것 같아.

중소도시에서 살며 중소기업에 다니는 남편.
저소득의 월급과 저소득형 아파트
가끔 부도난 저가 상품을 사기 위해
알맹이 없이 화려한 광고를 따라
이리저리 좁은 상가복도 인파에 떠밀려
지쳐 돌아오는 삶에 익숙한 나에게
시는 참으로 안락한 꿈이다
그러나 날 기다리는 의자에 잠시라도 앉으면
왜 그렇게 바쁜 거야.
급히 서둘러야 할 빨래가
손을 봐 주어야 하는 남편과 아이들이
설거지통의 냄새나는 접시들이, 여름에 더 심한 쓰레기들이
다시 쓰레기를 버리고 온 손끝 냄새로 화장실로
매일 매번의 반복에 지치면서
나는 내 삶에 매달려 있다.

　　발아래는 불이 활활 타오른다.
　　아귀같이 무서운 그곳으로 지쳐 떨어지기 전에
　　나는 휘파람을 불어야 한다.
　　자유를 위한 잉카인의 콘도르(condor)가
　　세상의 밧줄에 매달린
　　땀에 절은 내 등을 물어주길 기다리며
　　끝없이 더 크게 입이 찢어지라고

—「콘도르를 기다리며」 전문

　"나"에게 "시는 참으로 안락한 꿈"이라는 토로가 눈길을 끈다. 일반적으로 시를 이해하고 쓰는 일은 어렵다고 여겨지고 있는데 시인은 오히려 "안락한 꿈"이라고 말한다. 화자가 그와 같이 말하는 것은 그만큼 현실의 삶이 어렵다는 것을 반영함이다. 현실의 삶이 시를 쓰는 것(읽는 것도 마찬가지)보다 힘들기 때문에 "나"에게는 시를 쓰는 일이 오히려 쉬운 것이고, 또한 주체성을 회복하는 일이기에 즐거운 것이다.

　현실의 삶이 어려우면 시를 쓰기가 실제 어렵다. 그것은 전태일(全泰壹)이 세 편의 소설 초안을 남기고도 끝내 완성시키지 못한 사실에서 여실히 볼 수 있다. 물론 전태일은 소설에서 자신이 승리하는 쪽으로 그릴 수 있었지만 그것의 진정성에 자신감이 없었기 때문에 포기한 측면이 크다. 소설 속에서는 승리할 수 있으나 현실적으로는 이길 수 없음을 정직하게 인정하고, 진정한 승리를 위해 소설 쓰기를 포기하는 대신 실천행동을 택한 것이다.[2] 그렇지만 전태일이 소설을 쓰지 못한 것은 경제적 여유와 시간이 없었기 때문인 것도 사실이다. 전태일이 제대로 학교 교육을 받지 못한 데다가 전문적인 글쓰기 공부를 하지 못한 것도 어려운 경제 상황과 밀접하게 관련이 있다. 시를 쓰는 일은 의식주 해결의 욕구처럼 절실한 것이 아니라 근본적으로 현실의 욕구가 채워져야만 가능하다. 현실

---

2) 맹문재, 「미완성의 소설로부터 받는 유임 승차권」, 『패스카드 시대의 휴머니즘 시』, 모아드림, 2002, 205~206면.

의 욕구를 채우지 못하고서는 매슬로우(A. Maslow)가 최상에 올려놓은 자아실현의 욕구라고 볼 수 있는 시 쓰기를 할 수 없는 것이다.

위의 작품에서도 시를 마음대로 쓸 수 없는 가정형편이(전태일의 경우와는 비교가 안 되지만) 잘 나타나 있다. "중소도시에서 살며 중소기업에 다니는 남편. / 저소득의 월급과 저소득형 아파트"에 살고 있는 데다가 "가끔 부도난 저가 상품을 사기 위해 / 알맹이 없이 화려한 광고를 따라 / 이리저리 좁은 상가 복도 인파에 떠밀려" 다녀야 하는 모습이 그러하다. 그리하여 "지쳐 돌아오는 삶에 익숙한" "나"는 시를 쓰기가 쉽지 않다. 시를 쓴다는 것은 "참으로 안락한 꿈"인 것이다.

그런데 "내"가 시를 쓰기 어려운 것은 경제적인 측면뿐만 아니라 또 다른 형편 때문이다. "급히 서둘러야 할 빨래가 / 손을 봐 주어야 하는 남편과 아이들이 / 설거지통의 냄새나는 접시들이, 여름에 더 심한 쓰레기들이" "나"의 손을 기다리고 있는 것이다. 빨래를 깨끗이 빨고 쓰레기를 말끔히 치우고 설거지를 청결하게 하고 그리고 남편과 아이들의 식사를 차리거나 준비물을 챙겨줘야 하기 때문에 "나"는 "매일 매번의 반복에 지"칠 수밖에 없다. 그러므로 "나"는 시를 쓰기가 어려운 것이다. 그렇지만 시인은 좌절하거나 포기하지 않고 자신의 "삶에 매달려 있다." "아귀같이 무서운 그 곳으로 지쳐 떨어지기 전에 / 나는 휘파람을 불어" 대는 것이다.

시인의 이와 같은 인식은 여성으로서 갖는 것이기에 매우 중요하다. 여성이기 때문에 집안의 자질구레한 일들에 지쳐 시를 쓰기 어렵다는 인식은 시인의 시세계에 서 출발점이자 토대이고 키워드이자 주제이다. 따라서 시인의 시세계는 당연히 페미니즘의 성향을 띤다.

2.

—「암파리의 일생」 부분

빌헬름 라이히(Wilhelm Reich)는 부르주아 사회의 결혼제도를 준엄하게 비판했는데, 남성들이 소인배(little man)이기 때문이라고 그 이유를 들었다. 라이히가 말하는 소인배란 길거리에서 만나는 평범한 남성을 의미하는 것이 아니라 인습에 얽매여 있는 사람들을 지칭한다. 라이히는 그 소인배들을 스스로 건강하다고 확신하고 있는 신경증 환자로 여기고 불쌍하고 옹졸하고 역겹다고 말했다. 다른 사람들의 자유를 억압하는 데에 안달하면서 자신까지도 구속하고 있기 때문이었다.

"당신은 날개가 없다"라거나, 날개를 펼친 아내의 모습을 보고도 "그것은 환상이지 / 당신의 눈에만 보일 뿐"이라고 폄하하면서, 아내를 "벌거숭이 임금으로 만"든 "남편" 역시 소인배이다. 바로 입센(Henrik Ibsen)의 『인형의 집』에서 아내인 노라를 억압하는 남편인 헬메르와 별반 다르지 않은 존재이다. 따라서 "남편"은 인격적으로나 성격적으로 결함을 갖고 있는 자이다. 자신의 윤리의식이나 도덕성 그리고 관습을 객관적으로 바라보지 못하는 폐쇄적인 사람이다. 시인이 「오월의 신부」에서 여성의 결혼을 "불타는 구멍 / 여자의 꿈은 단숨에 재가 되"는 것이라고까지 부정하고 있는 것도 이와 같은 남성인식에서 연유한다.

그런데 "남편"의 아내에 대한 이와 같은 인식은 가부장제의 전통을 답습하는 차원을 넘어서는 것이기에 주목된다. "남편"의 관습은 가부장제를 단순히 따라 밟는 것이 아니라 변화하는 사회를 반영하고 있는 것이다. 울리히 벡과 그의 부인인 엘리자베트 벡 게른샤임이 『사랑은 지독한, 그러나 너무나 정치적인 혼란』[3]에서 진단했듯이 산업사회의 도래로 인해 여성들은 전통의 관습으로부터 해방되었지만 노동시장에 의해 또다시 구속되고 있다. 여성들은 자신의 어머니에 비해 더 많은 교육을 받았고 사생활에 있어서도 더 많은 결정권을 가지고 있어 직업, 결혼, 주거, 양육 등에 이르기까지 자유권을 가지고 있지만 노동시장의 요구를 배제할 수 없다. 특히 한국 여성들은 여전히 전통적인 규율과 관습으로부터 자유롭지 못한 상황에 놓여 있으므로 겪는 고통은 보다 클 수밖에 없다. 남성들의 관습에 적응해야 할뿐더러 노동시장의 요구까지 수용해야만 되므로 "등 뒤의 지친 날개"조차 꺾이고 마는 것이다.

> 남자들은 대부분
> 평강공주를 꿈꾼다
> 옥탑방이건 산꼭대기 달세방이건
> 사랑 하나 맛나처럼 받아먹고
> 배부르다 미소 짓는
> 부잣집 딸 생각을 하며
>
> 그러나
> 운전연습 중 돌발 상황처럼
> 갑자기 남편이 잘 다니던 회사에서 실직하거나
> 몇 달 동안 월급이 나오지 않거나
> 혹은 보증을 잘못서 집이 날라 가거나
> 한다면

---

3) Ulrich Beck and Elizabeth Beck-Gernsheim, 강수영 · 권기돈 · 배은경 역, 『사랑은 지독한, 그러나 너무나 정치적인 혼란』, 새물결, 1999.

아버지를 따르고
남편을 따르고
아들을 따른다는
삼종지도를 달달 외던 그녀가
창백해진 얼굴로
싱크대 바퀴벌레로 당신을
외쳐 부르던 그녀가
이제 어찌해야 하는가

남자들은 꿈꾼다
맨몸뚱이 가난한 남자를
역사에 남는 인물로 만들어주는
그런 여자를

—「대한민국 평강공주」 부분

"남자들은" "아버지를 따르고 / 남편을 따르고 / 아들을 따른다는 / 삼종지도를 달달 외던 그녀"를 평상시에는 원하면서도 위기의 상황에서는 "그녀"가 "평강공주"가 되어주기를 바라고 있다. "맨몸뚱이 가난한 남자를 / 역사에 남는 인물로 만들어 주는 / 그런 여자를" 바라고 있는 것이다.

남성들의 여성에 대한 이와 같은 기대는 인격적인 평등에 의해서가 아니라 지극히 편의나 권위주의에 의해 생겨난 것이다. 여성을 친밀성의 대상이 아니라 수단적인 존재로 대한 것이다. 그리하여 "남자들은" "사랑 하나 맛나처럼 받아먹고 / 배부르다 미소 짓는 / 부잣집 딸 생각을" 하고, 그러면서도 "갑자기 남편이 잘 다니던 회사에서 실직하거나 / 몇 달 동안 월급이 나오지 않거나 / 혹은 보증을 잘못서 집이 날라 가거나" 하더라도 걱정 없이 해결해줄 것을 "여자"에게 기대한다. 온순하고, 능력 있고, 매력적이고, 지적이고, 지혜롭고, 단단한 여성을 필요에 따라 원하고 있는 것이다. 여성을 수단적인 존재로 삼는 남성들의 태도는 결국 여성을 상품으로까지 판매하는 비인간적인 행동을 낳는다.

정다방 미스 김이 어제 새로 왔네
아직 솜털이 가득한 말간 얼굴에
주민등록증은 받았나 몰라
그녀는 요즘 유행한다는
앞이 살짝 꼬부라진 뾰족한 구두를 신고 있어. (…중략…)

오토바이 탄 삐끼가 계속 감시하고 있는
두려움의 큰 눈을 가진 정다방 미스 김은
그 뾰족구두의 비밀을 알고 있을까?
발꿈치를 들고 톡톡톡
세 번을 치고 가고 싶은 고향을
동화처럼 한번 중얼거려봐
어릴 때 읽었던 동화처럼 톡톡톡
　　　　　—「발꿈치를 톡톡톡—위안부를 위한 동화」부분

　"정다방 미스 김"의 경우와 같이 성매매는 여성을 인격체로 보지 않고 수단적인 존재로 삼은 남성들의 악습이다. 일본군에 의해 저지른 "위안부"의 경우는 그 극단이라고 볼 수 있다. 진정 우리 사회에는 성이 해방된 것이 아니라 "하얀 미니의 쭉 빠진 다리 / 엉덩이를 살짝 감칠맛 나게 흔드는 / 거대한 백화점 건물 앞 아가씨"(「백화점 음악에는 음모가 숨어 있다」)의 이용에서 보듯이 성의 상품화가 만연되어 있기에 큰 문제이다. 성이 자본주의 사회의 마케팅 전략의 주요 대상이 되고 있어 여성은 또 다른 굴레에 빠지고 있는 것이다.

　따라서 페미니즘의 시가 사회적 약자의 위치에 있는 여성이 자본주의 시장에서 판매되고 있는 것을 문제 삼는 것은 당연한 일이다. "주민등록증은 받았"는지 의심스러울 정도로 미성년 여성인 데다가 "오토바이 탄 삐끼가 계속 감시하고 있"는 데서 볼 수 있듯이 인격이 유린되고 있는 "정다방 미스 김"과 같은 대상에 대해서는 더욱 그러하다. 남성들의 방관 내지 수단적 이용으로 말미암아 생겨난 것이므로 용기를 가지고 고

발해야 한다. 단순히 경제적 차원의 문제가 아니라 사회의 범죄행위에
의해 여성이 희생되고 있기 때문에 적극적으로 맞서야 하는 것이다. 그
렇게 되었을 때 페미니즘의 시는 개인적인 가치를 넘어 사회적이고 역
사적인 가치를 띠게 되는 것이다.

나야, 고백할 게 있어.
내 입을 지키는 파수병을
비바람이 휘몰아치는 어제 저녁 죽여버렸어.
말하지 마, 그냥 듣기만 해.
목소리가 조금 떨린다고 아냐,
난 이제 비온 뒤의 폭포처럼 흘러내릴 거야.
이제까지 내가 그 자식으로 인해
얼마나 많이 참아왔었는지.
너도 알지.
하고 싶은 말을 다 하고 살지 못하는 사람의 마음을
이야기를 할 때마다 난 그의 눈치를 살펴야 했고
그의 검열에 뜨거운 침만 삼켜야 했지.
침묵을 지키는 검은 입을 모범시민으로
내 언어는 필요 없는 요설
이익 없는 중얼거림이라고 그는 말했어.

나는 지금 아파.
내 혀는 너무나 오랜 통치에 익숙해서
지금 약간의 고통이 필요한 거지.
혀 속에 내 언어 풀 나지 않은 무덤이
단물 나올 거 같지 않은
우물도 되지 못하는 아주 작은 구멍들이
새로운 날들을 기다리며 잠들어 있어.
이제 나침반을 광나게 닦을 거야.

—「내 입은 왜 아픈가」 부분

"너도 알지. / 하고 싶은 말을 다 하고 살지 못하는 사람의 마음"이 얼마나 힘든 것인지는 화자가 청자에게 동의를 구하고 있는 절실함에서 알 수 있다. 『삼국유사』에 나오는 '임금님 귀는 당나귀 귀'란 설화를 비롯해 세계 여러 나라에서 전해오는 많은 설화에서도 충분히 볼 수 있듯이, 이야기하고 싶어 하는 인간의 욕망은 진정 대단한 것이다.

그렇지만 화자는 이야기를 마음 놓고 하지 못하고 있다. "이야기를 할 때마다 난 그의 눈치를 살펴야 했고 / 그의 검열에 뜨거운 침만 삼켜야 했"다. "내"가 "그"의 눈치를 살펴야 하는 것은 "그"가 "침묵을 지키는 검은 입을 모범시민으로" 삼기 때문이었고, 그리고 "내 언어는 필요 없는 요설 / 이익 없는 중얼거림"에 불과하다고 폄하했기 때문이었다. 그리하여 "나"는 "그"의 눈치를 보느라고 마음대로 이야기하지 못한 것이다.

"그"가 "나"와 어떤 관계에 있는지, "그"가 사회의 어떤 지위에 있는지, 그리고 어느 정도의 경제력을 지니고 있는지 등을 알 수 없지만, "나"의 혀를 오랫동안 통치할 정도로 강압적인 존재인 것은 사실이다. 또한 "그"의 신분이 명확하게 나타나지는 않았지만 화자와 반대의 성을 가진 존재라는 사실을 "그 자식"이라고 증오하는 호칭이나 시인의 다른 작품들을 고려해볼 때 유추할 수 있다. 그렇게 본다면 여성인 "나"는 남성인 "그"에게 종속되어 왔고, "나"는 "그"에 비해 약자였으므로 상황을 극복하지 못한 것이다.

그런데 "나"는 "내 입을 지키는 파수병을 / 비바람이 휘몰아치는 어제 저녁 죽여버렸"다. "설탕으로 만든 남자를 사랑하기 보담 / 그를 먹어 버리는 게 낫다"(「설탕으로 만든 남자」)는 생각을 마침내 실행한 것이다. 그리하여 이제 "비온 뒤의 폭포처럼 흘러내릴" 수 있다. "이제 완전한 자유"를 얻어 "아마도 난 내 잃었던 말들을 / 찾아다니"게 될 것이다.

이러한 시인 인식이 바로 페미니즘의 지향이다. 그동안 남성의 억압에 의해 상실했던 말할 수 있는 권리를 되찾았다는 것은 여성의 정치적, 경제적, 사회적인 차원에서의 권익을 회복하려는 페미니즘의 지향이라고 말할 수 있는 것이다.

3.

엄마 세아이 미진여진광식이가
엄마를 기다리고 있어요 여보지난 일은 잊고
다시 잘살아봅시다 다시는 술담배 안하리다
어머니도 당신에게 미안해 하고있소
다시 열심히 삽시다 여보보고싶소
그녀를 보신 분은 50만원에 후사하겠습니다
특징은 발걸음이 빠른 편

나는 서서 조용조용 설득해 본다
활자들, 그녀의 상처가
아물어졌으니 이제 그녀를 놓아줘
그러자 활자들 지쳤을까
하나 둘 잡고 있던
그녀의 팔을 풀어준다.

그녀가 누런 용지를 빠져나와
햇살을 따라 훨훨 날아가고 있는
그런 모습은 얼마나 눈부신지

　　　　　　　　　　　　　　　—「사랑의 슬픈 기쁨」 부분

앤소니 기든스는 『현대 사회의 성·사랑·에로티시즘』에서 친밀성은
상대방과의 서술(description)이 아니라 실제적인 행동의 의제들을 규정하는

권능과 책임의 묶음으로 이해되어야 한다고 보았다. 따라서 결혼생활에서 동등한 지위를 쟁취하려는 여성의 투쟁은 친밀성을 성취하는 수단이된다. 그런 차원에서 여성의 이혼청구권은 단지 소극적인 제재가 아니라남편과 아내를 평등하게 만드는 중요한 효과를 갖는다고 볼 수 있다. 이혼청구권은 남편의 강압적인 관계로부터 아내가 벗어나는 것 이상의 의미를 지니는 것이다.[4]

  "여보지난 일은 잊고 / 다시 잘살아봅시다 다시는 술담배 안하리다 /어머니도 당신에게 미안해 하고있소 / 다시 열심히 삽시다 / 여보보고싶소"와 같이 가출한 아내에게 사과하면서 다시 돌아오기를 간청하고 있는 이 글은 화자가 살고 있는 아파트 입구의 벽보에 붙어 있는 것이다.대부분의 독자들은 이러한 내용을 접했을 때 용서나 화해의 방향이 이어질 것이라고 예상하고 또 그렇게 되길 기대한다. 그러한 면은 시인에게도 마찬가지일 것이다. 그렇지만 시인은 그와 같이 되려는 자신을 다잡고 "조용조용 설득"한다. "이제 그녀를 놓아줘"야 한다고 힘들지만 주장하는 것이다. 그리하여 "그녀가 누런 용지를 빠져나와 / 햇살을 따라훨훨 날아가고 있는" 모습을 보면서 "눈부"시게 기뻐하고 있다. "나"는가출한 아내를 부도덕하다고 비난하기보다는 오히려 그와 같은 일이 일어나도록 만든 남편과 가부장제의 가족에 책임을 묻고 있는 것이다. 시인의 이와 같은 인식은 사회적 존재로서의 자각이기도 하지만, 여성인자신을 궁극적으로 긍정하기 때문이기도 하다.

  서른다섯에
  비로소 깨달은
  내 소유인 내 냄새
  처음 알았고 줄곧 그리워한

---

  4) Anthony Giddens, 배은경 · 황정미 역, 『현대 사회의 성 · 사랑 · 에로티시즘』, 새물결,
  1996, 281면.

　　온통 이 냄새는 내 몸에 잠복 중

　　어떤 것은 변하기도 하고
　　악취가 되기도 하지만
　　그건 생명의 밭이라는 증거

—「질의 기억」 부분

　그동안 몸은(특히 여성의 몸은) 정신에 비해 그 존재 가치를 인정받지 못했다. 정신은 고상하고 이성적이고 합리적인 것이어서 인간다운 영역에 속하는 것으로 인정되었지만 몸은 비천하고 감정적이고 비합리적인 것으로 여겨졌다. 가령 교회에서는 예배하러 온 신도의 수를 셀 때 '영혼'이 몇 명 왔다고 말하지만, 건설현장에서는 '대가리'가 몇 개라고 말하는 것과 같이 몸은 폄하되어 온 것이다. 노동의 영역에 있어서도 정신노동에 속하는 사무직을 '펜대잡다'라고 말하지만 육체노동에 속하는 생산직은 '몸팔다'라고 말하고 또 그 노동자를 '노가다'라고 낮춰 부른다. 정신노동이 더 중요하고 품위 있고 고상하고 그에 비해 육체노동이 더 하찮고 품위 없고 힘들다고 여기고 있는 것이다. 그렇지만 이러한 구분은 지극히 편견적인 것에 불과하다.[5]

　따라서 시인이 "서른다섯에 / 비로소 깨달은 / 내 소유인 내 냄새"를 노래하고 있는 것은 의미가 크다. 자신의 몸이 바로 "생명의 밭이라"고 당당하게 내세움은 바로 페미니즘 인식의 토대가 되는 것이다. 몸을 통해 주체성을 회복하는 것은 사회적 권리와 의무에 대한 자각까지 이루는 토대가 된다. 이런 점에서 시인의 구체적인 몸 인식은 주목된다. 그동안 여성 시인들이 몸에 대한 관심을 많이 보였지만, 아직까지 여성해방이 이루어지지 않고 있기 때문에 몸 담론은 계속 확대될 필요가 있는 것이다.

　한국의 여성시는 1917년 『청춘』지의 현상문예 모집에 소설「의심의

---

5) 맹문재, 「쓸쓸하고 축축하게 타오르는 몸」, 앞의 책, 123면.

소녀」가 당선되어 문단에 나온 김명순을 비롯해 김일엽, 나혜석 등의 제 1세대 작가로부터 시작되어 많은 변화를 보이며 진행되어왔다. 여성해방, 자유연애, 남녀평등 등을 제기하고 나선 제1세대 작가들의 추구가 보다 다양하면서도 구체적이고 그리고 적극적으로 진행되어온 것이다.

하선영 시인도 그 흐름에 "엄마는 달라졌어, 언덕이 된 거야 / 길거리 누구를 만나도 덥석 손잡고 싶어지는 / 안타까운 이 있으면 어루만져주는 / 너를 사랑하듯 다른 이들도 사랑하고 키워내고픈 / 그런 언덕이 된 것이 엄마는 이제 자랑스럽단다"(「엄마는 언덕이 되었단다」)라고 말하듯 적극적으로 동참하고 있다. 따라서 시인은 여성인식을 정보의 차원이 아니라 이야기의 차원으로 보다 밀어나갈 필요가 있다.

벤야민은 앞에서 인용한 글에서 이야기가 정보와 다르다고 말했다. 정보는 그것이 새로웠던 바로 그 순간에 이미 그 가치를 상실할 정도로 한순간의 생명력만을 지니지만 이야기는 보다 긴 생명을 지닌다. 이야기는 자신이 지닌 힘을 집중된 상태에서 유지하고 있고 오랜 시간이 흐른 뒤에도 다시 펼쳐보일 수 있는 능력을 지니고 있다. 하선영 시인의 시 역시 그 이야기처럼 소멸되지 않는 힘을 가지길 기대해본다.

붉은 열정의 물을 따르다

공계열, 『살구씨 속엔 살구나무가 있다』(모아드림, 2005)

1.

공계열 시인의 시세계를 특성화시켜주는 시어는 '물'이다. 그것은 시
집에 수록된 64편의 작품 중에서 물의 시어가 들어 있는 것이 50여 편
에 이른다는 사실에서 우선 확인된다. 그리고 "사유의 물줄기"나 "제 문
학의 성장을 위하여 따뜻한 햇볕과 맑은 물을 주신 분들께 감사의 인사
를 드"린다는 이 시집 자서(自序)에서도 확인된다. 시인이 나타내고 있는
물의 형태는 다음에서 보듯이 매우 다양하다.

    "물", "물방울"   —「음악 감상」, 「용강군 쌍영총 안간 동벽」
    "강", "강물"   —「강의 노래」, 「구월의 바람」
    "냇물", "시냇물"   —「끈과 수초 사이」, 「잊으리」
    "물살", "물결", "물줄기"   —「붉은 사과」, 「단주」, 「오버랩된다」

“동해”, “바다”, “경포바다”, “파도”
　　　　　　　　　　　　—「남대천」,「파랑주의보」,「해맞이」,「길까페」
“비”, “빗물”, “빗줄기”, “빗방울”, “가랑비”
　　　　　　—「오 母性」,「빗물」,「집으로 가는 길」,「하늘 만들기」,「매화이야기」
“남대천”, “안양천”　　　　　　—「데칼코마니」,「안양천에서 상처를 보다」
“물비늘”　　　　　　　　　　　　　　　　　　　—「밤바다」
“포구”　　　　　　　　　　　　　　　　　　　—「폐타이어」
“땀방울”　　　　　　　　　　　　　　　　　　—「속도」
“눈물”　　　　　　　　　　　　—「어화둥둥 내 사랑 잡채」
“호수”　　　　　　　　　　　　　　　　—「경포호수」
“폭풍우”　　　　　　　　　　　　　　　—「흘러간다」
“얼음”, “고드름”　　　　　　　　　—「은방울꽃」,「추위」
“샘물”　　　　　　　　　　　　　　　　　—「빈 집」

　그렇다면 시인의 작품에 나타난 물은 어떤 이미지를 띠는 것일까? 그
것은 바슐라르(Gaston Bachelard)가 『물과 꿈』에서 규명해 놓았듯이 나르시
시즘의 물과 흐르는 물, 잠자는 물, 죽은 물, 복합적인 물, 모성적인 물,
여성적인 물, 순수한 물, 부드러운 물, 난폭한 물 등의 면이 모두 들어
있다고 볼 수 있는데, 그 중에서도 모성적인 물과 난폭한 물의 성격이
도드라지고 있다. 시인의 작품에 나타난 물은 한편으로는 모성적인 성격
을 띠고 있어 부드럽고 안락하고 행복하고 밝고 감미롭지만, 다른 한편
으로는 난폭한 물의 성격을 띠고 있어 흐르고 떨어지고 뿌려지고 휘돌
고 일렁이고 날리고 있는 것이다. 그리하여 시인의 작품들에 등장하는
물은 정지되거나 가라앉아 있는 것이 아니라 끊임없이 움직이고 확장되
어 나아가고 있다.
　공계열 시인의 시세계를 특성화시켜주는 또 다른 시어는 ‘붉은(게/고)’
이다.

“햇살로 / 붉게 물들였다”　　　　　　　　　　　—「붉은 사과」

"다만 겹겹이 돌기를 이룬 **붉은** 정열이 문제다"　—「어화둥둥 내 사랑 잡채」

"하혈은 **붉은** 네온사인"　　　　　　　　　　—「빌딩과 달」

"그렇게 시간은 **붉은** 녹이 되어 가슴 조이며 굴러갔으리라"　—「오! 母性」

"**붉은** 선 가미된 검은색 띠 두르고 간다"　—「용강군 쌍영총 안칸 동벽」

"그녀의 **붉은** 시선이 꽂혔을 홍매화 송이송이"　　—「그녀가 온다」

"소리를 담아낸 허공이 / **붉게** 탄다"　　　　　—「오월」

"**붉게** 달군 햇덩이 머리 쳐올렸다"　　　　　—「해맞이」

"**붉고** 긴 손가락들을 곧추세워"　　　　　—「땡볕」

"내 눈에 **붉은** 강줄기 퍼진다"　　　　　—「오버랩된다」

"장화와 홍련이 **붉은** 알전구로"　　　　　—「감」

"매 맞아 떨어지는 장미의 **붉은** 잎이"　　—「국지성 집중호우」

"꿈만큼이나 빛나던 **붉은** 기왓장"　　　　—「五月의 교정」

(고딕체는 필자가 강조한 것임)

위의 인용에서 볼 수 있듯이 시인의 시세계를 지배하는 이미지 중에서
붉음은 상당한 비중을 차지하고 있다. 시인의 정열적이고 동적인 내면 성
격이 내포되어 있는 것이다. 샐비어꽃·복사꽃·철쭉꽃·매화꽃·코스
모스·작약꽃·장미 등의 꽃과 관련된 시어나 "빨갛다"·"피" 등의 시어
까지 연관시키면 그 폭은 훨씬 넓다. "보도블록이 햇볕을 뜨겁게 품어 안
고 묵묵히 엎드려 햇볕을 만"드는 것이나, "따뜻한 햇볕"이나, "얼굴이 붉
어"진다는 이 시집 자서(自序)에 나오는 이미지에서도 확인된다. 이와 같
이 붉은 이미지는 시인의 적극적인 세계인식의 표상으로 결국 물의 역동
적인 성격을 나타낸다. 언뜻 보면 물의 속성이 붉음과 상관없다고 여겨지
겠지만, 물은 끊임없이 움직이면서 나아가는 정열적인 존재이기에 서로
간에 공통점이 있다. 진정 물은 붉은 정열을 품고 쉬지 않고 전진해 가는
존재인 것이다.

2.

　창밖에서 가랑비처럼 어머니의 음성이 들려온다 서둘러 나가보니 매화꽃이
눈물방울 달고 있다 무릎에 닿을 듯 서 있는 매화나무 추워서 입술이 하얀 매
화 옆에 구부린 내가 있다 지나간 시간 이제사 회한의 눈물이 가슴 속에서 흘
러나와 매화 옆에 또 다른 눈물 만들며 뿌리 속으로 잦아든다

　흔들리는 매화 가지에서 어머니의 날 부르는 소리가 가파르게 지나간다 부지
런히 그 소리를 찾아가보니 빗속에 쑥부쟁이가 파랗게 손톱을 내밀고 있다 바
람에 매화 가지가 가늘게 뒤척일 때마다 매화꽃에서 어머니의 잔기침 소리가
들려오고 희디흰 어머니의 목수건이 환영처럼 어른거린다

—「매화 이야기」 전문

　위의 작품에서 화자는 "매화꽃"을 아름다운 "어머니"로 바라보고 있
다. 어머니를 화려하거나 사치스럽다고 생각하고 있지는 않지만, 화사하
고 매력이 있고 온화하고 향기롭다고 생각하고 있는 것이다. 그런데 화
자가 어머니를 그와 같은 인상으로 가슴속에 품고 있는 것은 당신의 외
모 때문이 아니라 당신이 흘린 "눈물" 때문이다. 그 눈물은 "잔기침 소
리"와 연관지어 볼 수 있듯이 당신이 힘들어하거나 자식들을 안쓰러워
하는 모습의 표상이다. 따라서 어머니의 모습은 강건하고 활달하고 목소
리가 큰 것이 아니라 오히려 연약하고 가냘픈 것이다.

　그렇지만 어머니의 사랑은 결코 약하거나 작은 것이 아니다. 연약한
몸에도 불구하고 자식을 위해 헌신한 그 사랑은 이루 말할 수 없이 크
고 강한 것이다. 어머니의 사랑은 생전에만 그랬던 것이 아니라 이 세상
을 떠난 뒤에도 여전한 것이다. 그리하여 화자는 매화꽃 핀 봄날, 창밖
에서 가랑비처럼 들려오는 "어머니의 음성을" 듣는다. 또한 "매화꽃이
눈물방울을 달고 있"는 것을 보면서 "이제사 회한의 눈물이 가슴 속에

서 흘러나"온다고 토로한다. 매화꽃에 달려 있는 빗방울을 어머니가 흘린 "눈물"로 여기고 그리워하고 있는 것이다. 결국 어머니의 눈물이 화자의 눈물을 낳았고 그것으로 서로는 합일되었다. 이와 같이 서로의 눈물이 사랑을 낳았다는 사실에서 화자의 어머니에 대한 그리움은 과거로 지향한 것이 아니다. 어머니에 대한 그리움이 추억에 머문 것이 아니라 현재의 삶을 영위하는 토대이고 나아가 "빗속에서 쑥부쟁이가 파랗게 손톱을 내밀고 있"는 희망인 것이다.

그런데 이와 같은 시인의 인식이 움직이는 물을 통해 나타나고 있다는 점에서 주목된다. 위의 작품에서 물의 표상은 "가랑비" "눈물방울" "눈물" 등인데 그 상황은 "흘러나"오는 것이다. 그리하여 물은 "또 다른 눈물을 만들며 뿌리 속으로 잦아"들어 "어머니"와 "어머니의 음성"과 "어머니의 날 부르는 소리"와 "어머니의 손수건"을 되살리고 있다. 그러한 모습은 다음의 작품에서 또한 볼 수 있다.

비가 쏟아져 지하실 창문을 닫던 날
고양이는 밤새 울었다
울음소리로 흥건히 젖은 머릿속을 들고
지하실을 들어가 본 순간
광섬유처럼 투명한 햇빛의 꼬리를 물고
흰색 바탕에 밤색 줄무늬 아른아른한
고양이 새끼 세 마리가
박스 속에 잠들어 있었다
창문을 닫는 순간이
새끼와의 만남이 단절되는 순간임을 알았을 때
밤새워 어미가 밖에 있음을 간절히 소리쳐 알렸으리라
비에 흠씬 젖어 어둠이 살라먹은 길을 돌고 돌았으리라
두 눈에 불 켜고 열린 창이 있는지 살폈으리라

그렇게 시간은 붉은 녹이 되어 가슴 조이며 흘러갔으리라

1951년 겨울 피난길
정동진이었던가
눈은 허공을 부옇게 덮어 바다를 지우고
자발 없던 14살 나는
눈 속에 빠져 허우적거렸다 그때
나를 잡아 내 젖은 버선을 벗기고
당신의 버선을 벗어 신겨주시던 어머니
피난길 내내 나는 어머니의 따뜻한 발 속에서 걸었다
얇은 양말로 눈 속을 걸었을 어머니의 발은
겨울밤 콩 자루 속에서 붉게 부어올라 온밤 울었다
추운 시간을 떠다니던 어머니의 콩 자루는 흐르고 흘러
지금은 단단하게 다른 세상을 잡고 누운 봉분 위에
콩꽃으로 전생을 하얗게 물들이려나

—「오! 母性」 전문

위의 작품에서 "나"는 비가 쏟아지는 날, 창문이 닫히는 바람에 지하실 안 박스 안에 낳은 제 새끼를 볼 수 없어 밤새 우는 "고양이"를 바라보며, 지난 날 피난길을 가던 때의 "어머니"를 떠올리고 있다. 나는 그때 "14살"이었는데, "자발"이 없는데다가 전혀 겪어보지 못한 일이어서 "눈 속에서 허우적거렸다." 그러한 상황에서도 어머니는 "내 젖은 버선을 벗기고/당신의 버선을 벗어 신겨주"셨다. 그리하여 "피난길 내내 나는 어머니의 따뜻한 발 속에서 걸"을 수 있었지만, 어머니는 "얇은 양말로 눈 속을 걸"어 발이 "부어올라 온밤을 울"어야만 했다.

내가 어머니의 그 울음을 떠올리고 있는 것은 단순히 과거를 그리워하며 회상하는 것이 아니다. "밤새워 어미가 밖에 있음을 간절히 소리쳐 알"리면서 "두 눈에 불 켜고 열린 창이 있는지 살"피면서 "비에 흠씬 젖어 어둠이 살라먹은 길을 돌고 돌"아다닌 고양이의 심정과 같이 어머니를 되살리려고 한 것이다. 곧 어머니의 사랑을 통해 현재의 나 자신을 되돌아보려는 것이다. 그리하여 무시하거나 방관할 수 있는 고양이의 울

붉은 열정의 물을 따르다   145

음소리를 그냥 지나치지 않고 어머니의 심정으로 듣고 있다. 어머니의 자식에 대한 사랑을 나 자신의 사랑으로 물려받고 있는 것이다.

　시인의 이와 같은 인식이 움직이는 물을 통해 나타나고 있음을 거듭 확인할 수 있다. 물은 "비"·"눈"·"바다" 등으로 변화를 보이며 움직이고 있는 것이다. 따라서 쏟아져 내리는 빗속에는 새끼를 안쓰러워하는 고양이의 눈물과 자식을 걱정하는 어머니의 눈물이 함께 들어 있다. 그리고 "모성"을 깨달은 화자의 눈물도 들어 있다. 이처럼 비는 정지되어 있는 존재가 아니라 "시간"처럼 "흘러가"는 존재로 화자의 가슴까지 적시고 있는 것이다.

　　　복사꽃이 흐르네
　　　복사꽃이 흐르네
　　　고양이털에 누워 조을고 있는 봄볕에
　　　4월 복사꽃이 얼굴 달구며 흘러내리네

　　　흰색 주름치마가 깃발처럼 날리는 날
　　　강물에 풀어 넣은 빨래와
　　　살 비비며 흘러내리네 흐르다
　　　손목에 찍은 선명한 꽃잎 낙관(落款)
　　　그녀 복사꽃이네

　　　그녀가 꽃잎 되어 흐르네
　　　아직 그리워할 것이 꽃잎에 섞여 흐르네
　　　강둑에는 갯버들이 손 젓고
　　　아지랑이 하늘 사다리 타네 그러나

　　　석양은 머리 풀고 강물로 뛰어내리고
　　　시간은 꽃잎을 강 가장자리로 밀고 가네 밀리다
　　　그녀의 실루엣으로 자갈 사이사이 말라붙은 꽃잎

황갈색으로 차츰 마모되어가는

그래도 복숭아꽃은 복숭아 한 알 남기고 가네
—「복사꽃 그녀」 전문

　"복사꽃이 흐르"는 상태는 애잔하기만 한데, "고양이털에 누워 조을
고 있는 봄볕"에 놓여 있기에 더욱 그러하다. 또한 "강물에 풀어 넣은
빨래와 / 살 비비며 흘러내"리고 있기 때문이기도 하다. "복사꽃"이 그냥
물결에 따라 흐르는 것이 아니라 상대와 살결을 맞대고 있는 상황, 시인
에게는 그 상대가 그립기 때문에 애잔한 것이다. 따라서 복사꽃이 흐르
는 상태에서 세월의 흐름을 떠올리는 것은 자연스러운 일이다. 복사꽃은
강물처럼 화자를 싣고 흘러가고, 그러는 동안 잠들어 있던 화자는 깨어
나 그리운 사람을 떠올리는 것이다.

　그렇다면 화자가 그리워히는 "그녀"는 누구일까? 위의 작품에서 그것
은 명확하게 나타나 있지 않지만 "복숭아 한 알 남기고 가"는 상황으로
보아 모성의 존재로 여겨진다. "밀리다 / 그녀의 실루엣으로 자갈 사이사
이 말라붙어 꽃잎 / 황갈색으로 차츰 마모되어가는" 상황으로도 그렇게
연상된다. 또한 "시간"이 "꽃잎을 강 가장자리로 밀고 가"는 상황으로도
그와 같이 생각된다. 자식을 키우느라 자신이 "마모되어가는" 존재란 마
땅히 어머니라고 볼 수 있다. 따라서 화자가 그녀를 그리워하는 행동은
과거로 되돌아가는 것이 아니라 복숭아 한 알 남기고 가는 어머니의 사
랑을 통해 현재의 자신을 살리고 있는 것이다. 결국 시인은 복사꽃이 흘
러간 사실을 회상하는 것이 아니라 복사꽃이 흐르는 상황을 직시하고
있는 것이다.

　따라서 위의 작품에서 "강물"은 화자를 기억으로 밀어가는 매개체가
아니라 현재의 인식을 낳고 있는 존재이다. 마치 성 어거스틴(St. Agustine)
이 과거는 이미 존재하지 않고 미래는 아직 존재하지 않는다고 말한 것

처럼 과거나 미래를 부정하지 않으면서 현재를 품고 있는 것이다. 곧 기억을 통해 현재의 자기를 구애하는 적극적 세계인식이다. 이러한 인식은 과거와 현재와 미래가 서로 밀접하게 관련을 맺고 있는 것으로 파악하는 삶의 자세이다. 푸르스트의 『잃어버린 시간을 찾아서』에서 주인공이 첫사랑인 '질베르트'에 보인 태도처럼 과거는 현재에 영향을 미치고 있고 의식은 기억에 의해 결정되는 것이다. 진정 "강"은 끊이지 않고 흐르는 이미지를 띠고 있다.

3.

물은 칼날이다
물방울들이 흐르며
햇빛에 날을 세우고 있다

날과 날 사이에 내가 있다
폭풍우에 물이 황토색으로 뒤척여도
수위를 높여 급류를 타도
이쪽 날에 찍히고
저쪽 날에 베어도
나는 흘러간다
나는 부서지고 있다
어느 날 한쪽 신이 벗겨지고
어느 날 모자가 사라졌다
물살에 실려 가다
옷이 찢어지고 있다 그래도
나는 흘러간다

낯익은 얼굴들이
칼날 사이를 조심스레 흘러간다
보(洑)에 굴러 떨어져도
그저 하구(河口)로 흘러갈 따름이다

—「흘러간다」 전문

"물"은 "물방울", "폭풍우", "수위", "물살", "보(洑)", "하구(河口)", "급류" 등으로 변화를 보이고 있는데 단순히 "흘러"가는 존재가 아니다. 오히려 "칼날"로써 "햇빛에 날을 세우고 있"을 정도로 동적이고 공격적이다. 물의 그와 같은 모습은 시간의 흐름이기도 하다. 따라서 물이나 시간은 그 어떤 대상도 거부할 수 없도록 지체하지 않고 흘러가는 존재이다. 즉 "보(洑)에 굴러 떨어져도/ 그저 河口로 흘러갈 따름"인 것이다. 따라서 화자는 "폭풍우에 물이 황토색으로 뒤척여도/ 수위를 높여 급류를 타도/ 이쪽 날에 찍히고/ 저쪽 날에 베이도" 이끄는 대로 흘러갈 수밖에 없다고 인정한다. "어느 날 한쪽 신이 벗겨지고/ 어느 날 모자가 사라"져도, 심지어 "옷이 찢어지고 있"는 것을 알면서도 회피하지 못한다고 인정한다.

그렇다면 화자는 물이나 시간이 등을 떠미는 것에 속수무책으로 당하고만 있는가? 시인은 그렇지 않다고 말하고 있다. 그것은 "낯익은 얼굴들이/ 칼날 사이를 조심스레 흘러"가는 것을 발견하고 있는 데서 알 수 있다. 물이나 시간의 흐름에 실려 갈 수밖에 없는 존재이지만 자신의 주체성을 당당히 지키고 있다. 물이나 시간이 "칼날"을 지닌 채 인정사정 없이 이끌고 가지만 "날과 날 사이에 내가 있"음을 인지하고 굽히지 않고 대항하고 있는 것이다.

감청색 넓은 벌판이다
소금물에 감아 헤친 바람의 갈기가
모래톱을 쓸고

내 치마를 쓸고
안개꽃 무리 하늘을 치받아
여린 꽃잎 바위 등에 부서져 내리면
누군가 천 개의 손가락으로 쉬임 없이
건반을 쳐 울리는 파도소리 들린다

(…중략…)

가다보면
물길에 놓아버린
꽃길
자지러지는 달맞이꽃에
아랫도리 적시고
점점 차올라
밤바다
그 황홀한 꽃등에 취해 휘청거린다

―「밤바다」부분

　위의 작품에서 "바다"는 "소금물에 감아 헤친 바람의 갈기가 / 모래톱을 쓸고 / 내 치마를 쓸고 / 안개꽃 무리 하늘을 치받아 / 여린 꽃잎 바위 등에 부서져 내"릴 정도로 역동적이다. "누군가 천 개의 손가락으로 쉬임 없이 / 건반을 쳐 울리는 파도소리"를 내기도 한다. 그와 같은 움직임을 통해 "밤바다"의 움직임은 더욱 커진다. "밤바다 / 그 황홀한 꽃등에 취해 휘청거"리는 모습을 띠는 것이다. 따라서 밤바다는 자신의 길을 향해 전진한다. 놓여진 운명에 주저앉지 않고 때로는 난폭하게, 때로는 부드럽게 나아간다. 강한 의지와 갈망으로 자신의 목표를 향해 파고드는 것이다. 마치 창공으로 비상하려는 욕망을 가지고 있는 새처럼 고통을 감수하고 자신을 투신하며 희망을 품고 나아가고 있다. 바다의 그와 같은 태도는 다음의 작품에서 또한 볼 수 있다.

바다의 안전벨트가 풀리고
산이 뿌리째 뽑혀 파도에 밀려온다
멀리 솔숲을 휘어잡던 바람이
굵은 빗줄기를
수직에서
포물선으로 바꾼다
안전벨트에서 튀어나온 다시마 조각들
해안선을 따라 길게 누워 있다

바다의 토사물 위로
갈매기가 쪼아대고
날파리가 기어와 눕는다
뭉개진 수평선
하늘과 바다는 푸른 물 빼먹은
낡은 나일론 보자기처럼 훌렁기리고
쓰러진 것 위에 다시 기생(寄生)하려고 하는 것들
산은 흰 뿌리를 헤쳐 씻어 깊게 가라앉힌다

비는 다시 수직으로 내리는데
사람들은 갈퀴를 들고
번들번들한 몸을 뒤채며
다시마를 긁어모은다
삶이 지느러미처럼 퍼드덕거리는 바다
안전벨트를 찾아 고개 숙이고 있다

— 「파랑주의보」 전문

　"바다"의 역동성은 "안전벨트가 풀리고/산이 뿌리째 뽑혀 파도에 밀려"올 정도이다. 그리하여 "멀리 솔숲을 휘어잡던 바람이 / 굵은 빗줄기를 / 수직에서 / 포물선으로 바꾼다". 진정 바다는 날카로운 발톱을 가지고 갈기를 흔들어대며 포효하는 사자와 같다. 그렇지만 바다는 이 세상을 파멸하려는 것이 아니다. 그러한 면은 "안전벨트에서 튀어나온 다시마 조각들 / 해안선을 따라 길게 누워 있"는 사실에서 증명된다. 인간은 바다에 의해 파멸되지 않는다. 인간은 수영하는 행동에서 볼 수 있듯이 바다 앞에서 "쓰러"질지라도 눈물을 흘리며 주저앉지 않고 대항해 나간다. "비는 다시 수직으로 내리는데 / 사람들은 갈퀴를 들고 / 번들번들한 몸을 뒤채며 / 다시마를 긁어모"으는 것이 그 여실한 모습이다.

바다의 움직임은 세상을 파멸하기 위한 행동이 아니라 그 자생을 위한 것이다. "삶이 지느러미처럼 퍼드덕거리는" 바다는 포효하는 외면과 달리 깊은 모성(母性)을 가지고 있다. 그리하여 "바다의 토사물 위로 / 갈매기가 쪼아대고 / 날파리가 기어와 눕는다". 때로는 배를 뒤집을 만큼 과격한 성격을 드러내지만 모든 생명체를 살리는 양식을 품고 있는 것이다. 그러므로 "사람들"은 바다에 들어가 "다시마를 긁어모"으는 것이다.

4.

붉은 사과를 딴다
새벽녘 물살을 차고 오르는
물떼새들
사과뿐 아니라
깃털도 붉은색이다

샐비어꽃
뜨거운 날숨이
햇살로
붉게 물들였다

사과도
햇살 쪽으로
몸을 밀고 나간 것이다
그 끈기가 사과를 붉게 익힌 것이다
스스로 익으려는 담금질로
사과는
나무에서 떨어져도 달콤하다

—「붉은 사과」 부분

위의 작품에서 시인은 "사과"를 "새벽녘 물살을 차고 오르는 / 물떼새
들"이라고 비유하고 있다. 그리하여 사과가 "붉게" 되는 것은 그 "끈기"
때문이라고, "스스로 익으려는 담금질" 때문이라고 연결시키고 있다. 물
이 제 길을 가기 위해 움직이는 것과 같이 사과 역시 제 길을 위해 열정
을 태운다고 보고 있는 것이다. 그러한 열정이 있기에 "붉은 사과"는
"나무에서 떨어져도 달콤하다"고 여긴다.

이런 점에서 시인의 "붉은" 세계인식은 해명될 수 있다. 이 세계에 발
딛고 있는 유한한 존재이지만 자신의 삶에 적극성을 띠는 "물살"의 이
미지가 그 단서이다. 마치 번져가는 산불과 같이 "붉게" 움직이는 모습,
그와 같은 태도는 갇힌 인식이 아니라 열린 세계를 지향하는 것이다. 수
동적이고 소극적으로 순응하는 것이 아니라 르네 듀보(Ren'e Dubos)가 『적
응하는 인간(Man Adapting)』에서 말한 것과 같이 능동적이고 적극적으로 적
응하는 것이다.

시인의 이와 같은 세계인식은 삶의 의미를 결과보다도 과정에 두는
것이다. 삶의 가치가 한 순간의 이벤트로써 이루어지는 것이 아니라 과
정에 최선을 다함으로써 이루어진다고 보는 것이다. 그것이 시인이 생각
하는 "물살"의 붉은 정신이다. 과거의 시간에 촉수를 뻗는 것이 아니라
현재의 인연에 다가서는 인식이다. 따라서 붉은 인식은 현실을 지키는
힘이 되고 미래로 향하는 지침이 된다. 기계적 시간에 몸을 맞추는 것을

극복하고 인간다움을 실현하는 것, 즉 파불라(Fabula)의 시간이 아니라 슈제트(Sujzet)의 시간을 지향함이다. 그러한 모습은 "하늘과 숲을 바느질해 붙이고 / 부지런히 흰 손을 쳐 올리는"(「강의 노래」) 데서도, "호수 가득 햇빛에 뒤척이는 청어 비늘 / 둥글게 휘어져 맞잡은 손 가장자리에 / 패랭이꽃 젖가슴 열어 / 벌들을 불러 모으는 소리"(「경포호수」)에서도, 그리고 "푸른 물 내 가슴에 스며 / 추억을 빨아 헹군 물줄기 흐르는 날이면 / 토마토처럼 볼이 붉은 소년이 / 토마토와 오버랩"(「오버랩된다」)되는 데서도 확인된다. 그리하여 시인의 붉은 정신은 꽃을 피운다.

이미 말라버린 섬유질에
생명을 불어넣는

고철과 찢어진 종이 조각들을
물오른 나무에
제비꽃이나 루드비아꽃으로 환생시키는

(…중략…)

그렇지만
이 봄날엔 우리도
그녀가 만든 꽃잎이 된다

—「꽃을 만드는 여자」 부분

위의 작품에 등장한 "꽃을 만드는 여자"는 어머니라고 볼 수 있다. "이미 말라버린 섬유질에 / 생명을 불어넣는" 행동에서 모성(母性)을 발견할 수 있는 것이다. "고철과 찢어진 종이 조각들을 / 물오른 나무에 / 제비꽃이나 루드비아꽃으로 환생시키는" 행동은 단순히 의식주 생활을 영위하는 차원을 넘어선다. 당신의 몸을 헌신해서 자식의 생명을 살려내는 유적(類的) 행동인 것이다. 시인은 어머니의 그와 같은 위대한 행동을

“물오른” 형상으로 제시하고 있다. 결국 시인은 역동적인 물과 같은 붉은 시 정신을 가지고 연약했지만 강인했고 힘든 상황이었지만 기꺼이 자식을 품었던 어머니를 따르려고 하는 것이다.

3부

마루완의 꿈을 품는 시인

박노해, 「마루완의 꿈」(『시평』, 2004년 겨울호)

1.

바그다드 가는 사막 고속도로
무함마디아 마을 주유소에서
정말 잘생긴 14살 소년을 만났다

사막에서 홀로 축구공을 갖고 놀다가
석양을 등지고 기도하는 마루완의 옆얼굴은
붉은 사막이 다 쓸쓸해 보이도록 아름다웠다

코리아에 태어났으면 안정환을 꿈꾸거나
GOD를 꿈꾸거나 여학생깨나 울릴 녀석
마루완은 전쟁 고아였다

기름 많은 이라크에 기름도 없는 주유소에서
잡일이나 거들다가 일주일에 한번 정도
가난한 마을 어른들이 모아주는 푼돈으로
빵을 사고 몰래 담배도 사 피운다

빌빌거리지 말고 차라리 바그다드에 가서
사담 궁정에 들어가? 약탈이라도 하라고
어른들은 안쓰러운 홧김에 호통이지만
씨익, 마루완은 그 잘생긴 미소로 받아넘긴다

초생달이 이마에 뜬 사막에 앉아서
마루완 너의 꿈이 뭐냐고 물었다
자동차 운전기사가 되어 돈을 벌고 싶단다
그 다음 꿈이 뭐냐고 물었다
암만에 나가서 사진관을 내고 싶단다
마루완은 말없이 고개를 떨구었다

두 눈에서 방울방울 별들이 떨어졌다
마루완은 물기 젖은 목소리로 학교에 가고 싶다고,
영어도 배우고 싶고 컴퓨터도 배우고 싶다고,
정말 이렇게 사는 건 너무 끔찍하다고,
전쟁 다음 또 전쟁인데 언제쯤 끝나겠냐고,
자기가 어른 되기 전에 정말 학교 갈 수 있겠냐고,
테러리스트 같은 눈동자로 물어오는 것이었다.
―박노해, 「마루완의 꿈」 전문

　　박노해 시인의 「마루완의 꿈」이 슬프게 읽히는 것은 "물기 젖은 목소
리로 학교에 가고 싶다"는 14살 된 전쟁고아가 등장하기 때문이다. 전쟁
은 인간다운 삶을 위협하는 일체의 힘인 폭력 중에서도 가장 큰 것이다.
폭력은 추위나 홍수, 가뭄, 늙음 등과 같은 자연적인 폭력이 있지만 강

도나 살인이나 강간 같은 인위적인 폭력도 있는데, 전쟁은 인간이 감행하는 폭력 중에서 가장 큰 것이다. 인위적 폭력에는 그 크기에 비례하는 허위의 명분이 들어 있다. 그러므로 가장 큰 폭력인 전쟁은 가장 큰 허위의 명분을 동반한다. 전쟁은 사소한 명분에 의해서가 아니라 자유나 민족해방이나 평등과 같은 엄청난 허위의 명분을 내세우고 발발한다. 따라서 이 세상의 그 어떠한 전쟁도 인정될 수 없다. 전쟁은 허위의 명분을 바탕으로 하고 있기 때문에 정당성이 없는 것이고, 또한 엄청난 희생이 따르기 때문에 인정될 수 없는 것이다.

박노해 시인이 「마루완의 꿈」에서도 나타내고 있듯이 전쟁은 잔인한 폭력일 뿐이다. 2003년 3월 20일 미국이 이라크를 상대로 일으킨 전쟁 역시 마찬가지로, 사담 후세인의 독재를 무너뜨려 이라크 민중들을 해방시켜주고 이라크의 핵무기 위협을 세계 평화의 수호자로써 사전에 방지히겠디는 명분을 내세우고 있지만, 실제로는 석유자원과 중동지역 점령의 거점을 확보하기 위한 전략에 불과할 뿐이다. 또한 죄 없는 수많은 사람들을 희생시켰을 뿐이다. 알 자지라(Al Jazeera) 방송에서 전해오는 전쟁 상황을 집안의 텔레비전으로 지켜볼 때마다 눈뜨고 보기 어려운데, 특히 아이들이 죽었거나 다쳤거나 울부짖는 모습이 그러하다. 싸늘하게 죽은 채 버려져 있는 아이들, 폭격에 의해 건물 구석에서 피를 흘리며 죽어가고 있는 아이들, 몸에 파편을 맞고 아파서 울고 있는 아이들, 병원마다 아비규환으로 울부짖는 아이들……. 그 아이들은 "마루완"처럼 "사막에서 축구공을 갖고 놀다가" 죽기도 했을 것이고, "기름도 없는 주유소에서 / 잡일이나 거들다가" 다치기도 했을 것이다.

진정 전쟁은 어린아이들의 희생을 막기 위해서라도 사라져야 한다. 어른들의 싸움에 아무 죄 없는 아이들이 희생될 수는 없는 것이다. 운좋게 살아남은 아이들이라고 할지라도 평생 동안 전쟁공포에서 벗어나지 못할 텐데, "마루완"처럼 전쟁고아가 된다면 더욱더 그러할 것이다. 전쟁은 대표적인 반전 시인인 둔야 미카일이 「전쟁은 힘들어」에서 규명했듯이 "밤낮없이 무자비해. / 그건 독재자들에게 긴 연설을 하도록 만들고 / 장군들에게 훈장을 주"는 것에 불과하다. 또한 "인공 수족 산업에 기여하고 / 파리들에게 먹이를 제공하고 / 역사책에 페이지를 더해주고 / 희생자와 살인자들을 동등하게 만들고 / (…중략…) / 관 제작자들을 매우 바쁘게 만들고 / 무덤 파는 이들의 어깨를 두드리고 / 지도자의 얼굴에 미소를 짓게 만"들 뿐이다. 그리고 "소녀들에게 기다림을 훈련시"키는 잔인한 폭력일 뿐이다.

2.

박노해 시인입니다.

○○일보 2004년 12월 8일 수요일 A5면, '갈라지는 386운동권' 특집 下　새로운 길을 모색하는 386 기사의 굵은 표제가 "내 進步의 표상은 모스크바 아닌 뉴욕" 박노해라고 되어 있습니다.

박노해 시인은 주위에 "나는 변함없이 진보를 지향한다. 다만 진보의 내용이 바뀌었다. 과거에는 모스크바가 진보의 표상이었다면 지금은 뉴욕"이라고 말하고 있다. 박씨는 "내게 뉴욕은 강자와 약자의 구별이 없고 다수와 소수도 자유롭게 소통하는 용광로와 같은 곳이기 때문이다"라고 말했다라고 쓰여 있습니다.

저는 위의 기사에 나온 말을 어디에서도 한 적이 없고 그런 글을 어디에도 쓴 적이 없습니다. 이 기사는 제 기본철학과 생각과도 다릅니다. 따라서 이 사실(fact)을 정정보도 해줄 것을 요청합니다.

참고로 말씀드립니다.

저는 4년째 사회적 묵언 중이기에 어느 언론과 인터뷰하거나 기고나 대담을 하지 않고 있습니다. 2004년 미―이라크 전쟁 직전에 '전쟁을 막지 못한다면 폭격의 공포에 떨고 있는 이라크 아이들 곁에라도 함께 있어 주어야겠다'는 마음으로 2달간 전쟁의 바그다드를 헤맬 때, 전쟁터에서 마주친 국내 TV와 언론에

뜻하지 않게 잠시 비춘 적이 있고, 최근 『노동의 새벽』 20주년을 맞아 불가피하게 그 사안에 한정해서 카메라에 찍힌 적이 있을 뿐입니다.

○○일보의 기사는 오랜 묵언 속에 힘들게 '새로운 진보의 길찾기'를 하고 있는 저의 진정을 왜곡하는 것이며 제가 조용히 참여하고 있는 「나눔문화」의 철학과도 크게 달라 신뢰와 명예를 떨어뜨린 것이기도 합니다.

제가 생각하고 있는 새로운 진보의 내용은 이러합니다.

지난 시대 군사독재 하에서는 노동자 민중에 대한 폭압 상황이었지요. 노동자들은 무권리와 사회적 천대 속에 인간의 존엄을 훼손당할 수밖에 없었습니다.

따라서 인간다운 삶을 몸부림하던 우리는 '노동해방'과 '사회주의'라는 노동자 계급의 입장에 확고히 서는 것이 진보의 내용 거의 전부였다 해도 지나치지 않을 것입니다.

그러나 제가 구속된 이후 민주화가 진전되고 노동운동의 자유가 어느 정도 확보되자 동시에 노동자 계급 내부가 '빈곤과 차별'로 분화되고, 시민사회와 세계화, 정보화 물결과 지식경제시대가 도래하면서 진보의 내용도 바뀔 수밖에 없게 되었습니다. 이제 인간해방, 노동해방은 노동자의 가난한 사람들의 편에 서면서도 생태문제와 여성문제, 전 지구적 빈곤과 문화다양성, 그리고 소수자의 고통과 영성의 문제, 한정된 생명자원을 효율적으로 활용하는 경영마인드까지를 포괄한 '삶의 총체적 진보'로 구성되지 않으면 안 된다는 게 제 생각입니다.

지금 인류가 직면한 4가지 위기인 '생태위기' '전쟁과 테러위기' '새로운 빈부격차' '영혼의 불안'이라는 우리시대 삶의 핵심문제를 해결하기 위해서는 '적은 소유로 기품 있게' 살 수 있는 대안 삶의 창출이 절실하다는 생각입니다. 그 길은 '모스크바'도 아니고 '귀농공동체'도 아니고 '뉴욕'도 '파리'도 아닙니다.

○○일보의 기사 중 뉴욕에 대해 제가 말했다고 쓴 내용은 그런 사실 자체도 없을 뿐만 아니라 제 생각과도 전혀 다릅니다. 제가 2차례 취재한 바 있는 뉴욕은 자본주의 물질문명이 가장 발달한 세계 최첨단의 도시로서 극명한 빛과 그늘을 동시에 가진 모순의 도시입니다. 세계 최고의 부자와 극빈자가 공존하고, 졸부와 예술이 공존하고, 이민자와 다인종이 무지개처럼 다양하게 공존하는가 하면, '할렘가'로 나타나는 인종차별과 빈부격차가 확연한 도시입니다. '남에게 피해만 주지 말고 네 멋대로 해라'는 뉴요커의 금언처럼 개인성과 자기 정체성이 최대한 보장되는 자유의 도시이기도 하지만 단, 영어가 되고 건강이 되고 돈만 있다면! 이라는 냉혹한 법칙이 작동하는 곳이기도 합니다.

　뉴욕이 누리는 진보적 상상력과 창조력, 자유의 공기는 실상 인류가 창출한 부의 독점과 유일제국의 특권 위에서 피어나는 '악의 꽃'일 수밖에 없습니다. 자신이 누리는 자유와 행복이 타자의 그것을 딛고 서 있다면, 설령 천국일지라도 지옥으로 가는 길이겠지요.

　그럼에도 뉴욕은 현대인의 욕망의 정점이자 물질문명의 첨단이고 문화예술의 전위이기에, 그것을 정면으로 넘어서고 인간화시켜 나가지 못하는 '대안'은 실효성이 약하다는 생각입니다. 그래서 뉴욕이 가진 문화다양성과 진취적 역동성을 품고 동시에 뉴욕을 뚫고 나가는 內功力이 없는 대안 삶이란 진정한 대안일 수 없기에, 저는 온갖 오해와 논란을 무릅쓰고 나눔문화와 함께 '삶의 총체적 진보'를 바탕으로 한 새로운 혁명이라는 전혀 낯선 진리실험의 길을 가고 있는 것입니다.

　저에게 뉴욕은 거대한 도전이자 극복의 대상이지 연금술을 부리는 "용광로"가 아닌 것입니다. 9 · 11 사태 후 뉴욕은 더욱더 그러합니다.

　따라서 저의 진정성과 '나눔문화'의 신뢰와 명예에 손상을 준 ○○일보의 기사에 대해 사실을 바로잡는 정정보도를 실어줄 것을 요청 드립니다.

　정정보도요청

　1. 2004년 12월 8일자 ○○일보는 박노해 "내 진보(進步)의 표상은 모스크바 아닌 뉴욕", "과거에는 모스크바가 진보의 표상이었다면 지금은 뉴욕", 박씨는 "내게 뉴욕은 강자와 약자의 구별이 없고 다수와 소수도 자유롭게 소통하는 용광로와 같은 곳이기 때문이다"는 기사를 실었습니다.

　2. 그러나 박노해 시인은 그런 말을 하거나 글을 쓴 적이 없고, 더욱이 박시인은 뉴욕을 물질문명의 정점에 서있는 '악의 꽃'이자 강자와 약자의 차별이 확연한 '극복의 대상'으로 생각하기에 정정보도를 요청해 왔습니다. 본지는 박노해 시인이나 나눔문화에 아무런 사실 확인이나 취재도 없이 기사를 작성하여 박 시인의 명예를 손상한 점에 대해 사과하여 이에 정정보도합니다.[1]

　위의 인용문은 2004년 12월 10일자 ≪인터넷 한겨레신문≫에 실린 기사의 전문이다. 같은 날 ≪프레시안≫과 ≪오마이뉴스≫에도 기사화되어 많은 네티즌들이 관심을 보였다. 필자는 위의 인용문을 해당 신문사

---

1) 필자는 이 일의 진위를 확인할 수 없기 때문에 신문사 이름을 ○○일보로 처리했다.

와 박노해 시인과의 진실여부에 대한 관심보다도 시인이 근래에 가지고 있는 시세계를 살펴보는 자료로 활용하고자 한다. 「마루완의 꿈」을 이해하는 시론(詩論)으로 삼고자 하는 것이다.

위의 인용문에서 보듯이 박노해 시인은 인류가 현재 직면한 4가지 위기를 "생태위기", "전쟁과 테러위기", "새로운 빈부격차", "영혼의 불안" 등으로 진단하고 있다. 이러한 인식은 시인이 사노맹사건으로 감옥생활을 하다가 1998년 8·15사면으로 석방되기 1년 전에 발표한 작품 「세 발 까마귀」에서 보여준 것에서 "전쟁과 테러 위기"와 "영혼의 불안"이 추가된 것이다. 시인은 「세 발 까마귀」에서 "자본주의가 삶의 본연이라면 / 사회주의는 삶의 당연이 아닌가요 / 삶의 본연을 긍정하지 않는 사회주의가 진보할 리 있겠습니까 / 삶의 당연을 품에 안지 못한 자본주의가 진보할 리 있겠습니까 / (…중략…) / 굳이 당신이 요구하는 '……주의'의 사고로 말하라면 나는 / 비사회주의, 탈자본주의, 친생태주의, 친여성주의라고 해두지요"라고 말했다. 그러한 면이 노동자와 가난한 사람들의 편에 서면서도 생태문제, 여성문제, 지구적 빈곤과 문화다양성, 그리고 소수자의 고통과 영성의 문제, 한정된 생명자원을 효율적으로 활용하는 경영마인드까지를 포괄한 "삶의 총체적 진보" 사상으로 확대하고 있는 것이다. 시인의 노동해방 사상은 정치 민주화와 노동운동의 자유가 어느 정도 확보된 상황, 시민사회의 등장, 세계화, 정보화, 지식경제사회의 도래 등과 같은 시대 변화를 적극적으로 수용하고 있다. 또한 노동자 계급이 빈곤과 차별로 인해 새로운 빈부격차가 발생하고 있는 점을 파악하고 있고, "전쟁과 테러위기", "영혼의 불안"에 대해서도 대응인식을 갖고 있다. 그리고 적은 소유로 기품 있게 살아갈 수 있는 삶의 창출이라는 철학을 기조로 "나눔문화"를 운영여하고 있고 사회적 묵언을 실행하고 있다.

따라서 「마루완의 꿈」은 시인이 근래에 관심을 갖고 있는 "전쟁과 테러 위기" 상황을 고발한 구체적 작품이다. "자동차 운전기사가 되어 돈을 벌고 싶"고, 조금 큰 도시로 나가 "사진관을 내고 싶"고, "학교에 가고 싶"고, "영어도 배우고 싶고 컴퓨터도 배우고 싶"은 한 어린 소년의 꿈을 완전히 짓밟아버린 전쟁을 고발하고 있는 것이다. 전쟁으로 인해 소년은 "전쟁고아"가 되었고, 그것으로 인해 "정말 이렇게 사는 건 너무 끔찍하다고, / 전쟁 다음 또 전쟁인데 언제쯤 끝나겠냐고, / 자기가 어른 되기 전에 정말 학교 갈 수 있겠냐고" 좌절하고 있는데, 시인은 그 소년의 아픔을 외면하지 않고 품고 있는 것이다.

박노해 시인은 미국이 이라크를 침공하자마자 위험을 무릅 쓰고 현지로 건너가 반전평화활동을 펼쳤다. 시인은 그 상황을 산문 「파병은 '오, 피스 코리아'의 치욕」에서 잘 보여주고 있는데, "2004년 미―이라크 전쟁 직전에 '전쟁을 막지 못한다면 폭격의 공포에 떨고 있는 이라크 아이들 곁에라도 함께 있어 주어야겠다'는 마음으로 2달간 전쟁의 바그다드를 헤"매었다고 위의 인용문에서도 밝히고 있다. 시인은 연고 하나 없는 낯선 땅에서 맞이할지 모르는 죽음의 불안감도 있었지만, 이라크인들과 고통을 함께 하려고 그곳으로 건너간 것이었다.

3.

2004년은 박노해 시인의 시집인 『노동의 새벽』이 출간된 지 20주년이 되는 해였다. 한 시인의 시집이 독자들에게 잊혀지기에 충분한 시간인데, 새로운 계기로 삼기 위해 많은 사람들이 애정을 보였다. 지난달 11월, 새로운 출판사에서 세련된 디자인으로 『노동의 새벽』이 재출간되었다. 이번 시집에는 새로운 발문이 추가되었고, 권말 부록으로 「낱말들 : 시대의 기억」이 수록되었다. 그리하여 이 시집과 함께 살아간 독자들은 과거의 시대 상황을 되새길 수 있게 되었고, 이 시집 이후에 태어난 독자들은 시어의 의미를 보다 제대로 읽을 수 있게 되었다.

또한 『노동의 새벽』은 본격적으로 영역되어 해외에서 정식 출간을 앞두고 있다고 한다. 외국의 독자들과 연구자들이 과거의 한국 사회를 이해하는 텍스트로 삼을 수 있게 된 것이다. 또한 내로라하는 국내의 가수들이 『노동의 새벽』을 출전으로 해서 노래를 음반에 담았고 콘서트를 헌정했다. 한국 음악사상 초유의 일인데, 지난 12월 10일 3,000여 명의 관객들이 공연 시작 전에 몰려들 정도로 호응이 높았다. 『노동의 새벽』은 이제 한국 문학사상 단일 시집으로 가장 많은 노래가 만들어지는 영예를 안게 되었다. 이처럼 『노동의 새벽』은 지난 20년 간 한국 사회에 영향을 준 중요한 서적 중 한 권이 되었고, 박노해 시인 역시 그와 같은 위상에 서게 되었다.

박노해 시인에 대한 기억이 어떤 것이건 간에 우리는 누구도 박노해를 지울 수 없다. 그의 성공과 실패, 성취와 좌절은 이 시대 모든 한국인의 삭제할 수 없는 운명의 일부이기 때문이다. 집단적으로, 현대 한국인은 박노해라는 이름 앞에 어떤 반응을 보이는가에 따라 여러 부류의 이해집단으로 나뉘어진다. 개인 차원에서도 우리는 모두 내부적으로 제각각 몇 퍼센트씩은 그를 유배한 자이고 동시에 그의 지지자이며, 비판자이고 동조자이다. 한 시대, 한 사회의 집단적 운명을 이처럼 자기 개인의 운명에 붙들어맨 존재가 일찍이 있었던가![2]

박노해 시인은 이제 '얼굴 없는'는 노동자 시인이 아니다. 한 시대의 아픔을 고발하는 것을 넘어 한 시대의 정신을 대변하는 위상에 있다. 따라서 노동운동가로서, 사상운동가로서, 그리고 시인으로서 시대에 대한 통찰을 관념적이지 않고 구체적으로, 명분에 의해서가 아니라 정직하게 해줄 것을 시대인들은 기대하고 있다. 노동은 있어도 노동이란 단어가

---

[2] 도정일, 「한 번은 다 바치고 다시」, 『사람만이 희망이다』, 해냄, 1997, 304면.

없고, 노동자는 있어도 노동자라는 단어가 없던 지난 시절의 상황이 아직 끝나지 않고 진행되고 있기 때문이다. 고통 받고 있는 비정규직 노동자들, 농어민들, 여성 노동자들, 코리안 드림을 꿈꾸며 살아가고 있는 외국인 노동자들, 파괴되는 자연환경, 전쟁과 테러로 죽어가는 사람들…… 또 다른 '얼굴 없는' 노동자들이 '노동의 새벽'을 기다리고 있는 것이다.

박노해 시인의 「마루완의 꿈」은 이런 차원에서 중요하다. '새로운' 진보의 길 찾기 차원에서 진정성의 일면을 발견할 수 있기 때문이다. 시인의 진정성이란 자기 정직성이 토대가 되어야 한다. 시작품 속에서는 이길 수 있으나 현실에서는 이길 수 없는 사실을 정직하게 인정하고 극복하기 위해 고민할 때, 시인의 시대인식은 생명력을 얻을 수 있는 것이다. "테러리스트 같은 눈동자로 물어오는 것"과 같은 시인의 비유가 시대를 울릴 수 있는 것이다.

내가 나를 비켜 가는 지향

백무산, 「회향」(『시경』, 2004년 상반기)

1.

연어가 자신이 떠났던 곳으로
수만 리 먼 여정을 다하였다
그러나 아직은 회향이 아니다

산란을 마치고 마지막 숨을 몰아쉬며
배를 뒤집고 처음 본 하늘 다시 본다
그러나 아직은 회향이 아니다

자연은 고단한 그를 거두어
긴 안식의 집으로 데리고 갔지만
아직은 회향이 아니다

나서 죽기까지 어떤 경로도
아직은 직선이다

알에서 깨어난 새끼들이 어미에게서
물려받은 운명을 더듬어 길을 나선다
새끼들은 분신이지 내가 아니다

나는 죽어서도 아직 나다
내가 나를 내려놓았으나
아직은 회향이 아니다

내가 나를 비켜 가는 것이다
달은 한번도
같은 달이었던 적이 없었다

— 백무산, 「회향」 전문

　백무산의 「회향」에는 주어진 운명을 극복하려는 주체성이 강하게 나타나고 있다. 죽음이란 인간의 의지와 상관없이 다가오는 운명이어서 그 누구도 회피할 수 없는 것이지만, 시인은 "내가 나를 내려놓았"다는 주체적인 자세로 수용하고 있고, 또 죽음이 "긴 안식의 집"으로 가는 "회향"이 아니라 "내가 나를 비켜 가는 것"이라고 인식하고 있다. 시인의 그러한 운명관으로 인해 삶은 강조되고 주체성은 한층 확장된다.

　주지하다시피 백무산은 박노해와 더불어 1980년대의 노동시를 이끈 시인이다. 시인은 그동안 노동자계급의 주체성을 토대로 삼고 『만국의 노동자여』(청사, 1988), 『동트는 미포만의 새벽을 딛고』(노동문학사, 1990), 『인간의 시간』(창작과비평사, 1996), 『길은 광야의 것이다』(창작과비평사, 1999), 『초심』(실천문학사, 2003) 등을 내놓았는데, 지금까지 견지해온 주체성은 단적으로 말해서 존재가 본질에 앞선다는 실존주의의 지향과 같은 것이다.

　그런데 시인의 그 지향은 시대에 따라 다소 달랐다. 그것은 변심이나 변절이 아니라 전향에 가까운 것으로, 시대와 사회의 변화에 순응한 것이 아니라 적응한 것이다. 그리하여 『만국의 노동자여』나 『동트는 미포만의 새벽을 딛고』에서는 1980년대의 시대적 과제인 분배문제를 해결하는 데에 집중했다. 노동자계급의 주체성을 토대로 "밥"의 문제를 지향한 것이다. 그리하여 "살아 있는 밥을 먹으리라 / 목숨이 분명하면 밥도 분명하리라 / 밥이 분명하면 목숨도 분명하리라 / 피가 도는 밥을 먹으리라 / 살아 있는 노동의 밥을"(「노동의 밥」) 같이 목숨을 담보하고 노래했다. 그리고 노동자계급의 존재를 구체적인 대결로 내세웠다.

> 청사진 구워 온 설계도를 보았네
> 적당하게 창문도 내고 베란다도 내고
> 신식 부엌에 양변기 보일라 온돌에
> 적당한 정원까지
> 블록 몇 장까지 시멘트 몇 푸까지
> 모래 자갈 몇 트럭 계산도 했더구나
>
> 자네 참 기대가 컸겠네 인부들이
> 모든 걸 설계대로 따르기만 한다면
> 멋진 집이 탄생하리라 기대가 컸겠네
>
> 그런데 어느 날 업자가 오고
> 웃통 벗은 인부들이 몰려와
> 자네가 애써 그린 청사진에
> 침이 고이도록 욕설과 악담을 해대더니
> 팽개치면서 이렇게 말했네
> 돌대가리 새끼들 종이집이나 지었군
> 그리고 나서 그들은 설계도 없는 집을
> 멋지게 지어놓더군
> 놀란 내게 그들이 말하더군

　　세상엔 자네 같은 꾼들이 참 많다더군
　　배후 인물이 못되어 안달하는 친구들
　　참 많다고 말일세

—「종이집」 전문

　지식 전문가는 자신의 지식과 정보를 이용해서 "적당하게 창문도 내고 베란다도 내고/신식 부엌에 양변기 보일라 온돌에/적당한 정원까지" 설계할 수 있고, "블록 몇 장까지 시멘트 몇 포까지/모래 자갈 몇 트럭"까지도 계산해낼 수 있다. 그러나 그러한 모습은 노동자계급의 입장에서 보면 현실을 제대로 반영하지 못한 탁상공론에 불과하다. 지식 전문가들이 지은 집은 "종이집"에 불과한 것이다. 우리 사회에는 끊임없이 자기 자신을 각성하고 발생한 문제를 해결하기 위해 적극적으로 참여하는 지식인들도 많지만, 현실과 동떨어진 세계관에 갇혀 있거나 편협한 자부심을 고유한 영역으로 내세우는 지식 전문가들도 많다. 백무산은 그들의 행동을 가리켜 "돌대가리 새끼들 종이집이나 지었"다라고 야유하고 있는데, 결국 시인은 사회적 분배에 있어서 약자들의 밥을 지향하고 나선 것이었다.

　또한 1988년 말부터 1989년 초까지 일어난 울산 현대중공업 노동자들의 128일 파업을 소재로 삼은 제2시집인 『동트는 미포만의 새벽을 딛고』에서는 더욱 큰소리를 내었다. "우리는 여기까지 왔다/피어린 파업 투쟁이 있기 전까지/한낱 기계에 지나지 않았던 노동자"(제7장 「노동자는 패배하였다 드디어 투쟁의 시작이다」)라고 임금인상뿐만 아니라 민주노조의 인정을 요구하고 나선 것이다. 공권력의 진압에 의해 결국 패배하고 말겠지만, 시인은 그 불리한 상황 속에서도 "나"를 "우리"라는 주체의 복수로 확장시킨 것이다.

　그런데 시인은 『인간의 시간』·『길은 광야의 것이다』 등을 내놓은 1990년대부터는 내성적(內省的)인 존재인식을 보였다.

내 손길이 닿기 전에 꽃대가 흔들리고 잎을 피운다
그것이 원통하다

내 입김도 없이 사방으로 이슬을 부르고
향기를 피워내는구나
그것이 분하다

아무래도 억울한 것은
네 남은 꽃송이를 다 피워내도록
들려줄 노래 하나 내게 없다는 것이다

아무래도 내 가슴을 치는 것은
너와 나란히 꽃 피우는 것은 고사하고
내 손길마다 네가 시든다는 것이다

나는 위험한 물건이다
돌이나 치워주고
햇살이나 틔워주마
사랑하는 이여

—「꽃」 전문

    김춘수의 「꽃을 위한 서시」가 연상되는 작품인데, 사용자계급이나 지
식 전문가계급에 대항하는 노동자계급을 내세우던 이전의 작품세계와는
소재에 있어서나 지향점에 있어서나 상당히 다른 면을 띠고 있다. 그리
하여 시인은 꽃을 향해 "내 손길이 닿기 전에 꽃대가 흔들리고 잎을 피"
우는 것이 "원통하"다고 토로하고 있다. 또 자신의 손길과 상관없이 꽃
스스로 이슬을 받아 잎을 내고 향기를 피우는 것이 "분하"다고 하고 있
다. 시인이 억울한 마음을 갖는 것은 이뿐만 아니라 "네 남은 꽃송이를
다 피워내도록 / 들려줄 노래 하나 내게 없다"라는 자각에서, 그리고 자

신의 손길이 닿아 꽃이 피는 것이 아니라 오히려 "시든다"는 사실에서 가슴을 친다. 그리하여 시인은 자신을 "나는 위험한 물건이"라고까지 단정 짓고 있다.

물론 시인은 꽃에 대해 원망만 하지 않고 다가간다. 꽃에게 "사랑하는 이여"라고 호칭하며, "돌이나 치워주고 / 햇살이나 틔워주"겠다고 나서는 것이다. "돌이나"와 "햇살이나"의 조사 "—나"는 형식상 소극적인 의미를 띠지만 한계를 지닌 인간으로서 최선을 다하겠다는 솔직한 고백이다. 꽃이 피도록 노래 하나 부르지 못하지만 능력껏 돌이"나" 치워주고 햇살이"나" 비춰주겠다는 것이다. 그렇지만 자기 존재에 대한 인식이 심화되어 있다. 대항의식이 약화된 것이 아니라 시대의 변화에 따라 더 깊어지고 넓어진 것이다. 1980년대에 비해 21세기의 현재는 더욱 자본화되고 전문화되고 다양하고 급변하고 있으므로 그에 대한 대항 역시 더욱 깊어지고 넓어지고 정치해야 되는 것이다.

그러한 시인의 지향이 「회향」에 이르러 더욱 심화되어 나타나고 있다. "연어가 자신이 떠났던 곳으로 / 수만 리 먼 여정을 다하였다 / 그러나 아직은 회향이 아니다"라는 진단에서, "산란을 마치고 마지막 숨을 몰아쉬며 / 배를 뒤집고 처음 본 하늘 다시 본다 / 그러나 아직은 회향이 아니다"라는 반복에서 여실하다. 그리하여

> 나는 죽어서도 아직 나다
> 내가 나를 내려놓았으나
> 아직은 회향이 아니다
>
> 내가 나를 비켜 가는 것이다
> 달은 한번도
> 같은 달이었던 적이 없었다

라고 자신의 죽음까지 비켜가고 있다. 죽어서까지 "나"를 인식하는 것이

야말로 자신의 주체성을 지키는 일이다. 마치 사르트르(J. P. Sartre)가 『실
존주의는 휴머니즘이다』에서 밝힌 바와 같이 실존주의의 지향인 것이다.

　실존주의의 토대는 내가 내 존재의 임자가 되고, 내가 내 존재에 전적
으로 책임지는 것이다. 따라서 실존주의에는 "나는 생각한다. 고로 존재
한다"는 것이 진리이다. 선험적인 진리란 있을 수 없고 신(神)이 아니면
무엇이든지 허용될 수 있다고 본다. 그리하여 나는 나의 미래라고 깨닫
는다. 그렇지만 그 미래가 하늘에 있다거나 신이 알고 있다고 생각하면
잘못이다. 따라서 미래가 이루어지도록 하기 위해서 가능한 한 내가 모
든 것을 해야 한다. 나는 나의 창조 외에는 아무것도 아니고, 나를 실현
하는 한도 내에서만 존재하는 것이다.

　「회향」의 "나" 역시 그와 같은 자세를 보이고 있다. "나"를 살릴 수 있
는 유일한 행동은 "나서 죽기까지 어떤 경로도 / 아직은 직선이다"라는
인식이다. "나"의 미래는 이러한 지향에 의해 낙관적인 운명이 된다. 죽
음조차도 운명을 지배하지 못하는 것이다. 그리하여 시인은 죽음을 "회
향"이 아니고 "내가 나를 비켜가는 것"이라고 말한다. 마치 "달은 한번도
/ 같은 달이었던 적이 없었"던 것과 같이 "내"가 한 줌의 흙으로 영원히
돌아가는 것이 아니라 변화하는 한 과정일 뿐이라는 것이다. 인간의 삶
에서 변하지 않는 진리는 "내"가 이 세상에 존재하고, 타인과 함께 삶을
영위하고, 그리고 마침내 이 세상에서 죽는다는 사실이다. 그렇지만 "나"
는 그 점을 두려워하거나 회피하지 않고 있기에 변화의 전망이 있다.
"세상길도 / 알고 보면 모두 폐쇄회로"(「탑」)이지만 헤쳐 나갈 것과, "문화
의 차별과 지역차별과 남과 북 동과 서 / 소수와 다수 남자와 여자의 차
별과 / 존재와 삶의 정체성의 차별과 / 아, 저 학벌차별의 혐오를"(「혐오」)
극복할 것이 기대된다. "달은 한번도 / 같은 달이었던 적이 없"듯이 안정
되지 않지만 그 변화 속에 영원성이 존재하듯이, 시인의 지향에도 영원
한 앙가주망(engagement)이 동반하는 것이다.

되돌아보기와 바로보기의 변주곡

임희구, 『걸레와 찬밥』(시평사, 2004)

1.

임희구 시인의 시들을 지배하는 특성은 되돌아보기와 바로보기이다. 되돌아보기와 바로보기는 별개의 특성이지만 시인의 시들에서는 결합관계로 나타나고 있다. 되돌아보기와 바로보기는 무관한 관계가 아니라 되돌아보기는 자신을 비롯한 세상에 대한 그리움으로, 바로보기는 자신을 비롯한 세상에 대한 직시로 나타나 두 특성은 시인의 전체인식 혹은 통합인식으로 작용하고 있는 것이다. 그리하여 시인의 시들은 되돌아보기부터 바로보기까지의 변주곡 혹은 되돌아보기와 바로보기의 변주곡이라고 부를 수 있다.

임희구 시인의 되돌아보기와 바로보기는 사회적 존재로서의 자기 인식을 나타낸다. 자본주의의 폭력적 팽창으로 인해 사회는 한 개인으로서는 도저히 적응할 수 없도록 복잡해지고 전문화되고 급속히 변하고 다양해지고 있는데, 그 속에서 살아가는 자신을 지키려는 것이다. 자본주의가 요구하는 사항을 파악하고 대처하기 위해 한 개인은 다양한 자아로 분열된다. 고유한 자아를 버리고 변장된 자아로서 생존을 위해서 명분을 위해서 이익을 위해서 그리고 이름을 위해서 그때마다 허우적거리며 상대에게 맞추는 것이다. 시인은 이러한 환경조건에 의해 상실되어가는 자신의 고유한 자아를 지키기 위해 시를 쓰고 있는 것이다.

임희구 시인의 되돌아보기는 1970년대에 이르러 인간의 존엄성 문제를 인식시키고 있고, 바로보기는 인터넷과 패스카드와 루키즘과 팍스 아메리카가 종용하는 후기 자본주의가 지배하는 21세기에 이르러 당위성을 얻고 있다. 되돌아보기는 청계천 평화시장과 중앙시장에 대해 구체적으로 담고 있고, 바로보기는 삼류들의 공화국에 대한 관심과 리버펠리스에 대한 공격성을 띠고 있다. 되돌아보기는 가난으로 인해 고생하시는 어머니와 암에 걸려 돌아가신 아버지를 품고 있고, 바로보기는 술과 말에 치어 방바닥에 쓰러져 있는 친구들과 훈련소에 있는 후배와 결혼식을 올리는 누님을 감싸면서 땅 투기에 바쁜 복부인과 정체성을 상실한 지식전문가들을 비판하고 있다. 되돌아보기는 총인구 3천 2백만 명(1970)의 인구와 여성 1인당 4명(1975)의 출산율을 담고 있고, 바로보기는 총인구 4천 2백만 명(2000)의 인구와 여성 1인당 1.7명(1995)의 출산율을 담고 있다. 되돌아보기는 50.2%(1970) 정도의 농수산업 종사자와 5.8%(1975) 이하의 대졸 학력자를 담고 있고, 바로보기는 14.6%(1993) 이하의 농수산업자와 14.1%(1990) 이상의 대졸 학력자를 담고 있다. 되돌아보기는 0.6%의 자본가계급과 28.6%의 노동자계급과 2.2%의 실업자(1970)를 그리고 있고, 바로보기는 0.6%의 자본가계급과 33.1%의 노동자계급과 6.7%의 실업자(1980)를 그리고 있다.[1]

---

1) 홍두승 편, 『한국사회 50년―사회변동과 재구조화』(서울대 출판부, 1997)에서 인용한 수치임.

2.

임희구 시인의 되돌아보기는 1970년대에 집중된다. 1970년대를 작품 세계의 토대로 삼고 21세기의 현실을 직시하고 있는 것이다. 따라서 시인에게 있어 1970년대는 단순히 지나간 시간과 공간이 아니라 현재의 삶을 담아내는 거울이고 주춧돌이다. 개인 차원의 문제로만 국한되지 않고 사회성과 시대성을 띠는 것이다.

그렇다면 시인의 작품 토대인 1970년대란 어떤 것인가? 그것은 한국문학에 나타난 상황과 다른 것이 아니다. '난쟁이'로 상징되는 가난하고 사회로부터 뿌리뽑힌 자들의 현실을 동시대의 가장 핵심적인 문제로 인식하고 그것을 극복하고자 한 것이다. 동시대의 작품에 나타난 노동자, 농민을 위시한 사회의 하층민들에 대한 태도는 성품이 착하고 삶의 열정이 있지만 사회의 구조적 모순에 의해 떠밀려날 수밖에 없는 상황을 안타까워하며 그들의 등을 떠미는 사회를 고발하는 것이었다. 동시대의 작품들에 나타난 슬픔, 괴로움, 운다, 소주, 통곡, 몸팔다, 서울로 간다 등의 어휘들이 그 상황을 여실히 나타내고 있다.

이러한 점에서 전태일의 분신자살은 1970년대의 사회로부터 가장 소외된 자에 의한 그리고 소외된 자를 위한 실천행동이었다. 전태일의 분신자살이 있었기 때문에 유신헌법의 제정(1972), 인혁당 사건 및 민청학련 사건(1974), 남민전 사건(1979) 등에도 민중들은 좌절하지 않았고, 동일방직 노사분규(1976), YH무역 여공 신민당 농성 사건(1979) 등에서 볼 수 있듯이 인간다운 삶의 실현을 위한 투쟁에 적극성을 띨 수 있었다. 진정 전태일의 정신은 이 후기 자본주의시대에 소외된 자들이 지닐 만한 거울이다. 세대가 바뀌면서 배고픔과 비인간적인 대우의 사슬을 끊기 위해 자신을 헌신한 그의 정신은 점점 묻혀가고 있지만, 인권이 유린당하고 가족을 제대로 부양할 수 없어 스스로 목숨을 끊는 가장이 엄연히 존재하는 한 그의 정신은 새길 필요가 있는 것이다.

임희구 시인이 1970년대를 작품세계의 바탕으로 삼고 있는 점은 이런 차원에서 소중하다. 전태일이라는 인물이 나온 시대를 복제하거나 그 사회로 복고하는 것이 아니라 자신이 발 딛고 있는 현재를 반영하기 때문이다. 되돌아보기를 통해 바로보기를 지향하고 있기 때문에 혹은 되돌아보기와 바로보기의 결합으로 인해 인간다운 삶의 조건을 인식시키고 있기 때문이다.

중학교 입학원서가 찢겨지던 날, 종일
당고개 너머 신우버스 종점을 어슬렁거렸다
문닫은 금성 대리점 문턱에 쭈그리고 앉아
파랗게 신줏독이 스민
손가락의 생살을 뜯어내며 보낸 밤
열세 살, 청계천 평화시장
봉제공장의 시다가 되었다
가끔 머리빡에 미싱사의 가위가 날아왔고
늦은 밤 막차에 실려 돌아오는 길
파김치처럼 흐물흐물
졸다보면 어느새 당도한 종점
단칸방에서 올망졸망 웅크리고 잠이 들면
쏜살같이 밝아오는 아침 여섯 시
미치도록, 미치도록 잠이 쏟아졌던

—「1977」 전문

"열세 살, 청계천 평화시장 / 봉제공장의 시다가 되"는 과정과 그 상황이 여실히 그려져 있다. 왜 "열세 살"의 어린이가 봉제공장의 시다라는 신분의 노동자가 되어야 했는가? 그것은 두말할 나위도 없이 가난했기 때문이다. 가난했기 때문에 "중학교 입학원서가 찢겨"질 수밖에 없었고, 그 후 사회인으로 나선 것이었다. 그것은 12살 때 초등학교를 중퇴하고

15살 때 청옥고등공민학교에 입학하지만 그것마저 집안이 어려워 그만 두고 17살 때 평화시장의 시다로 취직해 19살 때 재단사가 된 전태일의 경우도 마찬가지였고, 1970년대 하층 노동자들의 일반적인 모습이었다.

한국 사회에서 가난은 배고픔의 문제에만 그치지 않는다. 사회로부터 인격을 무시당하고 가치관에 혼란이 생기고 특히 교육 기회의 상실이 뒤따르는 불행이다. "우리 사회에서 한 인간이 배우지 못한다는 사실이 뜻하는 것은 무엇인가? 그것은 끝없는 가난과 질병, 중노동과 멸시의 굴레에서 벗어날 수 없게 되는 것을 뜻하는 것이며, 평생을 통하여 아무런 희망도 가질 수 없는 밑바닥 인생으로서 살아가야 한다는 것을 뜻하는 것이다. 무슨 이유에서건 상급학교에 진학할 수 없었던 사람은 그 순간 부터 평생을 열등의식 속에서 살기 마련이다. 학교를 다닐 수 없었던 소 년소녀들이 학생복을 입고 거리를 오가는 같은 나이 또래들을 쳐다보는 그 쓸쓸한 눈망울에 담긴 패배감, 좌절, 자학, 절망……. 그것을 어떻게 다 말로 표현할 수 있으랴."[2]

진정 한국에서의 노동자는 단적으로 말해 학교 교육에서 실패한 자들 이다. 한국 사회에서 학교는 특히 대학은 절대적 신분증이다. 대학의 성 공은 사회적 성공을 보장하고 대학의 학위는 그 사람의 평생을 좌우하 는 가격표가 된다. 그 위력은 모든 사람들에게 교육은 평등의 기회를 제 공한다는 명분에서부터 왜곡되어 유포된다. 노동자는 해고를 당하지 않 기 위해 공장에서 잔업과 야근을 해야 하고 전세계약 때마다 집을 옮겨 다녀야 하고 빠르고 정확한 정보를 제공받을 수 없고 과외비를 책임질

---

2) 조영래, 『전태일 평전』, 돌베개, 1991, 56면. 필자는 이러한 상황을 보여준 다음의 글을 잊을 수가 없다. "나는 여러 친구들이 자전거를 타고 등교를 하거나 하교를 할 때면, 남몰래 주택가의 골목으로 숨어 들어가 너무나도 공부가 하고 싶어서 소리없이 울고 또 울었다. 나는 닭똥 같은 눈물을 두 손으로 훔치면서, 오딧세우스처럼 나의 연약하고 어리석은 마음을 꾸짖고, 또 꾸짖었다. '참고, 참고, 또 참고 견디어라, 나의 마음아! 너는 이것보다도 열 번, 백번 더 어렵고 힘든 일도 헤쳐 나가지 않으면 안 된단다!'"(반경환, 『어느 철학자의 행복』, 국학자료원, 2000, 262면)

수 없는데도, 그러한 상황은 무시되고 교육은 평등하다고 합리화되고 있는 것이다. 그 결과 기존의 사회계층은 한층 공고히 되어 빈부의 차이며 사회적 불평등이 당연시된다. 그런데 대학의 패자가 사회의 패자가 되고 대학의 승자가 사회의 승자가 되는 관계가 다음 세대까지 즉 자식에게 까지 물려진다는 점에서 더욱 심각성이 있다.

그리하여 교육의 기회를 상실한 시인도 "가끔 머리빡에 미싱사의 가위가 날아"오는 비인간적인 대우를 받는 시다가 되었다. 그리고 "늦은 밤 막차에 실려 돌아오는 길 / 파김치처럼 흐물흐물 / 졸다보면 어느새 당도한 종점"인 비참한 생활을 해야만 되었다. "쏜살같이 밝아오는 아침 여섯 시 / 미치도록, 미치도록 잠이 쏟아"지는데도 불구하고 희망 없는 생활을 그저 살기 위해 한 것이다. 또한 열 살밖에 되지 않는 초등학생의 나이에

> 등살에 뿌려지는 달빛도 무거워
> 흘리고 가고 싶던 그 밤
> 집은 아득히 멀리 가물거리고
> 주머니 속에 꼭꼭 구겨 넣은 첫 월급
> 천구백오십원
> 파랗게 신주독이 스몄던 손가락
> 손가락의 살점들이 떨어져나간 자리엔
> 굳은살이 고목의 껍질처럼 단단히 돋았다
>
> ―「천구백오십원」 부분

와 같이 "첫 월급 / 천구백오십원"(「천구백오십원」)을 받으며 목걸이 공장에 다녔다. 모두들 즐거운 크리스마스를 보내고 있는데 놀지 못하고 손가락이 얼어 터지도록 곱창도 만들었다(「곱창」).

그러한 상황이 1970년대 "청계천 평화시장 / 봉제공장 시다"들의 일반적인 모습이었다. "세수를 하는 둥 마는 둥, 아침밥을 먹는 둥 마는 둥

하고 나서 바삐 집을 나선다. 만원 버스 속에서 시달리다가 청계천 6가
쯤서 내릴 때면 벌써 아침밥 먹은 기운은 다 빠져버린다. 그러나 정작
고된 것은 이제부터다. (…중략…) 밀폐된 닭장 속에 갇혀서, 끊임없이
재봉틀의 소음 속에서 그녀는 하루 종일 햇빛 한번 보지 못하고 아침 8
시부터 밤 11시까지 노동을 한다. 작업 도중에 일어나 변소 한번 가려고
해도 '주인 아저씨'와 '미싱사 언니'들의 눈치를 보아야 한다. (…중략…)
더욱 견디기 어려운 것은 주인 아저씨나 미싱사 언니에게서 일 잘못한
다고 하루에도 몇 번씩 야단을 맞는 일이다. 별의별 욕설도 다 들어야
하고 때로는 매까지 맞아야 한다. (…중략…) 일거리가 밀려 야간작업을
할 때면 정말이지 살고 싶은 마음이 안 난다. 연거푸 이틀 밤, 사흘 밤을
꼬박 새워가며 일할 때에는 정신이 아득하여 저도 모르게 눈이 저절로
감긴다. 졸지 말고 밤일 잘하라고 주인 아저씨가 사다준 잠 안 오는 약
을 먹고 억지로 밤을 새워 일한 다음날에는 팔다리가 제대로 펴지지 않
고 눈만 멀뚱멀뚱한 산송장이 되는 일도 있다. (…중략…) 이렇게 뼈 빠
지게 일을 해도 그녀의 한 달 임금은 평균 3천원(1970년도 현재). 왕복 교
통비 제하고 나면 별로 남는 것이 없다. (…중략…) 삶은 파처럼 지친 몸
을 무겁게 끌고 꾸벅꾸벅 졸면서 밤 11시가 넘어 집에 돌아오면 밥술을
뜨는 둥 마는 둥 하고 옷 입은 채로 그대로 쓰러져 눕는다."3)

3.

이른 아침 출근길, 전철 안에서
무심코 들여다본 핸드폰에 부재중 전화 표시

---

3) 조영래, 『전태일 평전』, 돌베개, 1991, 99~102면.

팔순이 넘으신 어머니의 전화번호
순간, 온몸이 경직됩니다

이른 아침에 걸려왔었던 어머니의 전화
무슨 일일까 무슨 일일까 도대체 무슨 일일까
어머니께 전화를 걸기까지 어머니의 목소리를 듣기까지
온몸을 휘감아오는 싸늘한 전류, 대책 없이 불어난 불안이
머리끝을 파랗게 세울 때쯤 전화기 저편에서 들려오는
어머니의 목소리

어머니께서 되려 내게 물으십니다

"아까 니가 전화했었냐?"

불안이 물러간 살 속에 그리운 어머니 목소리가 확 퍼집니다
　　　　　　　　　　　　　　　　　　　—「어머니의 전화」 전문

　임희구 시인의 되돌아보기는 어머니를 비롯한 가족에 대한 사랑과도 결합관계에 있다. 그것은 "이른 아침 출근길, 전철 안에서 / 무심코 들여다본 핸드폰에 부재중 전화 표시 / 팔순이 넘으신 어머니의 전화번호 / 순간, 온몸이 경직"되는 것에서 확인된다. 또한 "이른 아침에 걸려왔었던 어머니의 전화 / 무슨 일일까 무슨 일일까 도대체 무슨 일일까"라고 궁금해하는 데서도 볼 수 있다. 어머니의 연세가 많아서 걱정되는 것이기도 하지만 그동안 자식을 위해 헌신한 어머니의 사랑을 깨닫고 있기 때문이기도 하다.
　세상의 모든 어머니가 그러하듯이 시인의 어머니 역시 자식에 대해 희생적이었다. "어머니 날품팔이 밭일을 다니"(「빵」)면서 새참으로 나온 빵 한 봉지도 당신이 들지 않고 집에 돌아와 자식에게 먹이셨다. 당신의 허리를 "자식을 먼저 챙겨주시느라 자꾸만 졸라"(「1979」)맸던 것이다. 그

어머니는 현재 "겨울 햇살에 비친 하얀 머리카락"(「푸른 잎」)과 "하얀 머리카락 깊게 파인 주름"(「어머니」)으로 지내신다. 그리하여 시인은 "시장에 파 한 단 사러간 어머니 / 불안한 물가를 / 오늘은 얼마나 담아 오실까"(「봄을 기다리며」) 하고 걱정하고 있다.

시인은 어머니뿐만 아니라 아버지에 대해서도 되돌아보고 있는데, 「삿갓번지」 연작시에서 여실히 나타나고 있다.

> 계절마다 낯선 동네들을 떠다녔다
> 박순태씨댁 영철이네 용금어네 백칠번지 백팔번지
> 한일이네 김천사 복덕방집 하정이네 선영이네
> 오백이십칠번지 재술이네 남서울교회 창고방
> 공릉동 옥탑방……
> 허기진 뱃속에서 아버지보다 더 오래 산 지독한 암세포
>
> —「삿갓번지 4」 부분

가난했던 아버지는 마치 전태일의 아버지가 그랬던 것처럼 이리저리 이사를 옮겨다녔다. 좋은 세상 보려고 했지만 세상의 문이 워낙 높고 견고했기 때문에 열지 못하고 그만 가난을 자식들에게 물려준 채 암으로 세상을 뜨고 만 것이다.

시인은 아버지의 그 아픔을 이해하고 그리워하면서 자식된 도리를 다하려고 한다. 아버지의 산소를 벌초하는 것 외에도 "텅 빈 뱃속을 채워 드릴 다른 일이란 / 정말 없는 거지요?"(「삿갓번지 1」)라고 아쉬워하면서, "아버지 생각 / 더욱 간절"(「삿갓번지 2」)히 하고, "땅속에 계시는 아버지가 춥겠"(「삿갓번지 3」)다고 걱정한다. 뿐만 아니라 "아버지 삭은 뱃속에서 지금도 살아있을 / 거머리 같은 암세포를 떼"(「삿갓번지 5」)내려고 하고, "묘자리가 안 좋"(「삿갓번지 6」)다고 이장까지 해드린다. 이처럼 시인은 되돌아보기를 통해 어머니를 비롯해 가족을 구체적으로 품고 있는 것이다.

1970년대에 비해 21세기에는 가족의식이 현저히 약화되어 있는 것이

사실이다. 늙은 부모의 부양문제로 자식들 간에 사이가 벌어지는 것은 다반사이고 늙은 부모를 길거리에 내다버리거나 용돈을 주지 않는다고 부모를 때리는 반인간적인 모습들을 저널을 통해 무수히 본다. 이러한 현상이 본격적으로 발생한 것은 1970년대부터이다. 본격적인 산업화의 도래로 인해 지역적 이동이나 직업적 이동이 촉진되어 핵가족이 형성될 수밖에 없었는데, 그에 따라 가족의식이 약화되었다. 부모의 영향이 크게 작용했던 대가족으로부터 부부가 중심이 되는 핵가족으로 변함에 따라 가족의 유대감은 줄어들 수밖에 없었는데, 그 정도는 경제적 조건에 큰 영향을 받았다. 가난할수록 가족 구성원들은 더 좋은 일자리를 찾아 집을 떠나야 했기 때문에 안정된 가정생활의 터전도 가족의식도 지킬 수 없었던 것이다.

그러한 모습은 전태일의 가족에서도 여실했다. 장사 밑천으로 쓸 수 있는 단돈 몇 천 원이 수중에 없어 남의 물건을 팔아주고 그 대가로 칠팔십 원의 삯을 받아 지칠 대로 지쳐 돌아오는 어머니. 그 때 묻은 돈을 온종일 굶고 기다리는 여섯 식구. 그런데도 사업 실패를 비관한 나머지 얼마 남지 않은 세간을 엿장수에게 내다팔아 술을 마시는 아버지. 술을 마시는 것뿐만 아니라 아내와 자식들에게 욕설을 퍼붓고 주먹질을 하는 등 심한 술주정을 하는 아버지. 이러한 가족의 형편으로 말미암아 어머니는 돈을 벌어보겠다고 일자리를 찾아 서울로 떠났고 전태일 역시 동생을 데리고 가출했다. 이처럼 가난했기 때문에 가족의식은 무너질 수밖에 없었다. 그렇지만 전태일은 어머니를 비롯해 굶주리고 있는 가족을 잊지 않았다. 항상 어머니를 불쌍하다고 여기고 언제 한번 그렇게도 잡숫고 싶어하는 고깃국을 끓여드릴 수 있을까를 생각했다. 전태일이 어머니를 생각한 그와 같은 면은 마지막 순간에 더욱 빛을 발했다.

"어머니가 왔어요? 누구랑 같이 왔어요?"
태일이가 기다렸다는 듯 무척 반갑게 나를 맞이하였다.

　　"영문이가 나를 데리러 왔더라."

　　"어머니한테 연락하지 말지…… 어머니 놀라시면 안됩니다……. 오는 것도 잘했지만 조금만 있다 와도 될 텐데, 어머니가 나를 보고 놀랄까봐…… 죄송해요……." (…중략…)

　　"어머니, 내가 못다 이룬 일 어머니가 꼭 이루어주십시오"

　　태일이가 꿈틀거렸다. (…중략…)

　　나는 그 일이 고난에 찬 길이라는 것을 어렴풋이 미루어 짐작하였다. 그래서 조금은 망설여졌지만 입술을 깨물며 태일이의 말을 되새기고 약속을 지키기로 했다.

　　"그래, 아무 걱정 마라. 내 목숨이 붙어 있는 한 기어코 내가 너의 뜻을 이룰게."4)

　　결국 어머니는 착하고 인정 많고 바르게 살아온 아들의 부탁을 거절할 수 없었다. 자식의 죽음을 단순히 슬퍼할 일이 아니라는 것을 깨닫고 마치 막심 고리끼의 『어머니』에 등장하는 빠벨의 어머니 닐로브나가 아들의 노동운동을 이해하고 혁명운동에 뛰어든 것처럼 오늘날까지 노동운동의 어머니가 된 것이다. 이소선 여사는 아들이 죽은 뒤 독재정권이 제시한 3천만원의 합의금을 거부하고 그 대신 주일 휴가 실시, 법으로 임금인상(월급꽁), 시간 근로제 실시(오버타임 수당제), 정규 임금인상, 정기적인 건강진단 실시, 여성 생리휴가 실시, 이중 다락방 철폐, 노조결성 지원 등 8개항의 요구조건을 제시했다. 그것은 올바르고 대담한 결단으로 이후의 노동운동에 진정한 사표가 되었고, 임희구 시인의 1970년대 인식에 나침반이 되었다.

---

4) 이소선 구술, 민종덕 정리, 『어머니의 길』, 돌베개, 1990, 31~32면.

4.

임희구 시인의 시세계는 제3부의 일상을 다룬 것을 거쳐 제4부에 이르러서는 상당히 다른 어조를 띠고 있다. 제3부에서 그린 일상이란 대체로 곤궁하고 외로운 삶의 면면들이다. 그것은 "삼십세가 없어졌다 소리도 없이"(「삼십세」)라고 자신을 되돌아보는 데에서, 그리고 자신의 현재 삶을 "우울한 연애"(「삼십세」)를 하고 있다고 비유로써 직시하고 있는 데에서 확인된다.

그런데 제4부에 이르러서는 바로보기가 더 집중되어 보다 사실적이고 사회성을 띤다. 또한 이전 작품들이 서정성을 강하게 풍기고 있다면 제4부의 작품들은 풍자성을 띠고 있다. 가난, 불평등한 부의 분배, 사회적 소외감 등을 내면화하지 않고 들춰내는 목소리를 내고 있는 것이다. 이런 점에서 시인의 1970년대 되돌아보기는 과거로의 걸음이 아니라 현재의 삶을 바로보고 미래를 지향하는 근거가 된다. 수동적으로 과거를 그리워하는 것이 아니라 적극적으로 과거를 현재와 미래 인식의 토대로 삼고 있는 것이다. "땅 따먹기"(「땅」)에 경도되어 있는 복부인들, "한글날 기념식 / 잉글리시를 숭배하는"(「에스제이킹」) 왜곡된 세계화를 추구하는 지식전문가들, "책방의 책들은 유행처럼 섹스를 속삭"이는 것과 같이 타락한 상업적 자본주의 등을 비판하고 있는 것이다. 그리하여 한강 근처에 생기는 마흔두 사람만이 살 수 있는 "리버펠리스"에 이르러서는 그 풍자의 목소리가 강하게 들린다.

> 한강 위의 상류사회 리버펠리스
> 정상의 자리를 누비는 대한민국 상류사회
> 정상에 계신 마흔두 분만 한강의 귀족으로 모시겠습니다.
> 특별한 귀족만이 누리는 주거 명작

일간지 광고카피 리버펠리스
프레스티즈 리버펠리스

정상에 계신
마흔두 분만 들어가 살 수 있다는 집
리버펠리스

오늘 하루가 지나면
미천한 잔챙이인 나는
한강 하류 강바닥에서 땅바닥에서 맨바닥에서
맨몸으로 쓸려 다니기에 바빠서
한강 위의 상류사회 리버펠리스를
까마득히 잊고 있을 것이다 그러다가
저 광고카피 상류들의 귀족주의가
골때리게 생각날 때마다
최첨단 클린에어시스템을 무척 궁금한 척
궁금해 할 것이다

천박하게도 이 말짱한 세상에

귀족을 꿈꾸고 있는 대한민국 상류사회
아아 저 귀족주의 광고카피가
자꾸만 생각날 때마다
나는 또 못 견디게 그리운 척 몸서리칠 것이다
이십일세기 한강의 귀족
리버… 리버펠리스

5월 11일 모델하우스 OPEN

—「리버펠리스」 전문

"이십일세기 한강의 귀족"인 "리버펠리스"를 통해 사회의 가진 계층과 가지지 못한 계층의 문제를 담고 있는데, 「1979」에서 보여주었던 가지지 못한 계층의 힘든 삶이 한 세대가 지나도 여전히 진행되고 있음을 말하고 있다. 잘살지 못하는 사람이 잘살게 되기는 매우 어렵고 잘사는 사람이 잘살지 못하게 되는 경우도 어렵다고 진단하고 있는 것이다. 그리하여 시인의 풍자성은 "골때리게 생각날 때마다"와 같이 투박하면서도 공격적이다.

풍자는 모순되고 부패한 현실을 비판하는 형식으로 그 어조가 공격성을 띤다. 단순히 야유하는 데에 그치지 않고 모순되고 부패한 현실을 개선하려는 의지가 들어 있는 것이다. 그러므로 가장 세속적인 형식이지만 상황을 객관적으로 파악하고 대응하는 지적인 자세가 요구된다. 공격해야겠다는 절실함과 아울러 어떻게 공격할 것인가를 진지하게 고민해야 되는 것이다. 이 점이 1970년대에 대해 남다르게 되돌아보면서 자신이 발 딛고 있는 "이십일세기"를 바로보고 있는 임희구 시인에게 필요한 과제라고 생각한다.

신자유주의시대의 공장에서 길 찾기

표성배, 『저 겨울산 너머에는』(갈무리, 2004)

1.

표성배 시인의 시집 『저 겨울산 너머에는』을 지배하는 시어는 "공장"
이다. 그것은 시인의 자화상인 「공장」[1]을 비롯하여 「햇살은 공장 지붕
에만 머물고」·「공장이 낯설다」·「겨울 공단」 같은 작품의 제목에서도,
작품의 많은 구절에서도 확인된다. 그만큼 표성배 시인의 작품은 자신의
삶에 철저히 뿌리박고 있는, 21세기의 상황을 구체적으로 담고 있는 노

---

1) 작품의 전문은 다음과 같다. "누가 뭐래도 / 나는 공장을 잊을 수 없다 // 공장과 함께
키가 자랐고 / 공장과 함께 사랑도 익었다 / 남모르는 그리움에 / 가슴 태울 때는 / 공장
이 나를 위로해주었고 / 밤새도록 벌건 눈으로 서 있는 / 가로등의 마음도 / 공장에서 엿
볼 수 있었다 / 화단 모퉁이 늙은 감나무가 / 안쓰러워 보이는 것도 / 공장에서였다 / 초
롱초롱한 별도 / 새벽녘이면 / 나처럼 힘들어한다는 것을 / 밤샘 일을 하면서 알았다 / 공
장을 / 더욱 잊을 수 없는 까닭은 / 겉옷처럼 걸친 / 공장의 긴 그림자를 / 내가 밟고 있기
때문이다."(「공장」 전문)

동시라고 할 수 있다.

공장에 첫 출근한 날 / 안전교육 받고 　　　　　　　　　　　　（「토끼풀」 제4~5행）

공장 뜰 / 키 작은 향나무 위로 　　　　　　　　　　（「이 한낮의 고요」 제5~6행）

마산수출지역 / 고무신 공장에서 　　　　　　（「창원대로를 달리다 보면」 제8~9행）

공장 울을 따라 심어 놓은 나무들이 　　　　　　（「나무가 흔들리는 것은」 제1행）

밤낮없이 / 쌕쌕거리며 돌아가던 공장에 　　　　　　　　　　　　（「깃발」 제1~2행）

공장 지붕 첨탑에 살포시 날개 걸치는 저녁 햇살 　　　　　（「저녁 햇살」 제2행）

공장은 / 내 얼굴이 되어 　　　　　　　　　　　　　　　（「상표」 제6~7행）

공장 정문 들어설 때마다 / 단단히 버티고 선 현실 앞에（「첫 출근」 제10~11행）

공장 울 밑에는 / 말라비틀어진 국화잎이 　　　　　　　（「겨울 공단」 제3~4행）

허물어진 공장 축대 아래 　　　　　　　　　　　　　（「선인장」 제3행）

공장 화단에 감꽃이 만발해도 　　　　　　　　　　（「이곳에선」 제10행）

우린 한 공장에 다닙니다 　　　　　　　　　　（「우린 똑같지만」 제5행）

기계소리에 눌리고 함마 소리에 다져진 공장 　　　　　　　（「봄」 제1행）

공장 지붕에 해가 떠서 　　　　　　（「길은 그곳에 있지 않았다」 제3행）

공장 모퉁이를 돌아가는 저녁 햇살 　　　　　　　　　（「의령댁」 제1행）

공장 굴뚝에 눈 모았다가는 떼곤 한다 　　　　　　　（「입동」 제1행）

공장 나가는 동무들 　　　　　　（「돌아가기 혹은 벗어나기」 제1행）

공장에 나갈 것인지부터 묻는다 　　　　　（「어질어질하다」 제14행）

작은 공장 다닐 때는 　　　　　　　　　　（「무지개」 제1행）

그렇게도 멈추고자 했던 공장은 　　　　　　　　　（「설」 제2행）

공장생활 십 몇 년인데도 　　　　　　　　　（「호루라기」 제13행）

　근대사회 이후 21세기의 현재까지 공장은 사회 및 경제를 발전시킨 유일한 요인이라고는 말할 수는 없지만, 무시할 수 없는 대상인 것은 틀림없다. 공장은 산업화시대를 거쳐 자본주의시대에 이르기까지 사회의 원동력이었고 해도(海圖)였다. 공장의 기술, 공장의 인력, 공장의 제도, 공장의 이념은 사회의 구조, 사회의 사상, 사회의 제도, 사회의 구성원과 밀접한 관계를 가진 것이었다. 공장은 산업화를 가능하게 했고 그에 따른 새로운 사회 조직과 사회 시스템을 만들었고 기존의 사상에 대항하는 이데올로기를 생산했다. 공장은 산업사회의 불가결한 요소였고 자본주의와 떼려고 해도 뗄 수 없는 존재였다. 공장은 화폐를 낳았고 부동산을 바꾸었고 인간을 움직였다. 결국 공장은 자본주의의 이데올로기를 사회에 구체화시키는 데에 기여한 것이다.

자본주의는 자신의 이익을 확대시키기 위해 공장의 영역을 넘어서고 있고 또 다양한 전략을 구사하고 있다. 자본주의는 그 전략을 구사하는 과정에서 기존의 정치, 경제, 사회, 문화 등과 충돌하지만 결코 제 목표를 포기하지 않는다. 오히려 더욱 많은 정보와 기술과 이념을 동반해 자신의 미래를 낙관하고 있다. 사람들은 이타주의·공동체·양보·조화·희생 등의 가치가 옳은 것인 줄은 알고 있지만, 또 실현하려고 애쓰고 있지만, 그 순간마다 자본주의에 눈치 보지 않을 수 없다. 특히 공동체주의나 공산주의나 민족주의에 기대었던 파시즘도 자본주의에 패하고 만 역사적 사실에서 그 정도를 알 수 있다. 써로우(Lester C. Thurow)가『경제탐험』에서 얘기했듯이 사회주의는 인간을 변화시킬 수 없었기 때문에 붕괴했다. 사회주의자는 사람들에게 올바르게 경험시키고 옳은 교육을 받게 하면 보다 나은 인간이 될 수 있다고 믿었지만, 그러한 일은 결코 가능하지 않았다. 사회주의는 낙원을 약속했지만 실행할 수 없어 마침내 파탄되고 만 것이다.

이러한 사실은 공장에 있는 사람들에게도 예외일 수 없어 어느 누구도 자본주의가 제시하는 자유와 이익을 거절할 수 없고 수용할 수밖에 없다. 자본주의가 요구하는 출퇴근시간에 따라야 하고, 자본주의가 요구하는 작업복을 입어야 하고, 자본주의가 요구하는 작업량을 채워야 하고, 자본주의가 요구하는 근무일지를 써야 하고, 심지어 자본주의가 요구하는 방식으로 스트레스를 풀어야 한다. 그 결과 공장에 있는 사람들은 자본주의가 제시한 공장을 삶의 유일한 터전이자 휴식처이자 새로운 생활을 마련할 수 있는 토대로 삼게 된다. 어느덧 자신이 공장의 주인이

아니라 공장이 자신을 부리는 주인이 되고, 자신이 공장의 상표를 만드
는 것이 아니라 자신이 공장의 상표가 된 것이다.

     주민등록증만이
     나를,
     증명해주는 것은 아니다

     나도 모르는 사이
     언제부턴가
     공장은
     내 얼굴이 되어
     나를 대신하고 있다

     입혀주는 옷에 따라
     누구는 정규직으로
     누구는 비정규직으로
     계급의 선을 명확히 그어주는
     공장은
     아내 눈에
     눈물을 흘리게 할 수도
     아이들 얼굴에
     그늘을 지게 할 수도 있다

     공장이라는 상표는
     판사보다 더 명확하게
     내가 누구인지를
     증명해준다

—「상표」 전문

  자본주의가 지배하는 이 시대에 "주민등록증만이 / 나를, / 증명해주는

것"이 아니라 자신도 모르는 사이에 "공장은 / 내 얼굴이 되어 / 나를 대
신하고 있"다. 공장은 "나"를 대신해서 "내"가 정규직인지 비정규직인지
증명해주고 있고, "내"가 간부사원인지 평사원인지 증명해주고 있고,
"내"가 성실한지 성실하지 않은지 증명해주고 있다. 더욱이 "공장은 / 아
내 눈에 / 눈물을 흘리게 할 수도 / 아이들 얼굴에 / 그늘을 지게 할 수도
있"다. 공장은 "나"의 인감도장 같은 보증인이고 후원자이고 그러면서도
꼼짝 못하게 감시하는 교도관 같은 것이다. 진정 "공장이라는 상표는 /
판사보다 더 명확하게 / 내가 누구인지를 / 증명해"주고 있다.

2.

　　자본주의가 증기기관차의 발명에 의해 탄생되었다는 점은 의미심장
하다. 만약 증기기관차가 발명되지 않았다면 자본주의는 자기 기반을 구
축하지 못했을 것이다. 자본주의는 생산성을 창출하지 않으면 안 되는
데, 증기기관차가 발명됨으로 인해 가능했고 속도를 낼 수 있었다. 증기
기관차가 발명되기 전에는 가축이나 노예계급에 해당하는 민중에 의해
생산성이 창출되었는데, 그것은 속도의 차원에서 뒤떨어졌고, 양적인 측
면에서 모자랐고, 질적인 차원에서 낮은 것이었다. 결국 증기기관차에
의해 탄생된 자본주의는 속도를 추구하는 속성을 갖게 된 것이다. 속도
를 내지 않는 자본주의는 멸망하고 만다. 사회주의가 자본주의와의 싸움
에서 지고 만 것은 속도의 차이에서 뒤졌기 때문이다. 사회주의는 전방
으로의 속도보다도 옆으로의 걸음을 제시함으로 인해 뒤지고 만 것이다.
자본주의는 속도를 경쟁적으로 부추겼지만 사회주의는 속도를 제한했던
것이다.

쌩쌩 스쳐가는 차소리 대신
쿵쿵거리는
기계소리가 들린다

평생 막일에
굽은 등이 안쓰러운
아버지가 보이고

마산수출지역
고무신 공장에서
어느 날,
고무신처럼 천대받아 쫓겨난
누이 생각이 나고

함께 놀 친구가 없어
동생과 모래집을 짓다 허물었다 하는
내 아이들이 생각난다

창원대로를 달리다 보면
자동화 기계에 밀리고 밀려
어느 날,
수동 기계처럼
흔적도 없이 사라질 것 같은
내가 보인다
—「창원대로를 달리다 보면」 전문

　공장이 "쌩쌩 스쳐가는 차소리 / 쿵쿵거리는 / 기계소리가 들"려야만
자본주의는 제 속도를 내는 것이다. 만약 공장의 소리가 속력을 제대로
내지 못하고 줄어들면 자본주의의 토대는 위험하다. 그런데 공장이 속도
를 낸다고 해서 그곳에서 일하는 사람들의 가정이 부유해지고 행복해지

는 것과 비례하는 것은 아니다. 산업화 초기에는 다소 그러한 면이 있었지만 자본주의가 심화된 오늘날의 사정은 다르다. 공장은 자신의 이익을 창출하는 데에 사람이 있는 자리에 기계가 자리를 차지하는 것이 더 유리하다고 판단되어 가차없이 버리고 있기 때문이다. 그것은 "쿵쿵거리는/기계소리가 들린" 뒤 "마산수출지역/고무신 공장에서/어느 날,/고무신처럼 천대받아 쫓겨난/누이"의 운명에서 확인된다. 따라서 "자동화 기계에 밀리고 밀려/어느 날,/수동 기계처럼/흔적도 없이 사라질 것 같은/내가 보"이기도 한다.

자본주의의 가장 근본적 속성은 탐욕이다. 자본주의는 사람들의 탐욕을 제도적으로 이용해서 그 체제를 유지 및 확대하고 있다. 자본주의는 보다 많이 소유하고 보다 많은 이익을 내고 싶어 하는 사람들의 심리를 자극하고 유혹한다. 그리하여 자본주의는 과정보다도 결과를 강조해 설령 불평등하고 왜곡된 결과라고 할지라도 인정한다. 자본주의는 적자생존의 원칙을 철저히 적용해, 강자는 더욱 강해지고 약자는 더욱 약해질 가능성을 다분히 안고 있는 것이다.

자본주의의 이와 같은 탐욕과 이기심의 결과 다수의 피지배계급은 낙오되고 만다. 마르크스(K. Marx)는 그 낙오된 다수가 혁명을 일으킬 것으로 낙관했지만 실제는 그렇지 않았다. 자본주의는 그 낙오된 다수의 반란을 사회복지, 의료복지, 교육복지 등을 통해 가라앉힌 것이다. 그리고 생산성의 확대를 통해 사용자의 양보다는 적지만 낙오된 자들의 임금을 조금씩 인상해서 반란을 억제시킨 것이다.

그렇다면 마르크스가 예견한 혁명의 날은 올 것인가? 결코 오지 않을 것이다. 앞으로도 자본주의는 인간의 탐욕 원리를 너무나 잘 알고 있기 때문에 더욱 개인주의화시킬 것이다. 따라서 바람직한 인간의 삶을 추구하는 새로운 길 찾기가 필요하다. 자본주의로부터 일방적으로 해고되지 않는 방법, 자본주의가 자극하는 탐욕을 절제하는 방법, 한 인간 존재로서 주체성을 지키는 방법 등을 찾아야 하는 것이다.

길 위에서
길을 찾는다
하루도 방황하지 않은 적 없었다
내 이십대는
단단한 근육이
팽팽한 가슴이 시키는 곳에
길이 있다고 믿었다

진창에 발을 딛고
허우적거린 다음에야
길 아닌 길 위에서
길을 생각하게 되었다
삼십대는 그렇게 시작되었다
언제라도 허물어질 근육
약하게 반응하는 심장소리
밥그릇이 깨질라
불안한 나날

길 위에서
길을 잃은 날
오랜만에 만난 옛 동지의 손이
너무 따뜻하여
나는 불안하다

—「길 위에서 길을 찾다」 전문

자본주의의 탐욕은 결국 자신의 이익을 극대화시킨다. 끊임없이 자신을 지키려고 이익을 추구하고 다른 사람들의 몫까지 챙긴다. 자본주의의 공격으로부터 살아남기 위해 피지배계급의 사람들 역시 자본주의의 조건과 제도와 관습을 수용할 수밖에 없다. 사람들은 보고 듣고 말하고 선택하는 과정에 있어서 철저히 자본주의의 기준을 응용한다. 사람들에게 공동체적 결속은 더 이상 매력을 주지 못한다. 오직 이기적인 이익만이, 생산성의 확대만이, 시장가치의 추구만이 인정될 뿐이다.

시인의 자세란 이와 같은 자본주의의 지배적 분위기로부터 해방되는 것이다. 엄청난 자본주의의 세력 앞에 무릎 꿇지 않고 대항하는 것이다. 그 대항의 방법으로 혁명을 꿈꿀 수 있으나 현실적으로 불가능한 일이다. 그러므로 길 위에서 "오랜만에 만난 옛 동지의 손이 / 너무 따뜻"한 연대의식을 토대로 멀리 내다보는 전략이 필요하다. "불안"감을 정직하게 인식하고 그 현실 인식에서 나아가는 전략이 필요한 것이다.

3.

신자유주의란 용어는 1997년 외환위기 이후 경제의 구조조정 과정에서 회자되었다. IMF는 구제금융을 제공하는 대신 다음과 같은 조건들을 제시했는데,[2] 결국 세계 자본의 유리한 투자처를 한국은 마련해준 것이다.

① 긴축통화정책을 실시하여 시장금리를 상승시킨다.
② 부실한 기업과 금융기관은 도산시킨다.
③ 모든 은행은 건전성을 유지하기 위해 BIS 자기자본 비율(자기자본 / 총위험자산)을 8%이상 유지한다.
④ 무역 관련 보조금과 수입 다변화제도를 폐지한다.
⑤ 외국인 주식투자 한도는 1997년 말까지 현재의 6%에서 50%로 확대하고, 외국 은행이 국내 은행의 주식을 4% 초과하여 매입하는 것을 허용하며, 외국인의 국내 단기 금융상품 매입을 무제한 허용하고, 국내 회사채 시장에 대한 외국인 투자를 제한 없이 허용한다.

---

2) 김수행, 『21세기 정치경제학』, 새날, 1998, 251~252면.

⑥재벌의 경영은 투명성을 확보해야 하고 계열사들 사이에 상호 채무보증을 해소해야 한다.

⑦기업의 적대적 인수와 합병을 허용한다.

⑧노동시장의 유연성을 증대시키기 위해 정리해고와 근로자 파견제를 도입하고, 실업자를 구제하기 위해 고용보험제도를 강화한다.

⑨IMF자금은 3개월 단위로 지원 조건 이행을 점검한 뒤 단계적으로 추가 지원한다.

이와 같은 IMF의 요구를 한국 정부는 성실히 이행해 국내의 기업과 노동시장의 상황은 엄청난 변화를 겪고 있다. 그렇지만 외국 자본의 유입으로 인해 한국 경제는 경쟁이 촉진되고 효율성이 상승될 것이라는 기대와는 달리 더욱 약화되었다. 오히려 외국 자본을 적극적으로 도와준 셈이 된 것이다. 구조조정 과정에서 30대 기업의 30%가 넘는 재벌들이 붕괴했고 '현대'가 분할되었으며 '대우'가 몰락했다. 15조원이 넘는 공적 자금을 투입한 '제일은행'이 겨우 5천억 원에 뉴브리지캐피탈에 매각되었다. 국내 제3위의 재벌인 'SK'그룹 지주회사인 SK(주)의 지분을 사모 펀드 소버린이 매집하여 경영권까지 위협하며 그룹 일가와 표 대결을 벌이고 있다. '삼성전자'조차 외국 자본으로부터 자유롭지 못하다는 소리가 들린다.

한국 경제의 약화는 이뿐만 아니다. 은행들은 빌려준 자산에 대한 자기자본 비율이 8%를 넘도록 하는 소위 BIS 비율을 맞추기 위해 기업에 투자하지 않고 가계대출에 치중하고 있다. 1998년 주식 시장을 완전히 개방하여 외국인의 100% 투자를 허용하고, 채권시장이 개방되고, 외국 자본을 유치하기 위해 감세나 환경규제 그리고 노동조건에 대한 규제완화, 경제자유구역의 설치 등의 강화된 인센티브 조치로 인해 투기 자본이 활개를 치고 있다. 원화의 폭락으로 인해 한국의 자산이 싸진데다가 기업의 구조조정 과정에서 재벌들이 자산을 팔아야 되기 때문에 한국의 기업이나 부동산을 헐값에 매각되고 있는 것이다.

이처럼 외국 자본은 새로운 공장을 증설하는 그린필드투자와 같이 생산적이고 국내산업의 발전에 도움을 주기보다는 자산매입과 기업인수 등 투기성이 주도적이었다. 경제의 수출 의존도가 더욱 높아져 국제시장의 불안정이 한국 경제에 악영향을 끼칠 가능성이 있고 해지펀드의 투기적 공격으로 인한 환율불안도 우려된다. 수출의 증가에도 불구하고 투자와 소비 등 내수시장은 여전히 회복하지 못하고 있고 경제의 불확실성도 해소되지 못하고 있다. 노동시장의 유연화로 인해 비정규직 노동자가 급증했고 노동자들 간의 임금격차가 더욱 심화되었으며 정리해고제 도입과 함께 빈곤율은 계속 높아지고 있다. 소득 분배는 크게 악화되어 도시근로자 상위층 20%의 소득과 하위층 20% 소득 간의 격차는 1997년 4.5배에서 2004년 5.4배로 급등했고, 자영업자와 무직 가구를 모두 포함하면 7.35배에 이르게 되었다. 2000년 자료에 기초해 계산해보면 소득 상위층 10% 계층과 하위층 10% 사이의 격차가 OECD 국가들 중 최하위인 멕시코 다음으로 높게 나타났다. 또한 OECD 국가들에 비하면 세금과 사회보장제도 등 국가에 의해 소득 재분배의 역할이 거의 미미한 상황이다.[3]

이와 같이 과도한 개방과 시장자본주의의 지향, 노동 시장의 유연화 등으로 인해 한국 경제는 주체성을 잃고 있다. 따라서 강성노조와 좌파적인 정부의 분배 강조가 경제성장에 걸림돌이라는 주장은 타당성이 없다. 노동자들의 임금은 계속 하락하고 있고 비정규직들은 생계조차 힘든 상황에 처해 있다. 오히려 부동산 정책에서 여실히 드러나고 있듯이 정부의 정책이 혼란스럽고 별로 분배정책을 펴거나 노동자를 지지하지도 않는 정부를 친노동으로 몰아가고 있는 왜곡이 더 큰 문제이다.

이제 생산적이지 않은 투기 자본에 대해서는 적절한 규제가 이루어져야 하고, 금융권의 외자 지배에 대해서는 자격 심사의 강화나 지분 소유

---

3) 이강국, 『다보스, 포르투알레그레 그리고 서울』, 후마니타스, 2005, 301~376면.

의 제한 등 다양한 방어 장치가 확립되어야 한다. 재벌들의 개혁이 제대로 이루어진 것도 아니어서 여전히 왜곡된 소유 및 지배 구조를 갖고 있으므로 올바른 개혁도 지속시켜야 한다. 그리고 금융기관의 통폐합에 엄청난 공적자금을 쏟아 부었지만 수많은 노동자들만 해고된 사례에서 보듯이 신자유주의 시대의 더욱 열악해진 노동자들의 처지를 개선해야 한다. 신자유주의의 도래로 인해 자본가들은 노동자와의 관계에서 보다도 유리한 위치를 점하고 있다. 노조와의 협상에서 불리하면 공장을 폐쇄해 후진국에 이전시킬 수 있고, 설령 그렇게 하지 않더라도 그 가능성만으로도 위협효과가 크다. 실제 신자유주의 시대의 본격화로 인해 노조 활동은 위축되었고 노동 조건은 불안하다. 노동자들의 임금은 감소했고, 구조조정으로 말미암아 일터에서 쫓겨난 노동자들의 수는 이루 말할 수 없이 많다. 그리하여 착취 받는 슬픔보다 착취 받지 못하는 슬픔이 더 크다는 자조적인 말로 실업을 피하려고 안간힘을 쓰고 있다.

따라서 노동자들을 쥐어짜는 신자유주의 시대에 수동적으로 순응해서는 안된다. 노동자들의 노동 조건이나 임금이 경제상황이 나아지면 저절로 개선될 것이라고 생각해서는 안되고, 열악한 노동 현실을 개선하고 노사간 생산적인 협의를 이룰 수 있는 조직을 스스로 결성하는 노력이 필요하다. 또한 각종 시민단체와 연대하는 것도 필요하며, 의지와 능력과 비전이 있는 정치 세력을 만들어내는 것도 필요하다. 표성배 시인의 시들은 이러한 시대적 과제를 우선 공장에서 찾고 있기에 주목된다.

쇠전 국밥집에서 듣는 경운기 소리

하재영, 「한밤 경운기 소리를 듣는다」(『푸른시』 제6호, 2004)

1.

펄펄 끓는 가마솥 속의 돼지 뼈다귀 사이로
김씨와 이씨와 박씨가 들어가 끓고 있다
우거지, 고춧가루, 마늘, 간장 넣어 우려내는
코끝을 간지럽히며 쇠똥냄새를 지우는
철 지난 쇠전 한 모퉁이 국밥집의 국 냄새에
겨울 들판을 온종일 쏘다니던 마을 늙은이 몇 명
툭툭 어깨 위 얹은 찬바람 털며 미닫이 열고
화덕엔 열받은 주전자가 하얗게 김을 뿜고 있다
태평양 저쪽이 무한거리로 있는 줄 알았는데
야곰야곰 파들어오는 농산물 수입자유화로
그냥 놀린 논배미가 시린 어금니처럼 허전하다
긴 겨울밤을 호비작거리며 건네는 막걸리 잔 속에

산과 들 수천년 흐른 강물이 타들어가고
삽, 호미 들고 들녘을 걸어간 지난 계절의 발자국이
낮달처럼 둥둥 빛의 통장 속에 둥글둥글 숨어 있다
막걸리 잔에 새끼손가락 넣어 휘휘 젓노라면
속으로 후끈 달아오르는 울화는 경운기를 끌고
쇠전 뒷골목을 지나 어둔 강을 건넌다
간간이 헛기침 타닥타닥 텅텅텅 뱉으며
—하재영, 「한밤 경운기 소리를 듣는다」 전문

하재영 시인의 「한밤 경운기 소리를 듣는다」에서 우선 눈길을 끄는 것은 "경운기 소리"이다.

막걸리 잔에 새끼손가락 넣어 휘휘 젓노라면
속으로 후끈 달아오르는 울화는 경운기를 끌고
쇠전 뒷골목을 지나 어둔 강을 건넌다
간간이 헛기침 타닥타닥 텅텅텅 뱉으며

가난과 소외의 현장으로 요약되는 농촌에서 살아가고 있는 한 농부가 "경운기를 끌고／쇠전 뒷골목을 지나 어둔 강을 건"너고 있지만, 결코 건널 수 없기에 안타깝기만 하다. 경운기를 끌고서는 자본주의가 경쟁을 부추기고 있는 이 속도의 시대를 앞서기는커녕 제대로 따라가지도 못해 "어둔 강을 건"너 밝고 따뜻한 삶의 터전에 닿을 수 없는 것이다.

진정 경운기로서는 이 도시화된 시대를 능가할 수 없다. 도시화란 농촌과의 비교 속에서 도시를 인식하는 것이 아니라 도시와의 비교 속에서 농촌을 인식하는 것이다. 이제 사람들은 농촌이 물과 공기가 깨끗하고 인심 좋고 여유가 있어 살기 좋은 곳인 데 비해 도시는 물과 공기가 더럽고 인심이 나쁘고 일에 시달려 사람이 살 수 없는 곳이라고 말하지 않는다. 오히려 도시는 편리하고 풍부하고 문화적 혜택을 누릴 수 있는 데 비해 시골은 불편하고 가난하고 소외된 곳이어서 사람이 살 수 없는 곳이라고 말한다. 도시에서 살아가고 있는 농촌 출신 사람들은 기회가 되면 고향으로 돌아가겠다고 하지만 실제로는 현재의 위치에서 성공을 꿈꾸고 있다. 도시의 삶이 치열한 생존 경쟁을 겪어야 하는 것이지만 가난하고 정보에 어둡고 문화를 향유하지 못하는 농민들에 비해서는 낫다고 만족감을 가지고 있는 것이다. 농민들 또한 자신의 능력이 되고 기회가 주어진다면 오랫동안 지켜온 삶의 터전을 버리고 도시로 가려고 한다. "경운기를 끌고 / 쇠전 뒷골목을 지나 어둔 강을 건"너려고 하는 행동도 그 모습으로 볼 수 있는 것이다.

도시화는 자본주의의 탄생에서 이미 예증되었듯이 경운기가 아니라 자동차와 같은 운반도구가 있어야만 가능하다. 만약 1801년 프랑스에서 증기기관이 발명되지 않았다면 그리고 그것을 19세기 초 영국에서 완성시키지 않았다면 자본주의는 훨씬 늦게 탄생되었을 것이다. 증기기관이 없었다면 수송에 관련된 기술의 발전을 가져오지 못해 산업화를 구축하는 데에도 그만큼 늦어졌을 것이다. 다시 말해 증기기관의 등장으로 인해 자본주의는 본격화될 수 있었다. 증기기관이 생겨나면서 기존의 봉건 영주만이 소유하던 생산물을 자본가도 소유할 수 있게 되었고, 봉건 영주가 소유하던 토지나 농산물이 아니라 시장에서 보다 큰 이익을 취득할 수 있는 공산품을 소유할 수 있게 되었다.

이러한 점은 오늘의 경우에도 마찬가지여서 자동차가 속도를 낼 수 있기 때문에 도시화는 가능해졌다. 자동차의 등장으로 인해 다수의 사람들을 옮길 수 있게 되었고 대량의 물건을 생산할 수 있게 되었으며 그리고 그 물건을 소비 시장에 유통할 수 있게 된 것이다. 따라서 경운기를 몰아서는 이 도시에 적응할 수 없다. 경운기는 자동차에 비해 도시화에 뒤떨어지는 비속도·비경쟁력·비능력·비효율성 등의 상징체일 뿐이다. 그리하여 농민이 "속으로 후끈 달아오르는 울화"로 "경운기를 끌고 / 쇠전 뒷골목을 지나 어둔 강을 건"너려고 하지만 뜻을 이루지 못하고 "간간이 헛기침 타닥타닥 텅텅텅 뱉"을 뿐인 것이다.

2.

하재영 시인의 「한밤 경운기 소리를 듣는다」를 그냥 지나치지 못하게
하는 또 다른 대상은 "늙은이"이다.

> 철 지난 쇠전 한 모퉁이 국밥집의 국 냄새에
> 겨울 들판을 온종일 쏘다니던 마을 늙은이 몇 명
> 툭툭 어깨 위 없은 찬바람 털며 미닫이 열고
> 화덕엔 열받은 주전자가 하얗게 김을 뿜고 있다

인구학자들에 의하면 세계의 인구는 2030년까지 85억 명에 달할 것으
로 예측하고 있는데, 이는 1950년대의 두 배로 그만큼 세계의 인구가 매
우 빠르게 증가하고 있음을 보어주는 것이다. 따라서 점점 식수와 식량
공급에 대한 압력이 강해질 것이고 환경문제 또한 심각해질 것이다. 급
속히 증대하는 인구는 자신이 태어난 마을을 떠나 도시로, 자신이 태어
난 나라를 떠나 보다 잘사는 나라로, 합법적이든 불법적이든 이주하려고
할 것이다. 그러나 그것은 쉬운 일이 아니다. 잘사는 곳에서 살고 있는
도시인들은 가난한 이주자들을 필요로 하지 않기 때문이다. 농촌 "늙은
이"가 "경운기를 끌고 / 쇠전 뒷골목을 지나 어둔 강을 건"너려고 하지만
실패할 수밖에 없는 것도 도시인들이 받아주지 않기 때문이다.

그런데 잘사는 나라에서는 또 다른 인구문제에 직면해 있다. 낮은 출
산율과 의학의 발전에 따른 인간 수명의 연장으로 인해 사회는 점점 고
령화되고 있는 것이다. 그 결과 노동 인구는 지속적으로 줄어드는 반면
에 부양받아야 하는 인구수는 점점 증대되고 있다. 이러한 문제는 2003
년 현재 1.19명으로 세계의 최저의 출산율을 보이고 있는 한국도 예외가
아니어서 특히 농촌 "늙은이"들의 부양 문제가 심각하게 대두되고 있다.

이제 농촌에서 젊은이들을 찾아보기는 쉽지 않고 "늙은이"들만 득실대고 있다. 부양받아야 하는 인구수보다 부양할 수 있는 인구가 농촌에는 절대 부족한 것이다. 그렇다고 농촌 "늙은이"들은 도시로 갈 수도 없다. 속도의 경쟁에 익숙한 도시인들의 입장에서 보면 생산성이 없는 농촌 "늙은이"들은 거추장스러운 존재에 불과하기 때문에 선뜻 받아들이려고 하지 않는 것이다.

　오늘의 농촌 "늙은이"들은 전자 미디어의 발전으로 인해 아이러니컬하게도 더욱 소외되고 있다. 농촌 "늙은이"들도 안방에서 텔레비전을 통해 도시인들이 살아가는 모습을, 특히 도시 "늙은이"들의 모습을 여실히 볼 수 있다. 그리하여 그들의 세련된 의상과 헤어스타일과 장신구와 말투를 바라보면서 한편으로는 대리만족을 갖지만 다른 한편으로는 절망하고 만다. 자신도 그렇게 되고 싶지만 현실적으로 이룰 수 없는 꿈이기에 상대적 박탈감을 갖는 것이다. 더욱이 인터넷 보급이 텔레비전처럼 보편화되고 있어서 농촌 "늙은이"들도 얼마든지 인터넷 구매자가 될 수 있지만, "빚의 통장 속에" 억눌려 있기 때문에 그 또한 박탈감을 갖고 만다. 그리하여 농촌 "늙은이"들은 자신의 삶의 방식에 대해 회의하고 자신으로부터 소외당한다. 씨 뿌리기며 소 먹이기며 가을걷이 등에 대한 삶의 지혜나 선조로부터 전해들은 서낭당 전설이나 이웃들과 울력을 하면서 가졌던 이야기들이 아무 소용이 없음을 깨닫고 삶의 허망함을 느끼는 것이다.

3.

　하재영 시인의 「한밤 경운기 소리를 듣는다」에서 다시 눈길을 끄는 것은 "태평양 저쪽"의 상황이다.

　태평양 저쪽이 무한거리로 있는 줄 알았는데
　야곰야곰 파들어오는 농산물 수입자유화로
　그냥 놀린 논배미가 시린 어금니처럼 허전하다

　세계화는 지구촌을 하나의 시장으로 만드는데 성공했지만 동시에 지나친 경쟁의 도입으로 인해 인간다운 삶을 영위하는 데에 위협을 주고 있다. 세계화는 선진국들이 자신의 이익을 가난한 나라들의 것보다 우선적으로 내세우고 있기 때문에 문제가 된다. 그 결과 가난한 나라들은 선진국들로부터 각종 정책을 강요받고 있고 불리한 요구를 부득이 수용할 수밖에 없다. 세계화는 국가간 협력관계가 아니라 어디까지나 힘의 통제가 적용되는 관계이다. 다국적 기업들이 지배하는 국경 없는 세계가 이루어져 국가간 불평등과 계층간 불평등이 초래된다. 결국 농촌의 "늙은이"들까지 생존 경쟁의 시장에서 몸을 떨어야 하는 것이다.

　주지하다시피 우리의 경제개발정책은 수출을 많이 해서 국가 경제를 발전시키려는 것이었다. 그렇지만 기술과 자본이 열악해 제품의 질적인 면으로 외국 상품과 경쟁하기가 어려워 제품의 가격으로 상대하고자 했다. 그리하여 제품 생산비를 낮추기 위해 제일 무난한 인건비를 낮게 책정했다. 그리고 노동자들이 그 저임금으로 살아갈 수 있도록 생계의 토대인 곡물가격을 낮게 책정했고, 또한 가격이 낮은 외국 농산물을 수입했다. 이처럼 정부는 수출을 위해 제품 생산비를 낮추었고, 제품 생산비 중에서 제일 무난한 노동자들의 임금을 낮게 책정했고, 그 저임금으로 노동자들이 살아갈 수 있도록 저곡가 정책을 폈고, 다시 저곡가와 국내 상품의 수출을 위해 외국 농산물을 수입했는데, 결국 농민들이 제일 희생된 것이다.

　세계화란 도시화의 논리와 다른 것이 아니다. 세계화란 국내와의 비교 속에서 세계를 인식하는 것이 아니라 세계의 비교 속에서 국내를 인식하는 것이다. 이제 사람들은 한국이 물과 공기가 깨끗하고 민주적이고 인권이 보장되고 있어 살만한 곳인 데 비해 세계화의 중심지인 미국이 물과 공기가 더럽고 인심이 나쁘고 노동의 강도가 세고 부익부빈익빈이 심화되고 있어 사람이 살 수 없는 곳이라고 말하지 않는다. 오히려 미국은 편리하고 풍부하고 문화적 혜택을 누릴 수 있고 민주적이고 복지혜택이 많은 데 비해 한국은 불합리하고 불평등하고 부정부패가 만연한 곳이어서 사람이 살 수 없는 곳이라고 말한다. 그리하여 기회가 주어진다면 한국을 버리고 미국으로 가려는 사람들이 증가하고 있다. 그렇기 때문에 오늘의 농촌 "늙은이"들은 "태평양 저쪽이 무한거리로 있는 줄 알았는데 / 야곰야곰 파들어오는 농산물 수입자유화로 / 그냥 놀린 논배미가 시린 어금니처럼 허전"한 마음을 가질 수밖에 없는 것이다.

4.

발견(discovery)이란 숨겨져 있는 것을 찾아내는 일인데, 밝혀진 대상 자체만 새롭게 인식되는 것이 아니라 발견하는 주체도 변하는 것이다. 시인이 시를 쓴다는 것은 이 발견을 추구하는 것이다. 수많은 소재의 발견과 문체의 발견과 시적 상징의 발견과 그리고 시인 자신의 발견을 추구하는 것이다. 이런 점에서 하재영 시인의 「한밤 경운기 소리를 듣는다」는 농민시의 새로운 발견을 보여주고 있다.

농민시는 농촌시가 작품의 배경적이고 소재적인 차원의 개념이라면 보다 주제와 관계된다. 농촌시는 농촌이라는 배경을 근간으로 하고 있기 때문에 유한계급이 향유하는 전원시든 소박한 민중주의에 이끌린 농촌

계몽시든 상관없지만 농민이 표피적으로 그려진다는 점에서 한계가 있다. 작품 속에 농민이 등장하지만 주체성을 지니고 있지 못하는 것이다. 이에 비해 농민시에는 농민이 역사적 운명과 의지의 인물로 등장한다. 농민이 농사짓는 사람과 같은 인습의 대상이 아니라 역사적 존재로 등장해 자기를 실현해가는 것이다.

  하재영 시인은 오늘의 농민들 실정을 그 나름대로 발견하고 있다. "야곰야곰", "호비작거리며", "둥글둥글", "타닥타닥 텅텅텅" 등과 같은 의성어 및 의태어를 통해 발견하고 있고, "그냥 놀린 논배미가 시린 어금니처럼 허전하다", "지난 계절의 발자국이 / 낮달처럼 둥둥 빛의 통장 속에 둥글둥글 숨어 있다"와 같은 비유를 통해 발견하고 있고, 그리고 "속으로 후끈 달아오르는 울화는 경운기를 끌고 / 쇠전 뒷골목을 지나 어둔 강을 건넌다"와 같은 상상력을 통해 발견하고 있다. 또한 "쇠전", "국밥집", "쇠똥냄새", "미닫이", "화덕", "논배미" 등의 의미를 "태평양 저쪽"을 통해 발견하고 있다. 그러므로 시인의 "경운기 소리"를 통한 농촌의 발견이, "태평양 저쪽"과 관계를 맺고 있는 농촌 "늙은이"들의 발견이, 더욱 시대적이고 역사적인 발견으로 나아가기를 기대해본다.

한국의 시에 나타난 섬김의 시학

1.

공자께서 말씀하셨다. "시 삼백 편을 외었는데도, 정사를 맡아 제대로 다스리지 못하고, 여러 나라에 사신으로 가서 전적으로 임무를 수행하지 못한다면, 아무리 시를 많이 외우고 있다고 한들, 무슨 소용이 있겠는가?"[1]

공자의 위의 말은 시와 정치의 관계를 논한 고전으로써 주목된다. 여기에 나오는 시는 물론 『시경』을 가리킨다. 그만큼 『시경』은 인류사회가 제도적이고 규범적으로 형성되어 내려오는 동안 지식인들의 필독서였다. 그와 같은 면은 다른 나라의 외교사절로 가면 우선 『시경』의 시를 서로 주고받으면서 외교 교섭의 가능성을 타진했다는 위의 사실에서도

---

1) "子曰, 誦詩三百, 授之以政, 不達, 使於四方, 不能專對, 雖多, 亦奚以爲?"(『論語』「子路」)

볼 수 있다. 『시경』은 인류 역사상 가장 오래된 시가집으로 그 속에는 지금으로부터 2,500여 년 전 민중이 부른 생활의 노래와 인간의 삶에 필요한 의례와 치자(治者)를 칭송하는 노래들이 수록되어 있다. 그리하여 『시경』은 유가(儒家)의 경전으로서 피치자(被治者)들의 정서와 사상을 형성하는 데에 큰 영향을 끼쳤다.[2] 『시경』은 시가집이면서 동시에 윤리교과서였고 또한 정치와 외교의 참고서였던 것이다. 유가의 원조인 공자가 『시경』을 최고의 경전으로 삼고 제자들에게 열심히 읽기를 강조한 것도 그 때문이었다.

> 제자들아! 너희들은 어찌하여 『시경』을 공부하지 않느냐? 『시경』에 들어 있는 시들은 사람의 감흥을 일으켜주고, 사물을 올바로 바라볼 수 있게 해주고, 다른 사람과 잘 어울릴 수 있게 해주고, 잘못에 대해 원망할 수 있게 해주고, 가깝게는 부모를 섬기게 해주고, 멀게는 임금을 섬기게 해주고, 새와 짐승과 풀과 나무의 이름도 많이 알게 해주는 것이다.[3]

공자의 위의 말 중에서도 『시경』을 공부하면 그 시들이 가깝게는 부모를 섬기게 해주고 멀게는 임금을 섬기게 해준다는 점이 관심을 끈다. 시가 사람의 감흥을 일으켜주고, 사물을 바로 볼 수 있게 해주고, 사람들과 어울릴 수 있게 해주고, 새와 짐승과 풀과 나무의 이름을 많이 알수 있게 해주는 것은 물론이고, 정치적인 역할도 해준다는 것이다. 그 정치적 역할은 다른 사람의 잘못을 비판하는 면과 부모와 임금을 섬기는 면으로 나뉘어볼 수 있는데, 『시경』은 후자를 보다 지향한다고 볼 수 있다. 그동안 『시경』을 경전으로 삼은 정치체제는 치자의 덕치를 가장 중요하게 여겼다. 정치란 언제나 치자의 덕을 바탕으로 백성을 교화시켜

---

2) 이 글에서는 '치자'를 '임금'·'지배계급'·'자본가계급' 등으로, '피치자'를 '백성'·'국민'·'피지배계급'·'민중'·'노동자' 등으로 상황에 따라 바꿔 쓰기로 한다.

3) "子曰, 小子! 何莫學夫詩? 詩可以興, 可以觀, 可以羣, 可以怨, 邇之事父, 遠之事君, 多識於鳥獸草木之名."(『論語』「陽貨」)

야 된다고 본 것이다. 따라서 어떤 제도나 법보다도 치자의 덕을 우선으로 삼았고 완선(完善)한 덕을 지닌 인물이 천명을 받은 치자로 생각했다. 그리하여 왕도란 이상적인 덕치주의가 실현되는 것을 말하는데 피치자의 행동을 법이나 제도에 의해서가 아니라 성정을 계발시켜 다스리는 것을 의미했다. 결국 『시경』은 지배계급의 교화를 위한 정치 교과서의 역할을 한 것이다.

> 國은 諸侯들을 封한 지역이요, 風은 민속 가요의 시이다. 이것을 풍이라고 이르는 이유는 윗사람의 교화를 입어서 말이 있고, 그 말이 또 족히 사람을 감동시키니, 마치 물건이 바람의 動함으로 인하여 소리가 있고, 그 소리가 또 족히 물건을 동하는 것과 같기 때문이다. 이러므로 제후가 이것을 채집하여 天子에게 바치면, 천자가 받아서 樂官에게 진열하게 하고, 이에 그 풍속이 숭상하는 것의 좋고 나쁨을 상고하여 그 정치의 득실을 알았던 것이다.[4]

위의 글은 『시경집전』에서 국풍에 대해 소개한 것인데, 올바른 정치를 펼치기 위해서는 백성들의 노래를 채집하여 살펴보는 것이 필요하다고 보고 있다. 윗사람의 교화를 입은 백성들이 올바른 풍속을 형성하므로 그들의 민요를 채집하여 살펴보는 일이 필요하다는 것이다. 그렇게 되면 "오직 주남(周南)과 소남(召南)은 친히 문왕(文王)의 교화를 입어 덕을 이루어서 사람들이 모두 그 성정의 올바름을 얻었다. 그러므로 그 말에 나타난 것이 즐겁되 너무 지나치지 않고, 슬프되 상함에 미치지 않은 것"[5]과 같은 정치적 효과를 낼 것으로 기대했다.

이러한 견해는 시와 노래가 같다는 것이기도 하다. 시란 사람들이 사

---

4) 성백효 역주, 『詩經集傳』上, 전통문화연구회, 1999, 24면. "國者 諸侯所封之域 而風者 民俗歌謠之詩也. 謂之風者 以其被上之化以有言. 而其言 又足以感人 如物因風之動以有聲 而其聲 又足以動物也. 是以 諸侯采之 以貢於天子 天子受之 而列於樂官 於以考其俗尚之美惡 而知其政治之得失焉."
5) 성백효 역주, 위의 책, 22면. "唯周南召南 親被文王之化以成德 而人皆有以得其性情之正 故 其發於言者 樂而不過於淫 哀而不及於傷."

물에 부딪쳐 일어나는 격앙된 뜻이나 의사 또는 정서를 표현한 언어로 일반 생활언어와 다른 노랫말이 될 수 있다는 것이다.6) 그러므로 악교(樂敎)와 시교(詩敎)는 같은 것이 된다. 『시경』에서 볼 수 있듯이 치자가 민심의 동향을 올바로 파악하기 위하여 전국의 노래를 모으고, 또한 백성들을 올바로 계도하기 위해 노래를 지어 부른 것이 그 모습이다. 결국 치자는 시와 음악을 통해 피치자들이 자신을 비판하기보다도 부모를 섬기듯 따르도록 계도한 것이다.

그렇지만 치자의 피치자들에 대한 이러한 교화 방법이 동시대의 지식인들에게 전적으로 지지를 받는 것은 아니었다. 그것은 치자와 피치자들 간의 관계가 상호 대등한 것이 아니라 일방적이고 종속적이었기 때문이다. 그리하여 사회의 안녕과 질서 유지를 위해서라는 명분으로 피치자들에게 요구되는 치자에 대한 섬김은 노자에 의해 전면적으로 부정되었다.

공자와 노자는 모두 원시 씨족사회가 붕괴되고 문명사회로 진입한 시기, 즉 인류 역사상 첫 번째 계급사회인 노예제 사회의 초기에 살았다. 그런데 그들에게 원시 씨족사회의 모습이 여전히 기억되어 풍습이나 전통, 습관 등이 노예제 사회에서도 통용되고 있었다. 그리하여 노예제 사회에서는 물질 생산의 측면에서 커다란 진보가 있었지만, 다른 한편으로는 계급 대립이 생겨 사회적 갈등이 일어났다. 원시 씨족사회에서는 경험하지 못했던 물질에 대한 경도로 인해 비인간적인 현상이 나타나 계급 없는 원시 씨족사회와 노예제 사회 중에서 어느 쪽이 더 나은가 하는 문제가 대두되었다. 어느 사회가 진정한 인류 발전에 부합하느냐 하는 갈등이었는데, 공자와 노자는 이 점에서 서로 갈라서게 되었다.

공자는 노예제 사회 이후의 물질적, 문화적 성취를 긍정했다. "주나라는 하나라와 은나라를 본떠, 문물제도가 더욱 찬란하다! 나는 주나라를 따르겠다"7)라고 했듯이, 원시 씨족사회의 전통을 보존하면서 치자와 백

---

6) 정재호, 『한국 가사문학의 이해』, 고려대 출판부, 1998, 7면.
7) "周監於二代, 郁郁乎文哉! 吾從周"(『論語』「八佾」)

성들 간의 관계를 적당히 조절하고 인도주의 정신에 부합하는 통치를
지향한 것이다. 따라서 공자의 사상은 치자의 섬김에 놓인다고 볼 수 있
다. 시를 통해 백성들의 성정을 바로잡으려고 한 것은 결국 기존의 치자
체제를 안정시키는 데에 기여한 것이다.

　노자는 공자와 달리 노예제 사회로 진입한 후 발생하는 나쁜 현상들
을 가차없이 폭로했다. 공자가 제창한 인의 도덕은 극히 유해한 것이라
고 단정짓고, 문명은 재앙을 가져올 뿐이라고 역설했다. 또한 예교(禮敎)
를 재난의 근원이라고 생각하고 폐할 것을 주장했고 물질문명의 성과에
대해 강력하게 비판했다. 사회의 모든 재난은 인위적인 문명이 가져다준
것이라고 생각하고 그것을 취소하고 무위이치(無爲而治)를 실행하여 무욕
의 원시사회로 복귀할 것을 주장한 것이다. 이러한 태도는 문명의 전개
에 따라 부수되는 사회적 모순과 병폐를 직시하고 그 어두운 면을 통찰
했다는 점에서 의미가 크다. 노예제 사회와 더불어 생겨난 인류 문명은
소수의 치자에 의한 다수의 피치자에 대한 지배를 토대로 하고 있어 인
간소외를 낳을 수밖에 없는데, 노자는 그 점을 예리하게 비판한 것이다.[8]

　그렇지만 노자의 사상은 인류의 역사 과정에서 주류가 되지 못했다.
노자의 사상은 그 소극성으로 인해 인류의 역사를 이끄는 주도적인 이론
이 되지 못했고 그 대신 『시경』을 바탕으로 한 유가사상이 주도적인 역
할을 했다. 덕치를 내세운 유가사상은 통치 이념의 근간이 되어 각종 과
거제도와 생활문화를 통해 지속적으로 견고한 위치를 유지해온 것이다.
그 결과 시문학에 있어서도 『시경』을 토대로 하는 공맹사상이 노장사상
을 압도하게 되었고, 치자의 섬김이 시문학의 중요한 주제가 되었다.

---

8) 李澤厚·劉綱紀 主編, 권덕주·김승심 공역, 『중국미학사』, 대한교과서주식회사,
　1999, 237~240면.

2.

19세기 말까지의 한국 사회는 『시경』을 근간으로 하는 유가사상이 지배했다. 그리하여 정치적으로는 군주제가, 경제적으로는 농업을 중심으로 하는 봉건제가, 사회적으로는 가족주의를 바탕으로 하는 신분제가 체제 유지의 근간이 되었다. 이치의 세계가 기운의 세계를 억누르고 있었던 것이다.[9] 기운은 이치에 의해 그 정도가 미리 정해지고, 언제 어디에나 존재하는 이치의 길을 수행할 뿐이었다. 때로는 위협적인 기운이 나타나기도 했지만 어디까지나 이치의 유지에 필요한 경각심을 주는 우연적인 일에 불과했다. 이치와 기운이 공존하고 있는 것이 아니라 오직 이치가 지배할 뿐이어서 기운은 그 품안에서 편안하게 숨쉬고 있었다. 그리하여 "대답만을 알았을 뿐 물음을 알지 못했고(그것이 비록 수수께끼 같은 성격을 띠긴 하지만), 해답만을 알았을 뿐 일체의 수수께끼는 알지 못했으며, 또 형식만을 알았을 뿐 혼돈을 알지 못했"[10]다. 이치의 빛이 너무나 선명하고 강열했기 때문에 시 역시 그 규범을 따르기만 하면 되었다. 퇴계와 율곡, 고불, 송강, 고산, 노가재, 남파, 노계 그리고 황진이에 이르기까지 그들이 창작한 시조는 하나의 문학 형식이 아니라 문학 형식 그 자체였던 것이다. 따라서 19세기 말까지의 시는 철저히 치자의 섬김을 지향했다고 볼 수 있다.

> 강호에 봄이 드니 미친 흥(興)이 절로 난다
> 탁료계변(濁醪溪邊)에 금린어(錦鱗魚)l 안주로다
> 이 몸이 한가히옴도 역군은(亦君恩)이샷다

---

9) '이치'와 '기운'의 개념은 김인환, 『비평의 원리』(나남, 1994, 13~19면)에서 빌려왔다.
10) Gorg Luka'cs, 반성완 역, 『소설의 이론』, 심설당, 1985, 32면.

강호에 녀름이 드니 초당(草堂)에 일이 업다
유신호 강파(江波)는 보내느니 ᄇ람이로다
이 몸이 서늘히옴도 역군은이샷다

강호에 ᄀ을이 드니 고기마다 술져 잇다
소정(小艇)에 그믈 싯고 흘리 띄여 더져 두고
이 몸이 소일(消日)히옴도 역군은이샷다

강호에 겨월이 드니 눈깁픠 자히 남다
삿갓 빗기 쓰고 누역(縷繹)으로 옷슬 삼고
이 몸이 칩지 안임도 역군은이샷다
— 맹사성, 「강호사시가(江湖四時歌)」 전문

위의 작품은 조선시대의 왕도정치를 구현하는 데 필요한 치자에 대한 섬김의 자세를 여실하게 보여주고 있다. 사계절 내내 평화롭게 전원생활을 할 수 있는 것은 임금의 은혜가 있기 때문이라는 세계관은 곧 치자의 섬김이라는 주제를 고스란히 담고 있다. 대자연의 변화와 조화로움 속에서 왕도정치의 이치에 적극 동화하고 있는 것이다. 따라서 위의 작품의 세계관은 치자에 대한 섬김이면서 동시에 우주 질서에 대한 섬김이다. 치자에 대한 충성심, 부모에 대한 효심, 자기 생활의 정직성 등을 갖추는 것을 우주 질서에 따르는 일로 여긴 것이다.

이와 같은 면은 지식인으로서 사회적 책임을 실현하려는 목적의식이 강한 작품에서도 마찬가지로 나타났다. 그 대표적인 예가 다산의 경우를 들 수 있는데, 그는 공인으로서 사명감을 가지고 시대를 슬퍼하고 풍속에 분노했지만 치자를 섬기는 데는 흔들리지 않았다. 봉건제도가 허물어져가는 가운데 만연한 부패와 그 속에서 고통받는 민중의 삶을 그렸지만 이치의 원리를 거부한 것은 아니었다.

갈밭 마을 젊은 여인 울음도 서러워라
縣門 향해 울부짖다 하늘 보고 호소하네
군인 남편 못 돌아옴은 있을 법도 한 일이지만
예부터 남정네 남근 잘랐다는 말은 들어보지 못했소
시아버님 삼년상 다 지나갔고 갓난아인 배냇물도 안 말랐는데
三代의 이름이 군적에 실렸다오
달려가서 억울함을 호소하려고 해도 범 같은 문지기 버티고 있고
里正은 으르렁대며 소마저 끌려갔소
남편 칼을 갈아 방안으로 뛰어드니 붉은 피 자리에 낭자하구나
스스로 한탄하길 "아이 낳은 죄로구나"
蠶室宮刑이 또한 지나친 형벌이고
閩 땅 자식 거세함도 가엾은 일인 걸
자식 낳고 사는 건 하늘이 부여한 이치
하늘 땅 어울려서 아들 되고 딸 되는 것
말, 돼지 거세함도 가엾다 이르는데
하물며 대를 잇는 사람에 있어서랴
부자들은 한평생 풍악이나 즐기면서
한 톨 쌀, 한 치 베도 바치는 일 없으니
다 같은 백성인데 어찌 이리 불공평한가
객창에서 거듭거듭 鳲鳩篇을 읊노라

— 정약용, 「애절양(哀絶陽)」 전문[11]

위의 작품은 다산의 시편들 중에서 가장 비판의식이 강렬하게 나타난 것이다. 진정 남근을 자른 상황은 이치가 지배하는 시대에 매우 충격적인 사건이다. 그리하여 "부자들은 한평생 풍악이나 즐기면서 / 한 톨 쌀,

---

11) 송재소 역주, 『다산시선』, 창작과비평사, 1981, 238~240면. 필자가 번역문을 다소 수정했다. "蘆田少婦哭聲長 / 哭向縣門號穹蒼 / 夫征不復尙可有 / 自古未聞男絶陽 / 舅喪已縞兒未澡 / 三代名簽在軍保 / 薄言往愬虎守閽 / 里正咆哮牛去皁 / 磨刀入房血滿席 / 自恨生兒遭窘厄 / 蠶室淫刑豈有辜 / 閩囝去勢良亦慽 / 生生之理天所予 / 乾道成男坤道女 / 騸馬豶豕猶云悲 / 況乃生民思繼序 / 豪家終歲奏管弦 / 粒米寸帛無所捐 / 均吾赤子何厚薄 / 客窓重誦鳲鳩篇."

한 치 베도 바치는 일 없으니”의 구절에서는 이 사건이 개인의 차원이
아니라 사회구조적인 차원에 책임이 있다는 인식을 갖게 된다. 그리하여
“다 같은 백성인데 어찌 이리 불공평한가”에서는 힘없는 피치자의 억울
함이 선동적 울림으로 들린다. 그렇지만 위의 작품에서 치자의 섬김을
무너뜨리는 기운을 발견할 수는 없다. 오히려 치자의 덕치를 더럽히는
중간계급의 무리를 교정하려는 의도가 강한 것으로 보인다. 즉 위의 작
품은 기운을 내세워 이치를 전복시키려는 것이 아니라 이치를 강화시키
기 위해 기운을 내세우고 있는 것이다. 사회의 부정과 부패를 고발하거
나 폭로해 제도적 개선을 추구하는 인식으로 결국 치자를 섬기려는 태
도라고 볼 수 있다.

3.

20세기에 들어 서구의 과학기술과 다양한 문화가 홍수처럼 밀려들어
옴에 따라 견고하게 자리를 지키고 있던 이치의 세계는 급격히 흔들리
게 된다. 기운은 더 이상 완결된 이치의 세계에 들어가 살려고 하지 않
고 스스로 세계를 형성해 나가려고 한 것이다. 이 시대에 새로운 문물에
예외 없이 ‘신’자가 따라 붙은 것이 그 단적인 모습이다. 신교육·신학
문·신여성·신시·신소설·신연극 등의 개념이 유행했는데 모두 기성
에 대항하려고 한 것이었다. 전래적인 대상을 모두 낡은 것으로 여기고
새로운 시대에 필요한 새것으로 대체하려고 했던 것이다.
그렇지만 기운의 세계가 사회의 근간으로 자연스럽게 정착될 수는 없
었다. 그것은 서구 열강들의 침략 때문이었는데, 특히 일제의 강점은 한
국 사회에 필요한 기운의 세계를 정착시키는 데 큰 걸림돌이었다. 일제

는 인정할 수 없는 치자에 대한 섬김을 강제로 요구했고 그에 따르지 않을 경우 목숨을 앗아갈 정도로 극악했다. 그리하여 이 시대에는 봉건 체제의 모순을 극복하면서 동시에 일제의 강점에 대응해 자주독립국가를 이루어야 하는 과제를 안게 되었다. 그러므로 1925년 8월에 결성된 '조선프롤레타리아예술동맹'(카프)은 시대적 의미가 크다. 카프는 조직적이고 정치적인 태도로 3·1운동의 실패에 따른 병적 감상주의를 지양하고 민중을 섬기고 나선 것이었다.

사랑하는 우리 오빠 어저께 그만 그렇게 위하시던 오빠의 거북무늬 질화로가 깨어졌어요
언제나 오빠가 우리들의 '피오닐' 조그만 기수라 부르는 영남(永男)이가
지구에 해가 비친 하루의 모―든 시간을 담배의 독기 속에다
어린 몸을 잠그고 사온 그 거북무늬 화로가 깨어졌어요

그리하야 지금은 화젓가락만이 불쌍한 우리 영남이하구 저하구처럼
똑 우리 사랑하는 오빠를 잃은 남매와 같이 외롭게 벽에 가 나란히 걸렸어요

오빠……
저는요 저는요 잘 알았어요
왜― 그날 오빠가 우리 두 동생을 떠나 그리로 들어가실 그날 밤에
연거푸 말은 궐련(卷煙)을 세 개씩이나 피우시고 계셨는지
저는요 잘 알았어요 오빠

언제나 철없는 제가 오빠가 공장에서 돌아와서 고단한 저녁을 잡수실 때 오빠 몸에서 신문지 냄새가 난다고 하면
오빠는 파란 얼굴에 피곤한 웃음을 웃으시며
……네 몸에선 누에 똥내가 나지 않니― 하시던 세상에 위대하고 용감한 우리 오빠가 왜 그날만
말 한마디 없이 담배 연기로 방 속을 메워버리시는 우리 우리 용감한 오빠의 마음을 저는 잘 알았어요

천정을 향하야 기어올라가던 외줄기 담배 연기 속에서— 오빠의 강철 가슴속
에 박힌 위대한 결정과 성스러운 각오를 저는 분명히 보았어요
그리하야 제가 영남이의 버선 하나도 채 못 기웠을 동안에
문지방을 때리는 쇳소리 마루를 밟는 거치른 구두 소리와 함께— 가버리지
않으셨어요

그러면서도 사랑하는 우리 위대한 오빠는 불쌍한 저의 남매의 근심을 담배
연기에 싸 두고 가지 않으셨어요
오빠! 그래서 저도 영남이도
오빠와 또 가장 위대한 용감한 오빠 친구들의 이야기가 세상을 뒤집을 때
저는 제사기(製絲機)를 떠나서 백 장에 일전짜리 봉통(封筒)에 손톱을 뚫어
트리고
영남이도 담배 냄새 구렁을 내쫓겨 봉통 꽁무니를 뭅니다
지금— 만국지도 같은 누더기 밑에서 코를 고을고 있습니다

오빠— 그러나 염려는 마세요
저는 용감한 이 나라 청년인 우리 오빠와 핏줄을 같이한 계집애이고
영남이도 오빠도 늘 칭찬하던 쇠 같은 거북무늬 화로를 사온 오빠의 동생이
아니어요
그리고 참 오빠 아까 그 젊은 나머지 오빠의 친구들이 왔다 갔습니다
눈물나는 우리 오빠 동무의 소식을 전해주고 갔어요
사랑스런 용감한 청년들이었습니다
세상에 가장 위대한 청년들이었습니다
화로는 깨어져도 화젓갈은 깃대처럼 남지 않았어요
우리 오빠는 가셨어도 귀여운 '피오닐' 영남이가 있고
그리고 모—든 어린 '피오닐'의 따뜻한 누이 품 제 가슴이 아직도 더웁습
니다

그리고 오빠 ……
저뿐이 사랑하는 오빠를 잃고 영남이뿐이 굳세인 형님을 보낸 것이겠습니까
섧지도 않고 외롭지도 않습니다

　세상에 고마운 청년 오빠의 무수한 위대한 친구가 있고 오빠와 형님을 잃을
수 없는 계집아이와 동생
　저희들의 귀한 동무가 있습니다

　그리하야 이 다음 일은 지금 섭섭한 분한 사건을 안고 있는 우리 동무 손에
서 싸워질 것입니다

　오빠 오늘 밤을 새워 이만 장을 붙이면 사흘 뒤엔 새 솜옷이 오빠의 떨리는
몸에 입혀질 것입니다

　이렇게 세상의 누이동생과 아우는 건강히 오늘 날마다를 싸움에서 보냅니다

　영남이는 여태 잡니다 밤이 늦었어요
— 임화, 「우리 오빠와 화로」 전문

　위의 작품은 대중화를 추구한 카프시의 한 전형을 보여주고 있는데,
노동자 가족의 궁핍한 생활을 통해 계급투쟁 의지를 나타내고 있다. 부
모가 없는 3남매 중에서 맏이인 "오빠"는 "신문지 냄새가" 나는 공장(인
쇄소)에 나가고, 그 아래 누이는 "누에 똥내"가 나는 공장(제사공장)에 나
가며, 어린 막내인 "영남"이는 "담배의 독기"가 넘치는 공장(연초공장)에
다니고 있는데 오빠가 민중운동을 하다가 일제에 잡혀가고 말았다. 그렇
지만 그 상황에 굴복하지 않고 "오빠— 그러나 염려는 마세요" 하며 대
항 의지를 내보이고 있다. 시인은 그와 같은 주제의식을 여성으로 설정
한 화자와 "우리"라는 복수대명사로써 "나머지 오빠의 친구들"과 함께
싸워나가겠다고 독자들에게 호소하고 있다. 이는 센티멘털한 형식이 아
니라 현실을 냉철하게 인식하고 극복하기 위해 독자의 감정에 호소하고
있는 것이다.
　카프시는 무지하고 안일한 대중을 일깨워 역사의 주체가 되도록 하는
목적을 가지고 있었다. 그리하여 시인은 기존의 서정시 양식으로는 급변

하는 현실을 제대로 담아낼 수 없다는 자각에서, 그리고 선동식 서술로
는 독자들의 공감대를 이끌기 어렵다는 자각에서, 일종의 이야기시인 단
편서사시를 창작했다. 구체적인 사실과 쉬운 어휘 그리고 독자들의 정서
에 호소하는 방식을 취했는데, 이것은 곧 민중을 섬기려는 의도였다. 일
제의 강압 아래 신음하고 있는 식민지 민중이 처한 현실을 외면하지 않
고 적극적으로 대응하고 나선 것이다. 따라서 카프시는 마르크스주의의
일방적 추수가 아니라 민족해방이라는 목적을 지향한 것으로 평가할 수
있다.

이러한 움직임은 해방기의 시작품에도 나타났다. 해방기는 해방의 감
격이 채 가라앉지 않은 데다가 많은 공장들이 가동을 중지한 상태여서
생산 감소, 물가 상승, 실질임금의 하락, 실업자의 증가 등으로 사회가
불안했다. 한국독립당이나 민족혁명당 등의 정치권과 미군정이 공장법
과 노공보호법을 제정하여 생활 개선을 보장하고 노동운동의 자유를 보
장하겠다고 발표했지만 실현될 가능성은 없었다. 그리하여 민중들은 전
국 규모의 노동조합연합회인 '조선노동조합 전국평의회'(전평)를 만들었
고 조선철도노동조합을 통해 전국적인 파업을 단행했다. 그와 마찬가지
로 시문학은 역사적 격변기에 단체들이 생기는 예와 마찬가지로 '조선
문학가동맹' 등 새로 결성된 문학단체들과 신진 시인들에 의해 주도되
었다. 특히 신진 시인들은 전통을 이어받으면서도 기성 시인들보다 친일
혐의로부터 자유로운 입장이었기 때문에 문단에 대거 진출해 당대의 현
실을 자유롭게 반영해내었다. 민중에 대한 섬김을 보다 당당하게 해나간
것이다.

제국주의의 야만적 제재는
너희뿐만 아니라 우리의 모욕
힘 있는 대로 영웅되어 싸워라
자유와 자기 보존을 위해서만이 아니고

  야욕과 폭압과 비민주적인 식민정책을 지구에서 부서내기 위해
  반항하는 인도네시아 인민이여
  최후의 한 사람까지 싸워라
                    —박인환, 「인도네시아 인민에게 주는 시」 부분

  해방 공간의 짧은 기간에도 불구하고 시집 3권(1권은 공동시집)을 출간
할 정도로 왕성한 창작활동을 한 김상훈과 마찬가지로 박인환은 기존의
사회 기준에 싸우며 시를 썼다. 위의 작품에서 보듯이 민중의 섬김을 바
탕으로 제국주의의 침탈에 적극 대항하고 나섰다. "제국주의의 야만적
제재는 / 너희뿐만 아니라 우리의 모욕"이라고 인식하고 "최후의 한 사람
까지 싸워라"라고 호소한 것이다.
  그렇지만 이와 같은 섬김의 기치는 6·25전쟁의 발발로 인해 지속될
수 없었다. 전쟁으로 말미암아 인명이나 국토가 엄청나게 파괴되었을 뿐
만 아니라 민중들 상호간에 불신이 깊어졌고 서구 문물에 대한 열등감
이 심화되었으며 그리고 생존이 절실하게 요구되어 개인주의가 이기주
의로 굴절되었다. 또한 문학사 정리 작업에서 프롤레타리아를 섬긴 시인
들의 성과가 전면 부정되었고 대신 작품의 순수 예술성이 강조되었다.
그 어떤 논리도 안보 논리와 비교할 수 없었는데, 그러한 면은 5·16군
사쿠데타의 출현으로 한층 더 강화되었다. 군사정권은 또 다른 치자의
섬김을 강요했고 요구에 따르지 않을 때는 여지없이 폭력을 가했다. 그
러므로 피치자를 섬기려고 한 다음의 시는 용기 있는 시인의 행동이라
고 볼 수 있다.

  푸른 하늘을 제압하는
  노고지리가 자유로웠다고
  부러워하던
  어느 시인의 말은 수정되어야 한다

자유를 위해서
비상하여본 일이 있는
사람이면 알지
노고지리가
무엇을 보고
노래하는가를
어째서 자유에는
피의 냄새가 섞여 있는가를
혁명은
왜 고독한 것인가를

혁명은
왜 고독해야 하는 것인가를

—김수영, 「푸른 하늘을」 전문

김수영은 4·19혁명 후에도 온갖 분분한 정치 논쟁, 통일 논의, 여전히 부패한 관리, 미국과 일본의 교활한 식민지 정책 등으로 실망했지만 민중을 섬기는 것을 그만두지 않았다. "민주주의의 싸움이니까 싸우는 방법도 민주주의식으로 싸워야한다"(「하……그림자가 없다」), "그 지긋지긋한 놈의 사진을 떼어서 / 조용히 개굴창에 넣고 / 썩어진 어제와 결별하자"(「우선 그놈의 사진을 떼어서 밑씻개로 하자」), "우리가 찾은 혁명을 마지막까지 이룩하자"(「기도」), "혁명이란 / 방법부터 혁명적이어야 할 터인데 / 이게 도대체 무슨 개수작이냐"(「육법전서와 혁명」), "8·15를 6·25를 4·19를 / 뒈지지 않고 살아왔으면 알겠지 / 대한민국에서는 공산당만이 아니면 / 사람 따위는 기천 명쯤 죽여보아도 까딱도 없거든"(「만시지탄은 있지만」), "너희들 미국인과 소련인은 하루바삐 나가다오"(「가다오 나가다오」) 등과 같이 격정인 목소리를 내었다. "자유는 혁명을 통해서 그리고 혁명은 피의 대가를 지불해야"[12] 한다고 주장한 것이다. 그리하여 역사는 강대국이나 소수의 관리자들에 의해서가 아니라 민중들에 의해서 만들어

진다는 사실을 깨닫고 "전통은 아무리 더러운 전통이라도 좋다"라거나
"역사는 아무리 / 더러운 역사라도 좋다"(「거대한 뿌리」)라고 말했다. 민중
들이 "바람보다 늦게 누워도 / 바람보다 먼저 일어"(「풀」)날 것이라고 믿
은 것이다.

> 껍데기는 가라.
> 4월도 알맹이만 남고
> 껍데기는 가라.
>
> 껍데기는 가라.
> 동학년 곰나루의, 그 아우성만 살고
> 껍데기는 가라.
>
> 그리하여, 다시
> 껍데기는 가라.
> 이곳에선, 두 가슴과 그곳까지 내논
> 아사달 아사녀가
> 중립의 초례청 앞에 서서
> 부끄럼 빛내며
> 맞절할지니
>
> 껍데기는 가라.
> 한라에서 백두까지
> 향그러운 흙가슴만 남고
> 그, 모오든 쇠붙이는 가라.
>
> —신동엽, 「껍데기는 가라」 전문

3·15부정선거에 대항하여 일어난 4·19혁명은 한국 현대사의 흐름

---

12) 최동호, 『한국 현대시사의 감각』, 고려대 출판부, 2004, 26면.

을 크게 바꾸어 놓았다. 187명의 사망자를 포함하여 6,000여 명의 부상자를 내면서 정권을 바꾼 이 혁명은 민중이 역사의 주체임을 크게 확인시켜준 사건이었다. 그러한 모습은 위의 시에서 "사월도 알맹이만 남고 / 껍데기는 가라"라고 포효한 데서 볼 수 있다. 신동엽은 김수영이 역사를 혁명 내지 피로 연결시킨 것을 보다 구체성을 띠고 민중들의 폐촌 내지 오 원짜리 국수로 연결시켰다. 민중들을 현실 인식을 바탕으로 섬긴 것이었다.

신새벽 뒷골목에
네 이름을 쓴다 민주주의여
내 머리는 너를 잊은 지 오래
내 발길은 너를 잊은 지 너무도 너무도 오래
오직 한 가닥 있어
타는 가슴 속 목마름의 기억이
네 이름을 남몰래 쓴다 민주주의여

아직 동트지 않은 뒷골목의 어딘가
발자국 소리 호르락 소리 문 두드리는 소리
외마디 길고 긴 누군가의 비명소리
신음소리 통곡소리 탄식소리 그 속에 내 가슴팍 속에
깊이깊이 새겨지는 네 이름 위에
네 이름의 외로운 눈부심 위에
살아오는 삶의 아픔
살아오는 저 푸르른 자유의 추억
되살아오는 끌려가던 벗들의 피묻은 얼굴
떨리는 손 떨리는 가슴
떨리는 치떨리는 노여움으로 나무판자에
백묵으로 서툰 솜씨로
쓴다.

숨죽여 흐느끼며
네 이름을 남몰래 쓴다.
타는 목마름으로
타는 목마름으로
민주주의여 만세

— 김지하, 「타는 목마름으로」 전문

　　외형적이고 단기간의 경제성장을 추구한 군사정권은 정치의 경직화를 가져와 사회 전반에 많은 문제점을 가져왔다.[13] 그것의 결정적인 산물이 1972년에 제정된 '유신헌법'이었다. 급변하는 세계정세에 능동적으로 대처하여 조국의 평화적 통일과 한국적 민주주의의 정착을 이룩하기 위한 것이라고 명분을 내세웠지만, 국민들과 합의를 이룬 것이 아니었기 때문에 설득력을 가질 수 없었다. 오히려 자신들의 권력을 유지하기 위하여 민주주의를 무시한 것이어서 심각한 문제였다. 따라서 "타는 목마름으로 / 민주주의여 만세"라고 치자를 비판한 것은 설득력이 있다. 「오적(五賊)」에서 재벌, 국회의원, 고급공무원, 장성, 장·차관 등을 인간의 부류에 들지 못하는 동물로 취급해 풍자한 것이나, 「앵적가(櫻賊歌)」에서 기회주의 정치가를 신랄하게 비꼰 것, 그리고 「비어(蜚語)」에서 정의와 인간성이 결여된 정치권력을 공격한 것 등도 마찬가지였다.

4.

　　1980년대의 한국 사회는 이전 시대까지의 중심축이었던 군사정권과

---

13) 1970년 11월 13일 평화시장 재단사였던 전태일이 "근로기준법을 준수하라", "노동자들을 혹사하지 말라"라고 외치며 분신자살한 사건이 그 대표적인 예이다.

산업화 중에서 전자가 무너지면서 시작되었다. 그렇지만 군사정권의 붕
괴가 곧 국민들이 염원하던 정치의 민주화로 이어지지 못했고 오히려
신군부의 등장으로 새로운 탄압정치가 시작되었다. '서울의 봄'과 '오월
의 광주'라는 역사적 비극을 통해 정권을 잡은 신군부는 자신들의 정통
성을 인정하지 않고 반대하는 민중들을 철저히 탄압했다. 그렇지만 정의
를 실현하려는 민중들의 저항 역시 위축되지 않아 마침내 1987년 6월
국민 주권 회복의 상징인 대통령 직선제를 이루어냈다.

한편 1980년대는 이전 시대와는 다르게 산업화가 본격적이고 전면적
으로 대두되었다. 1983년부터 도시 공장의 생산직 노동자 수가 전체 노
동자 수의 반을 넘어섰고, 1981년부터 종업원 300인 이상의 공장에 취업
한 노동자 수도 전체 노동자 수의 절반에 이르렀다. 그러나 이러한 외형
적인 성장에도 불구하고 노동시간은 세계에서 가장 길었으며, 그에 비해
임금은 매우 낮았다. 임금구조도 직종별 격차가 심해 1981년 관리직 100
에 비해 생산직은 27.2%였으며, 학력별에 있어서도 1981년 대졸 100에
비해 중졸은 30.7%였다. 또 산업재해도 많이 일어나 1981년 1년 동안 11
만 6,700여 건의 사고로 인해 1,295명이나 사망했다.[14] 이런 상황에서 등
장한 노동시는 피치자를 섬기는 시학으로써 큰 의미를 갖는 것이었다.

> 이태리타올로 기름긴 손을 닦고서
> 작업복 갈아입고 담배 한 대 붙여 물면
> 두둥실 풍선처럼 마음이 들떠
> 누구라 할 것 없이 한잔 꺾자며
> 공장 뒷담 포장마차 커튼을 연다 (⋯중략⋯)

---

14) 1981년 한국 노동자들의 주당 실질 노동시간은 53.7시간. 미국 39.8시간, 일본 40.9시
   간, 프랑스 40.3시간, 서독 41.1시간 등. 1980년 한국 제조업 생산노동자들의 임금은 월
   119, 139원, 이를 100으로 했을 때 미국 871.0, 서독 863.4, 프랑스 523.3, 일본 479.7 등
   (박현채, 「문학과 경제」, 『실천문학』 4권, 실천문학사, 1983, 121~124면).

거나하게 취기가 올라
좆같은 노무과장, 상무새끼, 쪽발이 사장놈,
노사협의회 놈들 때려엎자고
꼭 닫아둔 울화통들이 터져나온다
문형은 간신자식들 먼저 깨야 한다며
벌겋게 달아오르고
정형은 단계적으로 구내식당부터
시정하자고 나직이 속삭인다

— 박노해, 「포장마차」 부분

위의 작품은 잔업이 없는 토요일, 공장의 동료들과 어울려 포장마차
에 들어가 술을 마시고 헤어지는 장면을 구체적인 어휘로 그린 것인데,
"노사협의회 놈들 때려 엎자"라는 강한 목소리를 내고 있다. 노사협의회
는 노사간 협조증진, 생산성 향상, 그와 관련된 여러 가지 경영문제 등
에 근로자들의 발언권을 주기 위해 만들어진 노사합동기구이다.15) 그렇
지만 노동자들의 자주적 동기에 의해 구성된 단체가 아니라 노사간 협
조를 강화한다는 명목으로 1980년 군사정권에 의해 설립된 것이어서 문
제가 된다. 노동3권이 보장되지 않는 관변단체의 성격을 띠어 노동자들
로부터 불만의 대상이었는데, 박노해는 그와 같은 상황을 비판하고 나선
것이었다.

그리하여 박노해는 1980년대 노동시의 기수가 되었다. 이전까지 지식
인에 의해 주로 씌어지던 노동시를 노동자가 직접 창작주체가 되는 계
기를 마련해준 것이다. 그리하여 '노동자를 위한' 시에서 '노동자에 의
한' 시로 발전을 이루었다. 소수의 전문 시인만이 시 쓰기의 주체였던
이전과 달리 누구나 시 쓰기의 장(場)에 참여할 수 있다는 문화 민주주의
를 실현하는데 기여한 것이다. 박노해는 구체성과 현장성을 토대로 해서
"노동자편과 자본가편으로 확연하게 갈라내며 / 죽었다 깨나도 하나 될

---

15) 노병호 외, 『인간과 노동』, 충북대 출판부, 1994, 344면.

수 없는 아군 적군으로 / 명확한 전선으로 가차없이 매듭지어 / 단호하게 머리띠를 질끈 묶"(「머리띠를 묶으며」)었다. 그리고 "삶의 본연을 긍정하지 않는 사회주의가 진보할 리 있겠습니까 / 삶의 당연을 긍정하지 못한 자본주의가 진보할 리 있겠습니까"(「세 발 까마귀」)라는 정치적 이상을 제시했다. 시가 단순히 텍스트에 머무르지 않고 사회 변혁을 위한 실천운동의 매체로까지 기능할 수 있음을 보여준 것이다.

> 경찰은 데모를 하였다
> 납치범들의 졸개인 경찰은 무장을 하고
> 주인 앞에 몰려와서 데모를 하였다
> 최루탄을 쏘며 군화발로 짓이기며
> 과격시위를 하였다
> 쇠몽둥이를 들고 곤봉을 휘두르며
> 극렬시위를 하였다
> 공장 앞에 몰려와
> 극렬하게 데모를 하였다
>
> 노동자들은 진압에 나섰다
> 저들의 살상 무기를 막자고
> 지게차가 나섰다 포크레인이 나섰다
> 깃발을 들고 함성으로 나섰다
> 주인인 노동자들은 피흘리며 진압 나섰다
>   — 백무산, 「경찰은 공장 앞에서 데모를 하였다」 부분

경찰과 시위 노동자에 대한 관점을 바꾸어 놓은 위의 작품에서 노동자에 대한 섬김을 여실히 볼 수 있다. 경찰은 공공의 질서 유지를 목적으로 국가의 권력에 따라서 국민을 명령, 강제, 제한할 수 있는데 위의 작품에서는 그 지위를 상실하고 있다. 경찰들이 "무장을 하고" 주인인 노동자들 "앞에 몰려와서 데모를 하"고 있는 것이다. 이 뒤바뀐 상황은

그동안 억압당했던 노동자들이 역사의 주인임을 내세우고 있는 모습이다. 그동안 노동자들은 자본가계급에 비해 여러 면에서 불리한 위치에 있었다. 역사 전개를 이룬 주역임에도 불구하고 경제적 권리뿐만 아니라 인간다움을 실현하는 권리를 차지하지 못했다. 백무산은 그와 같은 상황을 비판하며 노동자들이 역사의 주인임을 자각시키고 있다. "너와 나의 관계에도 / 아침에 먹은 밥상 위에도 / 국가의 질서가 고스란히 박혀 있다 / 지배와 착취의 질서가 고스란히 박혀 있"(「모든 것이 전부인 이유」)음을 일깨워주고 있는 것이다.

> 어디가 아프거나 늙어서 닭이
> 알을 까지 못하거나 까더라도 그 알이
> 자본가 김씨에게 이윤을 내주지 못하거나 할 때
> 어디가 아프거나 늙어서 노동자가
> 제품을 만들지 못하거나 만들더라도 그 제품이
> 자본가 이씨에게 이윤을 내주지 못하거나 할 때
> 어떻게 되는 것일까 닭과 노동자는
> 모가지가 비틀어져 닭은 통조림 공장으로 보내질 것이다 아마
> 모가지가 잘려 노동자는 공장 밖으로 내동댕이쳐질 것이다 아마 (…중략…)
>
> 오 노동자여 그 노동으로
> 인간의 새벽을 열었던 대지의 해방자여
> 자본의 세계에 와서 그대는
> 말하는 도구로 전락하게 되었구나
> 그 도구가 자본가의 배를 채워주는 동안에만
> 그대의 목숨은 붙어 있게 되었구나.
> ─김남주, 「사료와 임금」 부분

노동자는 자본가의 배를 채워주는 동안에만 목숨 붙일 수 있고 그렇지 않을 때, 즉 "어디가 아프거나 늙어서 노동자가 / 제품을 만들지 못하

거나 만들더라도 그 제품이 / 자본가에게 이윤을 내주지 못하거나 할 때”
“모가지가 잘”리고 만다는 인식은 점점 심해져가는 물화적(物化的) 자본
주의 사회의 비인간화 현상을 비판하는 것이기에 의미가 깊다. 물화적
자본주의는 자신의 이익을 최대한으로 높이려고 노동자들의 임금을 낮
추고 대출이자를 높인다. 자본주의가 불균형적 부의 분배에 대해 문제
삼는 것은 노동자들을 지나치게 억압했을 때 오히려 자기의 자본이 위
협받을 수 있기 때문에 그 위험을 예방하기 위해서일 뿐이다. 위의 작품
은 그와 같은 자본가계급의 속성을 간파하고 노동자들을 섬기고 있는
것이다.

5.

피치자를 섬기는 시작품이나 『전태일 평전』, 이소선 여사의 회상집인
『어머니의 길』, 3·15의거기념사업회가 펴낸 『3·15의거사』 등에서 확
인하게 되는 것은 치자에 대한 비판(혁명)이 얼마나 어려운가 하는 점이
다. 1862년의 진주민란으로부터 1894년의 동학혁명, 1897년의 만민공동
회, 1919년의 2천만 민족이 참여한 3·1운동, 1926년의 6·10독립만세운
동, 1928년의 수원고농 항일투쟁, 1929년의 광주학생 항일운동, 1960년
의 2·28대구 학생시위를 시작으로 이루어진 3·15의거와 4·19혁명,
1980년 광주항쟁, 1987년 6~9월 노동자 대투쟁에 이르기까지의 민중항
쟁에서도 여실히 확인된다. 하늘의 도움이 있어야만 가능하겠다는 생각
까지 든다. 이는 민중의 힘이 약하다는 사실을 말하려고 하는 것이 아니
라 치자계급이 얼마나 주도면밀하게 피치자계급을 지배하고 있는가를
말하려고 하는 것이다. 이런 점에서 한국의 시에 나타난 피치자에 대한

섬김은 새롭게 인식할 필요가 있다.

19세기 말까지 한국의 시는 치자에 대한 섬김에 치중하고 있었는데 비해 20세기 이후의 시는 피치자의 섬김에 노력하고 있다. 이러한 사실을 거칠게 정리해보면 한국의 시는 치자의 섬김에서 피치자의 섬김으로 변화되었다고 볼 수 있다. 이러한 시의 방향은 점점 개인이 자본주의 사회의 부속품으로서 존재하는 상황에서 새롭게 인식해야 할 점이다. 피치자의 섬김은 민주주의 제도에 부정적인 영향을 끼치거나 퇴보적인 결과를 가져오는 것이 아니다. 오히려 닫힌 체제를 열린 세계로 변화시켜주는 긍정적인 역할을 한다. 한 개인의 자유가 보장되어 끊임없이 창조의 길을 열어주어 바람직한 생산 체계를 이끄는 역할을 하는 것이다.

21세기의 한국 시에서 피치자에 대한 섬김이라는 가치를 부인하면 열린 세계의 토대를 마련할 수 없다. 피치자를 섬기는 일은 창조적 모험이기에 긍정해야 한다. 창조적 모험을 두려워하는 사회는 민주주의를 허용하지 않는 것으로 영원히 닫힌 체제를 가져오고 그에 따라 더 큰 혼란을 야기한다. 치자에 대한 비판은 어느 정도의 혼란을 가져오겠지만 합리주의를 낳고 물화적 자본주의를 극복하는데 필요한 투자를 이끌어낸다. 투자를 하지 않고 밀실 정치에 투기해서 돈을 벌려고 하는 자본가계급을 비판하지 않을 때 사회는 발전할 수 없다. 진정 피치자에 대한 섬김의 시학은 자본주의 사회의 민주주의를 이루는 데에 필요한 것이다.

4부

'소음'을 품는 블루오션 시론

인터넷시대의 시문학 위상과 전망

방언의 시학
권선희, 「탁주—구룡포 82」

기록을 거울로 삼는 의로운 시들
3·15와 한국시

통일 지향의 시 흐름과 그 의미

'소음'을 품는 블루오션 시론

1.

　2005년 8월 현재 우리의 저널과 서점에서 가장 많이 언급되고 있는 용어는 블루오션(Blue Ocean)이다. 이 용어는 유럽경영대학원의 전략 및 국제경영학을 담당하고 있는 김위찬 석좌교수와 르네 마보안(Rene'e Mauborgne) 교수가 저술한 『블루오션 전략』에 나오는 것이다. 『블루오션 전략』을 우리나라에 처음으로 번역, 출간한 교보문고의 광고에 따르면 미국 전체의 베스트셀러이자 하버드출판사 역사상 최다의 판매기록을 기록하고 있으며 25개 언어권 100개국에 번역계약이 체결되어 있다고 한다. 김위찬 교수는 유럽연합 경제정책 자문위원이자 세계경제포럼의 전문위원이고, 르네 마보안 교수 역시 세계경제포럼 전문위원으로 활발한 활동을 하고 있으므로 이 용어는 더욱 널리 퍼져나갈 것으로 보인다.

　블루오션을 이해하기 위해서는 레드오션(Red Ocean)과 비교해보는 것이 필요하다.[1] 레드오션이 현재에 존재하는 모든 산업을 말하는 것이라면, 블루오션은 현재에 존재하지 않는 모든 산업을 말한다. 레드오션은 이미 세상에 알려진 시장 공간이고, 블루오션은 아직 세상 사람들이 모르고 있는 시장 공간이다. 레드오션에는 산업 간의 경계선이 명확하게 그어져 있어 사람들은 이를 받아들이고 게임의 법칙을 따르지만, 블루오션은 그렇지 않아 게임의 규칙을 알 필요가 없다. 레드오션은 기존의 수요에서 보다 큰 점유율을 얻기 위해 경쟁자를 능가하려고 애쓰지만 시장에 참가하는 기업이 늘어남에 따라 수익과 성장은 낮고 목을 죄는 경쟁이 심하다. 이와는 다르게 블루오션은 미개척 시장의 공간에서 경쟁과 무관하게 새로운 수요를 창출한다. 현재의 시장은 공급이 수요를 초과하고 있어 축소된 시장에서 점유율의 우위를 점한다고 할지라도 지속하기가 어렵다. 따라서 기업은 근본적인 한계를 뛰어넘는 블루오션을 마련해야 하는 것이다.

그렇다면 이상향(理想鄕)으로 보이는 블루오션을 어떻게 창출할 수 있을까? 블루오션이란 분명 새로운 것이지만 이전에 존재하지 않았던 것은 아니라는 사실을, 과거에도 존재했고 현재에도 존재하며 미래에도 존재한다는 사실을 인식할 필요가 있다. 200년 전 자동차·음반·항공·통신·석유화학 등은 거론되지 않았던 산업이었지만 오늘날 중요한 산업으로 운영되고 있는 것이 그 좋은 예이다. 이와 같이 산업은 제자리에 가만히 있는 게 아니라 지속적으로 변화한다. 따라서 블루오션의 창출은 기존 산업의 경계선 바깥에서 완전히 이루어지는 경우도 있으나 대부분 기존 산업의 확장에 의해 만들어진다. 그러므로 블루오션의 항해 지도가 잘 보이지 않지만 분명 만들어질 수 있는 것이다.

필자는 이러한 블루오션 전략이 새로운 시론(詩論)을 창출하는 데에 필요하다고 생각한다. 블루오션이란 기업의 경영전략이고 그 목표가 이

---

1) 아래의 내용은 김위찬·르네 마보안, 강혜구 역, 『블루오션 전략』(교보문고, 2005, 5~59면)을 요약한 것임.

익 창출에 있기 때문에 시론의 추구와는 분명 다른 특성을 갖고 있지만,
이 세계에 대한 새로운 인식은 분명 참고할 면이라고 생각하는 것이다.
지금까지 원가 절감, 품질의 차별화, 전략적 포지션 결정, 경쟁자 벤치마
킹 등에 이르는 여러 가지 전략을 사용하며 경쟁자를 이기는 데 집중해
온 것을 과감하게 버리고 새로운 가치를 창출하는 블루오션 전략처럼
이념·세대·학연·지연·출판사 등이 얽힌 싸움에서 벗어나는 시론을
창출할 필요가 있는 것이다.

2.

소음은 나의 노래
소음은 나의 자장가
소음 없이 난 이제 하루도 못 살아!

도시로 나와 이십여 년, 소음굴 속에서만 살았다
소음 중독자가 되었다
태양인에서
소음인으로
마침내 소음인(騷音人)으로 나의 체질은 바뀌었다
24시간 연중무휴 제지(製紙) 기계가
고속으로 돌아가는 종이공장에서
소음 없이는 못 사는 이제
소음 없이는 못 자는 소음인

얼마 전에 고향엘 갔다가 알았다
소음을 견디는 것보다

적막을 견디는 것이 더 힘들다는 것을
소음 없는 고향은 견딜 수 없어
소음 없는 고향에선 도대체 잠을 이룰 수가 없어
하룻밤도 못 자고 나는 도망쳐 왔다
매음굴보다 더 지독한
나의 정든 소음굴 속으로

저 봄 언덕에 꽃이 피거나 말거나
저 가을 들판에 벼가 익거나 말거나
너 없이는 못 살아 정든 소음아
　　　　　　— 유홍준, 「소음은, 나의 노래」(『현대시』, 2005.8) 전문

산사 가까운 곳의 냇가에서 새벽 물소리 듣는데
깨끗하게 들리지 않는다
자동차소리, 텔레비전소리, 도로 파헤치는 소리, 쓰레기 치는 소리,
물건 파는 소리, 심지어 세탁기 돌아가는 소리……
도시의 소음들이
물소리보다 크게 들리는 것이다

소음들 물소리에 실어 내다버리려고 했는데
바람 잘 타는 나뭇잎처럼 물길 따라가며
휘파람까지 불어대는 것이다

나는 귓구멍을 열려고 연신 귀지를 파내지만
물소리 여전히 들리지 않는다

산사를 하늘의 구름처럼 바라보며 자꾸 나를 나무라지만
소음은 줄어들지 않고
오히려 내 귀에 들어와 물소리가 된다
어미 제비가 물어와 새끼들에게 먹여주는 먹이처럼
내버릴 수 없게 된 것이다

물소리 들으려고 새벽잠 떨치고 나왔다가
나는 발길을 돌린다
어느새 소음의 도시로 향하는 것이다
　　— 맹문재, 「소음으로 향하다」(『시와비평』 제9호, 2004년 하반기) 전문

　위의 작품들에서[2] "소음"은 도시의 상징어이다. 공장의 상징어이고 시장의 상징어이고 대중의 상징어이다. 또한 공해의 상징어이고 일상의 상징어이고 그리고 자본주의의 상징어이다. 프랑스의 사회학자 앙리 르페브르(Henri Lefebvre)가 『현대 세계의 일상성』에서 진단했듯이 오랜 동안 도시는 시골과의 비교 속에서 이해되고 인식되고 평가되었지만, 이제는 그 관계가 역전되어 시골이 도시를 참조하여 이해되고 인식되고 평가되고 있다. 그만큼 도시가 일반화되어 사람들은 도시인의 삶을 살아가고 있다. 농업이나 어업을 생업으로 하면서 자급자족의 경제생활을 영위하던 전산업사회(preindustrial society)와는 달리 고도로 상입화되어 있는 도시 속에서 살아가고 있는 것이다. 인간이 인간을 자본주의의 시장 가치에 의해 평가하고 조종하고 매매하는 삶이란 비인간적인 것이지만, 회피할 수도 없는 삶의 조건이기에 수용하고 있는 것이다.

　위의 작품들의 "소음" 인식은 오랫동안 우리 문단을 지배해온 소위 순수시나 정신주의 시로 일컫는 서정시와는 다르다. 서정시란 시적 자아가 이 세계의 대상에 내면의 정서를 나타낸 것으로, 서로간에 동화(同化)를 지향하고 있다는 점에서 소중하다. 그렇지만 우리의 서정시는 '순수'

---

2) 주제는 다르지만 다음의 작품도 '소음'을 제재로 삼고 있다. "오전 열한 시에 나는 소리들을 흡수하였다. / 오전 열한 시에 나는 가능한 한 시끄러웠다. / 창문을 열고 수많은 목소리가 되었다. / 나는 음속으로 변형되었다. / 네 안에 들어가서 / 삼십 초 동안의 기억이 되었다. / 비 내리는 어머니의 / 썩어가는 몸을 흘러갔다. / 나는 소문이 흩어지는 / 무한한 형태가 되었다. / 침묵하는 / 허무주의자들을 혐오하였다. / 혈관 속을 지나가는 / 피와 피의 / 현란한 각도, / 아이들이 자라는 소리, / 우유가 상해 가는 소리, / 나는 무성영화 속의 주인공이 / 가장 크게 벌린 입이 되었다. / 오전 열한 시에 나는 귀를 막았다. / 오전 열한 시에 나는 눈을 닫았다. / 나는 완벽하게 침묵하였다."(이장욱, 「소음들」 전문, 『서정시학』, 2005년 봄)

라는 접두사를 붙여 이념간, 세대간, 단체간 세력 싸움에 이용한 혐의가 짙다. 이 세계의 대상을 품는 데에 적극성을 띠지 않고 이분법의 토대로 이용한 측면이 큰 것이다. 그러므로 "소음" 인식은 '순수' 서정시와 다르게 시대와 사회를 적극적으로 반영하는 것으로 볼 수 있다. 조용하고 물 맑고 공기 좋은 시골이나 정신 수양의 터전인 산사에 기울지 않고 "소음"이 있는 도시를 삶의 터전으로 삼고 있는 것이다.

3.

도시의 대용어로 삼을 수 있는 자본주의는 사람들의 욕망을 구조적으로 이용해 자신의 체제를 유지하고 나아가 확대하고 있다. 자본주의는 자기 자본을 증식하기 위해 사람들을 수단과 방법을 가리지 않고 자극하고 유혹하고 서로간에 경쟁시킨다. 그리하여 강자는 더욱 강해지고 약자는 더욱 약해지는 적자생존의 원칙을 철저히 유도하고 있다. 자본주의의 이와 같은 태도로 인해 약자들은 낙오되고 마는데, 마르크스(K. Marx)는 그들이 혁명을 일으킬 것으로 낙관했지만 실제는 그렇게 되지 않았다. 민첩한 자본주의는 약자들의 반란을 어느 정도의 사회복지, 의료복지, 교육복지 그리고 생산성의 확대를 통한 임금 조종으로 가라앉힌 것이다. 따라서 앞으로도 마르크스가 예견한 약자들에 의한 혁명의 날은 결코 오지 않을 것이다.

자본주의가 자신의 이익 추구를 점점 주도면밀하게 추구하는 반면 약자들은 전문성에서 뒤떨어지기 때문에 그저 순응할 수밖에 없다. 자본주의가 요구하는 출퇴근시간에 따르고, 자본주의가 요구하는 작업복을 입고, 자본주의가 요구하는 인간관계를 갖고, 심지어는 자본주의가 요구하는 방식으로 스트레스를 푸는 것이다. 바로 이러한 상황이기 때문에 시인들의 블루오션 전략이 요망된다. 시인들 역시 자본주의로부터 일방적으로 해고당할 수 있는 존재이기 때문에 그 억압으로부터 해방되는 길을 모색해야 하는 것이다. 한때 노동시가 그 역할을 나름대로 담당한 적이 있었다. 많은 노동자나 지식인 시인들이 노동운동의 역할로써 기존의 작품에서는 찾기 힘든 구체적 현장성을 바탕으로 인간다운 삶의 가치를 추구해 시대의 호응을 크게 얻었던 것이다.

그렇지만 2005년 8월 현재 우리나라의 노동시는 마치 폐업한 거리의 상점들처럼 제대로 활동을 펼치지 못하고 있다. 그 이유를 한 가지로 진단하기는 어렵지만 1990년대에 들어 동구 사회주의의 몰락으로 인한 냉전시대의 종식과 그로 인한 전지구적 자본주의의 지배가 더욱 팽배해졌기 때문이라고 우선 볼 수 있다. 거대하고 다양하고 전문적인 자본주의를 이분법의 이념과 전략을 고수한 노동시로서는 대항하기가 힘든 것이다. 또한 자본주의와 결탁한 영상매체나 전자매체의 확산에 따라 문자매체인 시문학은 위축될 수밖에 없었다. 영화나 게임, 인터넷 채팅, 만화 등이 노동시를 압도하는 바람에 주체 인식을 가지고 이 세계를 정직하게 바라보는 역할을 제대로 할 수 없는 것이다.

따라서 오늘의 시인들에게 블루오션 전략은 절실하게 요구된다. 그런데 아쉽게도 블루오션에 도달할 수 있는 항해지도가 우리 앞에 놓여 있지 않다. 그렇지만 그것은 시문학뿐만 아니라 기업의 경우에도 마찬가지임을, 블루오션이란 아직 세상 사람들이 알지 못하는 시장 공간이자 대상이라는 사실을 생각해야 한다. 그러므로 시인들이 "소음"의 도시를 떠나기보다 온몸으로 파고들어 살피고 고민하는 것이 필요하다. 범을 잡으려면 범의 굴속에 들어가야 한다는 우리의 속담도 있듯이 이 도시의 "소음"을 품었을 때 자본의 잣대로 모든 가치를 매기는 자본주의의 행패를 막을 수 있는 것이다.

이 전략은 자본주의를 전복시키려는 것이 아니라 인간다운 삶을 영위

할 수 있는 체제와 환경을 건설하려는 것이다. 자본주의를 단순하게 수
정하는 것이 아니라 마치 고구려 벽화에 있는 세 발 까마귀의 세 번째
발과 같이 새로운 제3의 길을 창조하려는 것이다. 따라서 "소음"을 품지
않는 시인을 일방적으로 매도하거나 배척하기보다는 그의 장점을 찾아
내는 지혜가 필요하다. 명분을 위해 싸울 것이 아니라 경쟁자와 함께 하
는 자세가 중요하다. 새로운 시의 창출이란 새롭다는 사실로만 이루어지
는 것이 아니라 인간의 전통을 계승할 때 가능하고 또 의미 있는 것이다.

인터넷시대의 시문학 위상과 전망

1.

1997년 1월, 첫 권을 독자들에게 선보인 『인물과 사상』이 2005년 1월 제33권으로 종간을 맞게 되었다. 실명 비판이라는 원칙을 견지하며 우리 사회의 성역과 금기를 타파하는 데 일조해온 잡지여서 아쉬움이 크다. 학술 계간지와 달리 출판의 언론화를 모토로 민감하고 논쟁적인 사회의 문제들을 제기해왔는데, 그 실험성이 끝내 한계에 부딪힌 것이다. 『인물과 사상』은 '저널'과 '북'을 결합한 신조어 '저널북'이란 이름을 고집할 정도 한국 출판에 환기력을 준 것이 사실이다. 언론 문제나 지역주의 문제나 학벌주의 문제 등 기존의 언론이 회피했던 우리 사회의 예민한 문제들을 파고들어 사적인 논의를 넘어 공적인 논의로 이끌어낸 것이다. 김대중·김동길·김우창·노무현·박근혜·박노해·박정희·백낙청· 복거일·서정주·유시민·유홍준·이건희·이문열·전여옥·조갑제 등 그동안 언급된 인물들의 면면을 보아도 관심을 가질 만하다.

『인물과 사상』이 종간될 수밖에 없는 원인은 누적된 적자를 출판사가 감당할 수 없었기 때문이다. 초기에는 1만 부 이상 발행했는데 최근에는 2천부 정도 발간할 만큼 시장성이 감소되어 경영상 지탱하기가 어려웠던 것이다. 시장성의 회복을 위해 제26호부터는 김진석 교수와 언론인이자 소설가인 고종석 씨를 편집위원으로 영입해 지면의 혁신을 기했지만, 등을 돌리는 독자들을 되돌리는 데는 역부족이었다.

그렇다면 『인물과 사상』의 독자들이 줄어든 원인은 무엇일까? 그것에 대해서는 여러 가지 측면에서 좀더 면밀히 따져보아야 할 터인데, 출판사와 이 저널룩을 이끌어온 강준만 교수는 인터넷의 확장을 그 우선의 요인으로 들고 있다. 다시 말해 인터넷의 확대로 인해 활자매체의 기능이 급격히 약화되었다는 것이다. 인터넷시대의 도래로 인해 출판 시장이 약화되어 필자나 출판사가 아무리 노력해도 독자들의 감소를 막을 수 없다는 것이다. 그러한 진단은 다음과 같이 나타나고 있다.

인터넷은 활자매체의 목을 조르고 있다. 한국인의 신문 구독률은 96년 69.3%, 98년 64.5%, 2000년 58.9%, 2002년 53.0%, 2004년 48.3%로 지속적인 감소를 보이고 있다. 신문보다 더 죽어나는 건 출판계, 그것도 영세한 인문사회과학 출판이다. 물론 출판은 인터넷과 차별화하는 틈새시장을 찾으면 살 길이 있을지도 모르겠다. 문제는 그러한 방향전환에서 잃는 건 과연 무엇인가 하는 것이다.

그간 출판계가 자구책으로 모색해온 방향은 '실용'과 '서구 지향적 교양'인 것 같다. 한 가지 흥미로운 사실은 지난 몇 년간 그 이전과는 달리 시사적인 이슈를 다루는 책이 대중의 호응을 얻은 건 거의 없다는 것이다. 특히 정치 분야가 그렇다. 왜 그럴까? 인터넷이 그 기능을 완전히 흡수해버렸기 때문이다. 신속성·영향력·만족도 등 모든 면에서 책은 인터넷의 경쟁상대가 되질 않는다. 아니 그 이전에 이건 '습관'의 문제일 것이다. 책을 읽겠다며 방으로 들어간 아이가 e-북을 읽고 있는 걸 본 사람이라면 이게 무슨 말인지 실감할 것이다.[1]

---

1) 강준만, 「인터넷시대의 커뮤니케이션」, 『인물과사상』 33호, 개마고원, 2005.1, 14면.

위의 글에서 토로되고 있듯이 인터넷은 그 누구도 부인할 수 없는 우리 생활의 필수품이다. 우리의 삶을 영위하는 커뮤니케이션의 기초 수단이자 방법인 것이다. 그리하여 자본주의 체제는 자기 이익을 획득할 수 있는 시장으로 인터넷에 점점 눈독을 들이고 있다. 익명의 대중이 사회 문제에 대해 발언할 수 있는 참여의 장이라는 영역을 넘어 자본주의는 자기 이익을 획득할 수 있는 대상으로 삼고 있는 것이다. 그 결과 소득 계층별 또는 세대별 인터넷 향유에 대한 격차가 크다. 소득이 낮은 사람들은 소득이 높은 사람에 비해, 노장층은 젊은 세대에 비해 상대적으로 인터넷에 참여하는 기회가 적은 것이다. 그 결과 다양한 분야의 정책 결정이 인터넷으로 인해 왜곡되고 있는 경우도 있다.

그렇지만 인터넷시대의 도래와 확대를 부정적으로 인식할 필요는 없다. 어느덧 인터넷은 우리의 삶을 지배하고 있는 키워드인 것이다. 인터넷은 우리에게 참여의 축복이라는 선물을 주어 컴퓨터가 있는 곳이라면 필요로 하는 자료나 정보를 얼마든지 구할 수 있고, 또한 자신의 의견을 신속하게 개진할 수 있다. 심지어 인터넷은 우리의 오프라인 행위에까지 영향을 끼치고 있다. 인터넷에서 이루어지는 커뮤니케이션은 활자 매체의 경우보다 신속하고 또 개방적이어서 우리의 실제 생활에 영향을 주고 있는 것이다. 『인물과 사상』이 독자들에게 많은 인기를 끌 수 있었던 것도 인터넷의 도움이 있었기 때문이다. 따라서 다음과 같은 인식을 재고할 필요가 있다. 인터넷이 확대되어 가는 추세를 인정하고 긍정적으로 수용하는 자세가 보다 필요한 것이다.

나는 이번 일을 겪으면서 이른바 '개혁주의자'들의(내가 보기에) 어두운 면을 너무 많이 보았고 너무 많이 겪었다. 나는 그것마저 글로 쓸 순 없다. 성역과 금기에의 도전을 포기하는 건가? 그것도 아니다. 그런 정도의 어두움이 바로 사람 사는 모습이라는 게 내가 내린 결론이었다.

그걸 이제 알았나? 이제 알았다. 나는 노 정권과 그 지지자들이 한나라당에

대해 선악(善惡)의 이분법을 구사하는 걸 보고 경악했다. 그건 민주당 분당 때
와 똑같은 모습이었다. (…중략…)

　권력에 줄 서서 따먹을 수 있는 열매가 그렇게 단가? 그러나 그런 의문만으로
풀리지 않는 게 너무 많았다. 나는 한국 사회 밑바닥에 잠재돼 있던 그 어떤 광
기(狂氣)가 폭발한 건가, 아니면 남한 땅에 무슨 귀신이 씌웠나, 그것도 아니면
이 모든 게 인터넷이 부린 조화인가 하고 의아해 하다가, 끝내 답을 찾지 못한
채 다만 내가 해야 할 새로운 역할이 나를 기다리고 있음을 발견하게 되었다.[2]

위의 글에서 『인물과 사상』이 폐간될 수밖에 없는 이유가 적자 경영
이었고 그와 같은 상황이 발생한 것이 인터넷 때문이라고 강준만 교수
가 진단한 사항이 옳지만은 않다는 단서를 발견하게 된다. 민주당 분당
이후의 한국 정치 상황에 대한 인식에 문제가 있고, 또한 인터넷을 수용
하는 자세에 문제가 있다고 보이는 것이다.

강준만 교수는 위의 글에서 민주당 분당 이후 새로운 권력구도의 형
성에 대해서 "권력에 줄 서서 따먹을 수 있는 열매가 그렇게 단가?"라고
힐난하고 있다. 이러한 비난은 편파적인 행동에 불과하다. 민주당 분당
이후 결성된 신당을 국민들이 적극적으로 지지해주었는데, 못마땅하게
바라보는 것은 다시 생각해볼 점이다. 그것은 결국 국민들을 신뢰하지
않는 자세이다. 이렇게 보면 『인물과사상』의 독자가 줄어든 것은 인터넷
의 확산 때문이 아니라 독자들의 기대를 맞추지 못한 기획 및 글쓰기 때
문이라고 진단할 수 있다. 자신과 정치적 견해가 다르다고 해서 상대방
을 싸잡아 비난하는 행동은 민주주의 정신에 위배되는 것이다. 민주주의
의 원리는 다수의 정신을 인정하는 것이다. 그러므로 정치적 이해관계에
따른 창당이나 분당을 윤리적이거나 도덕적인 관점에서 평가해 변절이
나 배신으로 비난해서는 안 된다. 오히려 그것을 인정하는 열린 세계인
식이 필요하다. 창당이나 분당 자체보다도 그 결과 어떠한 변화를 가져
왔는가를 살펴보는 것이 필요한 것이다. 따라서 『인물과 사상』을 이끌어

---

2) 강준만, 위의 글, 16~17면.

온 강준만 교수는 자신이 기획하거나 논지를 펼친 글을 독자들이 알아주지 않는다고 섭섭하게 여길 것이 아니라 먼저 자신을 성찰하고 반성하는 자세가 요구된다. 그와 같은 자세를 가졌을 때 독자들이 무엇을 필요로 하는가를 인지할 수 있고 그 해결방안도 마련할 수 있는 것이다.

그러므로 "내가 해야 할 새로운 역할이 나를 기다리고 있음을 발견하게 되었다"와 같은 선택이 문제 상황을 회피하는 전환의 인식이어서는 안 된다. 『인물과 사상』을 창간할 때 가졌던 정신으로 "성역과 금기에의 도전을 포기하"지 말고 계속 밀고 나아가야 한다. 지식인으로서 자신의 세계인식이 닫힌 체계에 있는지를 끊임없이 성찰하면서 옳다고 판단되는 일은 힘들더라도 시행해야 한다. 싸움은 목소리가 크다고 이기는 것이 아니고 단기간에 승부가 나는 것도 아니다. 또한 꼭 이겨야만 되는 것도 아니다. 진실은 반드시 통한다는 신념을 가지고 대항하는 것, 그 자체에 싸움의 의미가 있는 것이다. 남아 있는 월간지 『인물과 사상』(인물과사상사)과 웹진(web zine) 'new.inmul.co.kr'에서 어떠한 비판정신을 견지할지 기대해본다.

필자는 『인물과 사상』을 비판하기 위해 이와 같은 논지를 펼치고 있는 것이 아니다. 단지 우리가 살아가고 있는 시대 상황을 보다 인정하고 적극적으로 수용할 필요가 있다는 점을 내세우려고 한다. 즉 우리의 삶에 일상화되어 있는 인터넷을 좀더 긍정하고 상생할 수 있는 방안을 찾아보려는 것이다. 지금까지 인터넷과 문학에 관한 대부분의 태도는 『인물과 사상』에서 보여준 것과 마찬가지로 부정적이었다. 인터넷의 확산으로 인해 활자매체로 이루어진 문학이 죽을 수밖에 없다는 것이다. 그렇지만 이와 같은 진단이야말로 피상적인 세계인식이다. 인터넷 때문에 문학이 죽는다는 인과관계는 동의하기 어렵다. 인터넷을 어떻게 사용하느냐에 따라 문학을 새롭게 발전시킬 수 있는 것이다. 좋은 시가 안 나오는 것을 시인에게 책임 묻지 않고 인터넷 때문이라고 말할 수 있겠는가? 마찬가지로 인터넷 때문에 독자들이 시를 안 읽는다고 말할 수 있겠는가?

2.

  인터넷을 통해 운영되는 문학사이트 가운데 시전문 사이트가 가장 많은 것으로 조사됐다.

  민족문학작가회의(이사장 현기영)가 지난 5월부터 두 달간 국내 402개 문학사이트를 조사, 작성한 '2002년도 인터넷 문학사이트 실태조사 보고서'에 따르면, 본격문학의 경우 시전문 사이트가 165개(34%)로 가장 많았다. 이어 문학 전반을 다루는 사이트가 113개(23%), 소설전문 사이트가 92개(19%), 기타 52개(11%)였다.

  하위 장르의 문학에서는 로맨스가 82개(14%)로 가장 많았다. 이어 팬터지 61개(11%), 무협 33개(6%), 팬픽·야오이 23개(4%), 유머와 추리 각 21개(각 4%), 공상과학(SF) 10개(2%), 야설 6개(1%), 기타 133개(23%)였다.

  사이트 형태별로는 커뮤니티 285개(41%), 친목 236개(34%), 개인홈 71개(10%), 문학교육 61개(9%), 문학웹진 15개(2%), 출판사 운영사이트 9개(1%. 이상 중복 응답가능)의 순서를 보여 커뮤니티와 친목 등을 목적으로 하는 사이트가 주류인 것으로 나타났다.

  4등급으로 나눠 문학사이트의 언어사용 실태를 조사한 결과, 어법을 정확히 숙지하고 있다고 보이는 1~2등급 사이트가 302표(76%)를 차지해 문학사이트의 언어파괴 문제는 크게 우려할 수준이 아니라는 평가를 받았다.[3]

---

3) 정천기 기자, 『연합뉴스』, 2002년 10월 2일. 또한 작가회의 정보문화센터는 2002년 4월부터 7월까지 국내 402개, 국외 15개 문학사이트를 살펴본 뒤 정보의 질과 활동사항, 언어사용 수준 등을 기준으로 130개 모범사이트를 선별했다. "작가 개인의 홈페이지로는 정양(jyang.org), 맹문재(tong.or.kr / mmunjae), 이기윤(poet.or.kr / ky), 임헌영(jimhy.pe.kr), 최영철(gamangcho.hihome.com), 노혜경(urimodu.com), 황국명(story.inje.ac.kr), 김이구(myhome.netsgo.com / kg5104), 백석(limaho.hihome.com), 이응인(len4.netian.com), 유용주(yyongjoo.wo.to), 복효근(boksiin.com), 안도현(ahndohyun.com) 등이 뽑혔다. 또 문학모임·단체가 운영하는 사이트의 경우 한국시문화회관이 운영하는 문예(penart.co.kr)를 비롯해 글터(glter.co.kr), 시사랑문예대학(poemq.or.kr), 디지털문화예술아카데미(artnstudy.com), 포엠토피아(poetry21.co.kr), 노블(novel.co.kr), 한국문학도서관(kll.co.kr), 라틴아메리카문학21(latin21.org) 등이 선정됐다."(한윤정 기자, 「문학이 인터넷을 만났을 때」, 『경향신문』, 2003년 7월 18일)

위의 보고서는 인터넷시대의 각종 문학 사이트를 객관적이고 체계적으로 조사하고 분석했다는 점에서 의의가 있다. 그간 막연하게 짐작하고 있던 인터넷 문학 사이트의 현황과 그 정도를 확인할 수 있는 것이다. 따라서 인터넷과 문학이 얼마간의 영향관계에 있는지를 살펴볼 수 있고 또 상생적으로 발전할 수 있는 방안도 마련할 수 있다. 위의 보고서에서 보듯이 인터넷의 보급은 문학에 많은 영향을 끼치고 있는데, 특히 시의 경우가 그러하다. 그동안 인터넷을 통한 시 쓰기는 오염된 언어가 난무하고 진지함을 상실하고 있다는 등의 우려와 비판이 있었지만, 위의 보고서에 따르면 크게 우려할 수준이 아니고 오히려 시인과 독자 간에 시 쓰기의 보편화가 이루어졌다고 긍정적인 평가를 내릴 수 있는 것이다.

이처럼 인터넷의 개발과 급속한 확대는 시인과 독자 간의 지형을 바꿔놓았다. 독자에 대한 개방과 그에 따른 방대한 정보의 제공은 이전 시대와는 상당히 다른 상황을 가져왔다. 사이버 공간을 통해 시인이나 독자 모두 시 창작과 비평에 신속하면서도 자유롭고 또 적극적으로 참여할 수 있게 된 것이다. 한국의 시단에 몸담고 있는 시인들 중에서 인터넷을 통해 시를 쓰고 시를 읽고 시를 전송하고 시를 보관하지 않는 시인은 없다. 컴퓨터를 사용하지 않는 시인이 더러 있지만 그것은 문제가 되지 못한다. 컴퓨터를 사용하지 않는 것이 문제적 상황이라기보다 지극히 예외적인 현상이기 때문이다. 시인들은 문학단체의 홈페이지나 개인의 홈페이지를 통해 창작활동이나 문단활동을 하고 있다. 연필로 원고를 쓰던 창작방법은 완전히 사라졌고, 서로 만나서 술잔을 기울이며 친분을 쌓던 문단 풍토도 사라졌다. 원고 청탁도 인터넷으로 하고, 작품을 보내는 것도 인터넷으로 하고, 원고료 지급도 인터넷으로 하고, 정기구독도 인터넷으로 한다. 인터넷은 필기도구이고 배달원이고 은행 계좌이고 영업사원이다.

습작기에 있는 예비 시인들에게 인터넷은 더욱 영향을 끼치고 있다. 습작기에 있는 예비 시인들은 학교나 창작 동아리에서 선생님이나 선배들로부터 지도받는 데에 머물지 않고 자신의 작품을 수없이 개설되어 있는 인터넷 문학 사이트에 보내어 평가를 받는다. 인터넷에서의 공부는 오프라인의 경우보다 일 대 다의 관계를 가질 수 있기 때문에 많은 사람들로부터 다양한 견해를 들을 수 있다. 또한 비싼 강의료를 지불하지 않아도 되고 선생님에 대한 예절에 신경 쓰지 않아도 된다. 작품만 있으면 어디에서도 공부할 수 있고, 좋은 작품이 있을 경우는 대우까지 받으며 공부할 수 있다. 인터넷을 통한 시 쓰기와 시 읽기는 아직 그 수준이 높은 편이 아니지만 점점 활발해지고 있고 또 다양해지고 있다. 인터넷의 웹 사이트에 기반을 둔 시 창작 활동이나 온 라인 강의는 계속 확장되어 가고 있는 것이다. 시인들에게 인터넷은 과학기술의 용어에 국한되는 것이 아니라 이 세계의 흐름을 인지하고 자신을 조명할 수 있는 키워드이다. 따라서 시인들이 인터넷을 적극적으로 수용하고 활용하는 것은 시대의 필수적인 사항인 것이다.

3.

최근 인터넷을 통한 새로운 시인과 독자의 탄생을 의도하는 문학 프로젝트가 진행되고 있는데, 앞으로 더욱 늘어날 전망이다. 그것의 예로는 「언어의 새벽 : 하이퍼텍스트와 문학」(http://eos.mct.go.kr), 「生時·生詩(Live Poems)」(http://www.livepoems.net), 「팬포엠(FanPoem)」(http://www.FanPoem.co.kr) 등을 들 수 있다. 또한 멀티포엠(multipoem)을 표방한 한국멀티포엠협회(http://www.multipoem.com)의 작업을 들 수 있다.4)

---

4) 이성우, 「디지털 시대와 시」(유종호·최동호 편, 『시를 어떻게 만날 것인가』, 작가, 2005, 427~460면)를 참고했다. 이와 관련된 내용은 이성우, 「디지털 기술과 한국 현대

1) 「언어의 새벽 : 하이퍼텍스트와 문학」(http://eos.mct.go.kr)

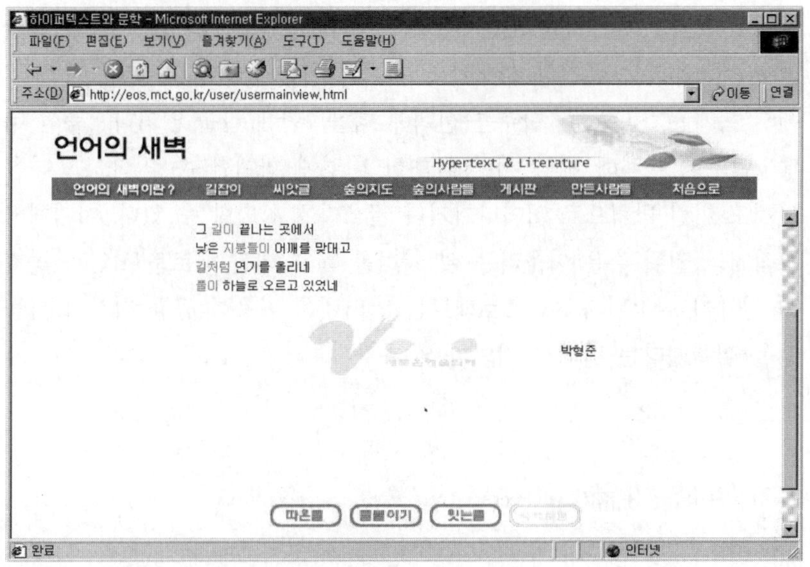

    2004년 4월 정과리 문학평론가가 주도했다. 해당 웹 사이트의 1단계
에는 김수영의 시 「풀」의 첫 시구인 "풀이 눕는다"가 제시되어 있다. 2
단계에는 이 시구를 출발점으로 삼아 46명의 시인과 작가와 일반인들이
각각 시구를 작성해 해당 웹 사이트에 남겨두었다. 3단계에는 앞서 46명
이 써놓은 시구를 화두 삼아 123명이 자신의 시구를 작성해 놓았다. 이
런 식으로 14단계에 걸쳐 많은 참가자들이 웹 사이트에 접속해 자신의
시구를 남겼다.

    시구들은 모두 하이퍼링크 방식으로 연결되어 하나의 하이퍼텍스트
시를 이루고 있다. 따라서 독자가 하이퍼텍스트 「풀」을 읽는 방법은 이
전의 원본 「풀」을 대하는 것과 상당히 다르다. 예를 들어 1단계에서 김

───────────────

    시의 대응」(고려대 국어국문학과 박사논문, 2005)에 더욱 자세히 나와 있다.

수영의 "풀이 눕는다"로부터 출발해 2단계에서 46개의 시구 가운데 "그
대 마음 깊은 곳에서 자라는 풀이"라는 시구가 마음에 들어 마우스로
클릭했다면, "그대 마음 깊은 곳에서 자라는 풀이 / 가난한 이들의 길을
열고"(이제하)라는 온전한 시구가 글쓴이의 이름과 함께 나온다. 이 단계
에서 독자는 '잇는 글' 단추를 선택해 다음 3단계 글을 읽거나, '즉석 비
평' 단추를 클릭해 해당 시구에 대한 비평에 참여할 수 있다. 그 다음
단계도 이런 방식으로 읽어나가거나 글쓰기에 참여할 수 있다. 여기에서
창작자의 권위 혹은 아우라는 설 자리를 잃고 대신 새로운 시인과 독자
의 관계가 설정된다. 이 프로젝트는 인터넷을 이용한 공동 창작의 가능
성을 실험했다는 점에서 의의가 있다.

2) 「生時 · 生詩(Live Poems)」(http://www.livepoems.net)

2004년 11월 김정란 시인과 이중재 씨가 시도했다. 시인들의 기존 작품에 하이퍼텍스트 기술을 응용해 영상과 음향을 덧입힌 일종의 감상용 웹 아트이다. 이 프로젝트는 문학이 시도할 수 있는 다양한 가능성 중 하나를 구체화했다는 데에 의의가 있다. 그렇지만 시인과 독자 사이의 상호작용 통로가 마련되고 있지 않다는 점에서 아쉬움이 있다.

3) 「팬포엠(FanPoem)」(http://www.FanPoem.co.kr)

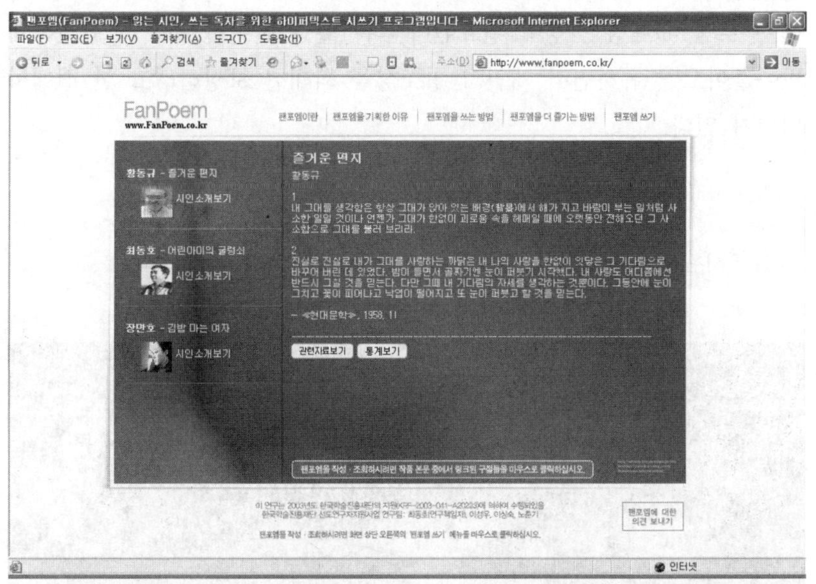

2004년 11월 최동호 시인과 이성우 문학평론가가 시도했다. 디지털시대의 새로운 문학 환경 속에서 시인과 독자의 위상이 변화하는 양상을 실증적으로 고찰하고, 팬포엠이라는 새로운 형태의 하이퍼텍스트 시를 통해 시작품의 수용자에서 창작자로의 존재 전환을 꾀하고 있다.

참여 방법을 보면 우선, 팬포엠 초기화면 상단 오른쪽의 '팬포엠 쓰기'를 마우스로 클릭한다. 그리고 자신의 마음에 드는 팬포엠 기본 텍스트를 선택할 수 있다. 기본 텍스트로 선정된 작품은 황동규 시인의 「즐거운 편지」, 최동호 시인의 「어린아이의 굴렁쇠」, 장만호 시인의 「김밥 마는 여자」 등이다. 다음, 시인의 작품 가운데 마음에 드는 구절을 마우스로 클릭한다. 선택한 시구에 해당하는 팬포엠들이 나열될 것인데, 다른 사람들이 쓴 팬포엠 작품을 자유롭게 살펴볼 수 있다. 마지막으로 팬포엠 조회 아래쪽의 '팬포엠 작성' 단추를 클릭하면 자신의 시구를 써넣을 수 있는 게시판 윈도우가 열린다. 자기의 시를 써넣은 후 '작성' 버튼을 누르면 팬포엠 작성이 완료된다. 디지털 기술이나 지식을 유연하게 받아들이고 공유하면서 개인의 창조성을 최대한 보장하려고 한 점에서 의의가 있다.

4) 「한국멀티포엠협회」(http://www.multipoem.com)

인터넷시대의 시 쓰기에 있어서 멀티미디어 시의 창작도 빼놓을 수 없다. "엄청나게 빠른 속도로 변화하고 있는 정보화 시대·멀티미디어 시대의 기술은 예술의 양식에 어떠한 변화를 가져올 것인가. (…중략…) 시와 소설, 사진, 회화, 음악 등 인접 장르의 구분이 무너지고, 예술이 종합적인 형태를 지향하고 있는 것이 최근의 현실"5)이라는 인식을 바탕으로 멀티미디어 시가 본격적으로 등장한 것이다. 그 대표적인 예가 멀티포엠(multipoem)을 표방한 장경기 시인인데, 그는 1996년 9월 한국멀티포엠협회(http://www.multipoem.com)를 결성했다. 그 취지는 다음과 같다.

시란 내면의 감상이나 느낌을 표현하는 장르로 과거에는 문자를 위주로 해서 창작해왔습니다. 그러나 멀티 디지털시대의 도래와 함께 단순히 문자뿐만이 아니라 다양한 멀티적인 표현방법을 활용하여 표현하는 운동이 일어나고 있습니다. 이와 같이 멀티미디어로 창작하는 시를 멀티포엠이라 합니다. 우리는 이미 이러한 시를, 인터넷상에서 친숙하게 접할 수 있습니다.

문자뿐만 아니라 그림, 사진, 영상, 플래시, 애플릿, 음악, 애니메이션, 캐릭터 등 가능한 모든 매체를 함께 사용해서 창작하는 멀티적인 시 창작 활동입니다. 형태는 영상시, 뮤직비디오, 플래시, 애플릿 등에서 편지, 엽서 일기, 애니메이션 등에 이르기까지 다양한 모습으로 나타나고 있습니다. 창작 방법은 매우 자유롭습니다. 독특하고 다양할수록 환영받습니다. 먼저, 미리 글로 쓴 시에 영상, 음악, 낭송, 노래, 사진, 그림, 애니메이션, 캐릭터, 애플릿, 플래시 등을 활용해서 창작할 수 있을 것입니다. 시를 작곡해서 노래로 부르고 거기에 영상을 덧붙여도 재미있을 것입니다. 아니면 사진과 시, 그림과 시, 혹은 팬터마임과 시, 영상과 시, 애니메이션과 시, 만화와 시, 캐릭터와 시로 꾸며 볼 수도 있을 것입니다.

아예, 글을 아주 사용하지 않거나, 약간만 사용해서 멀티포엠을 창작할 수도 있을 것입니다. 그림으로 창작한 시, 영상으로 창작한 시, 애니메이션으로 창작한 시 등은, 독특하고도 참신한 시 창작이 될 것입니다. 컴퓨터에서 포토샵, 플

---

5) 원구식, 「누가 시의 위기를 말하는가—멀티미디어 시대에 있어서 시인의 역할」, 『현대시』, 1997년 1월호, 20~21면.

래시, 애플릿, 프리미엄 등을 활용해서, 그래픽으로 창작할 수도 있고, 멋진 캐릭터를 활용할 수도 있을 것입니다. 제한은 없습니다. 시적인 그 무엇으로 족합니다. 마음껏 상상력을 펼쳐보시기 바랍니다. 본 협회는 멀티포엠 아티스트들이 창작한 좋은 작품들이, 많은 감상자들에게 내보이고, 그 동안의 노력과 성과를 평가받음과 아울러, 좀더 체계적으로 작품 활동을 하는 발판이 되고자 합니다.
　멀티 디지털시대 속에서, 시문학 예술의 새로운 가능성을 모색함으로써, 멀티포엠 아티스트 한 분 한 분이 디지털시대의 문화 예술을 선도하는 주역으로 거듭나기를 진심으로 바랍니다.[6]

　위의 글을 읽으면 인터넷을 이용한 시 쓰기와 시의 활용이 얼마나 확대되고 있는지 알게 된다. 이제 시는 기존의 활자매체에 국한되지 않고 영상, 음악, 노래, 사진, 그림, 애니메이션, 캐릭터 등을 활용해서 창작되고 있다. 심지어 문자를 사용하지 않고도 시가 될 수 있다. "그림으로 창작한 시, 영상으로 창작한 시, 애니메이션으로 창작한 시 등은, 독특하고도 참신한 시 창작이" 되는 것이다. 그리하여 그의 시는 종이에 발표되는 활자의 시뿐만 아니라 CD-ROM 형태로 발표되거나 극장이나 텔레비전에서 상영된다. 그가 1998년 1월에 발표한 멀티포엠 1집 『몽상의 피』(월간 『현대시』 특별 부록, 비디오 형태)에 이어 멀티포엠 2집 『화언』(1998.10. 월간 『현대시』 특별 부록, CD-ROM 형태), 멀티포엠 3집 『안개의 집』(1998.12. 나라미디어 간, 문자 시집에 CD-ROM 동봉한 형태)을 비롯해 DVD 형태와 시와 그림 등으로 발표한 시집들이 그 예인 것이다.
　멀티포엠은 이전의 문자로 이루어진 시와는 전달 방식에 있어서 확연한 차이를 보인다. 독자는 시를 읽으면서 감상하는 것이 아니라 영화나 텔레비전 드라마를 보는 것처럼 바라보면서 감상한다. 멀티포엠은 인터넷시대의 시창작 영역을 구체적으로 넓혔다는 점에서 큰 의의를 지닌다.
　이상에서 보듯이 한국의 시인과 독자는 인터넷의 영향을 많이 받고

---

6) 장경기, 「협회장 인사」, http://www.multipoem.com.

있다. 그에 따라 원작의 아우라 문제, 시인과 독자의 위상 관계, 컴퓨터 언어의 쓰임, 멀티미디어의 창작과 수용 등 이전 시대에는 없던 문제들이 대두되고 있다. 그렇지만 이와 같은 현상이 시의 존립 근거를 위협하거나 시의 영역을 위축시키는 것으로 여길 필요는 없다. 오히려 방대한 문학 원전이나 다른 예술의 자료를 창작에 활용할 수 있어 시의 범위가 넓어지고 그 효과 또한 커질 수 있다고 보아야 한다. 인터넷 매체 자체에 대해 부정적으로 평가할 것이 아니라 창작 자체의 진정성과 독자들의 기대지평을 고민해야 하는 것이다.

4.

인터넷은 전지구인들이 이용할 수 있는 거대한 도서관이고 학습관이고 창작 교실이라고 비유할 수 있다. 인터넷은 기존의 서적, 방송, 신문, 편지 등의 매체와는 달리 사용자의 요구에 거의 무한정한 자료를 제공하고 있고, 또한 공급자와 수요자가 상호 소통할 수 있는 환경도 마련해주고 있다.

그렇다면 우리가 살아가고 있는 이 인터넷시대에 시는 어떻게 존재할 것인가? 지금까지 진행되어온 문자시대의 시와는 분명 다른 방식으로 발표되고 수용될 것인데, 그 방향은 크게 다음의 두 가지일 것이다.[7]

첫째, 거대 패러다임으로 대중들의 의식을 통합하고 지배하는 시적 사고는 분화되고 모든 시적 운동들은 소집단화될 것이다. 잘게 분화되어 때로는 작은 취미 그룹으로 세분될 것이다. 유사한 기질과 취향을 같이

---

7) 최동호, 『디지털 문화와 생태시학』, 문학동네, 2000, 82~83면.

하는 사람들이 동질감을 공유하며 자기의 삶을 시로 표현하는 즐거움을 통해 자기 존재를 확인하고자 할 것이다.

둘째, 표현 매체가 활자문화에서 전파문화로 뒤바뀔 것이며, 새로운 기술 개발에 의한 매체들을 적절히 사용할 때 그들에게 공감하고 동참하는 사람들의 호응도 커질 것이다. 시를 주도하는 집단이나 이데올로기는 분화되겠지만, 시라는 예술 양식은 시와 노래, 춤은 물론 다양한 매체를 종합하는 방향으로 나아갈 것이다. 활자문화에 집착하는 일부 엘리트주의 집단은 점점 소수로 전락할 것이며, 그들의 사회적 영향 또한 감소할 것이다. 대중문화나 고급문화라는 이분법적 개념 구분 자체가 사라져갈 것이다.

이러한 진단은 푸코(Michel Foucault)가 「저자란 무엇인가」(1969)에서 미래의 문화에는 권위적 저자가 불필요하다고 예언한 것과 상통한다. 시 쓰기에 묻어 있던 종래의 중앙집권적 문화는 익명성의 문화로 대체될 것이다. 익명화되지 않는 시인이나 작품이라고 할지라도 사회적 영향력은 상당히 줄어들 것이다. 푸코가 말했듯이 "대체 누가 말하든 무슨 상관이겠는가?"와 같은 상황이 도래되는 것이다. 인터넷시대의 시 쓰기는 "종래의 텍스트가 누려오던 안정성·기원성·특권성·개성·권위성을 박탈"당하게 된다.[8]

그렇지만 시 쓰기의 가치가 무너진 것은 아니다. 아무리 컴퓨터가 시 쓰기의 영역을 차지하고 있다고 할지라도 인간이 주인인 것이다. 기계가 신이 되어 시인을 조종한다고 할지라도 최후의 선택권은 시인에게 있다. 따라서 시인은 상업적 자본주의의 구성원으로 편입되는 것에 경계심을 가져야 한다. 새 천년 길목에서 Y2K[9]라는 이름을 통해 엄청난 이익을

---

8) 김영민, 「글쓰기의 묵시록」, 『인물과사상』 33호, 개마고원, 2005.1, 85면.
9) 컴퓨터의 2000년 인식 오류로 인한 각종 전산시스템의 혼란. Y는 연도(year), K는 1000을 뜻하는 kilo에서 비롯됐다. 밀레니엄버그(Millenium Bug)라고도 하는데, 천년을 뜻하는 밀레니엄과 컴퓨터프로그램상 오류를 가리키는 버그의 합성어이다. 컴퓨터프로그래밍을 제작할 때 편의상 1900년대의 19를 고정시키고 연도 마지막 두 자리만을

챙긴 컴퓨터 업계나 방송·언론사에서 볼 수 있듯이 자본주의 체제는
물질주의로 타락되어 있다. 밀레니엄 버그의 제공자인 컴퓨터 업계가 그
재앙을 빌미로 소프트웨어를 개발해 상품으로 판매하는 모습과 같이 타
락되어 있는 것이다. 그러므로 상업적 전문가 계급에 대한 새로운 인식
이 필요하다.

이사온 그는 이상한 사람이었다
그의 집 담장들은 모두 빛나는 유리들로 세워졌다

골목에서 놀고 있는 부주의한 아이들이
잠깐의 실수 때문에
풍성한 햇빛을 복사해내는
그 유리담장을 박살내곤 했다

그러나 애들아, 상관없다
유리는 또 갈아끼우면 되지
마음껏 이 골목에서 놀렴

유리를 깬 아이는 얼굴이 새빨개졌지만
이상한 표정을 짓던 다른 아이들은
아이들답게 곧 즐거워했다
견고한 송판으로 담을 쌓으면 어떨까

변수로 사용해 왔는데 이로 인해 2000년을 00년, 즉 1900년으로 오인하는 문제가 발생
하게 되었다. 이에 따라 컴퓨터시스템으로 운영되는 철도·항공·선박 등의 교통난
및 대형 교통사고 발생, 이자계산이나 신용카드의 유효기간 인식 등 금융기관의 대혼
란이 경고되어 왔다. 전산시스템의 오작동을 막기 위해 소프트웨어를 고치는 데 전세
계적으로 1조 5,000억 달러가 들었다고 한다. 전산시스템을 수정하고 축적된 데이터를
고치는 등의 대책이 필요하며 한국에서도 정부·기업이 이의 해결에 적극 나섰다. 대
표적으로 금융기관은 연말연시(1999년 12월 31일부터 2000년 1월 3일) 휴무 등을 통해
소비자피해 방지책을 마련하였으며, 항공사들도 2000년 1월 1일을 전후해 비행기운행
을 중단했다(http://dic.search.daum.net/DIC/dicsearch?w=dic&q=Y2K).

주장하는 아이는, 그 아름다운
골목에서 즉시 추방되었다

유리담장은 매일같이 깨어졌다
필요한 시일이 지난 후, 동네의 모든 아이들이
충실한 그의 부하가 되었다

어느 날 그가 유리담장을 떼어냈을 때, 그 골목은
가장 햇빛이 안 드는 곳임이
판명되었다, 일렬로 선 아이들은
묵묵히 벽돌을 날랐다
—기형도, 「전문가」 전문

  상업적 전문가 계급이 자기 이익의 획득을 위해 사람들을 이용하는 장면이 잘 나타나 있는 작품이다. 상업적 전문가 계급을 경계하지 못하면 결국 "일렬로 선 아이들"처럼 "묵묵히 벽돌을 날"라야만 하는 것이다. 상업적 전문가 계급은 자기 자본의 이익을 챙기기 위해 나무들과 꽃들과 벌레들을 죽이며 고속도로를 내고, 물고기의 길을 함부로 막아버리고 아파트를 짓는 일에 몰두한다. 그 횡포를 막지 못하는 것이 곧 거대한 해커에 침략당하는 것이기도 하다. 따라서 인터넷시대에 긴요한 것은 디지털 기술을 유연하게 받아들이되 그것을 어떤 목적을 위해 사용할 것인가를 진지하게 생각하는 일이다. 그리고 상업적 전문가 계급에 이용당하는 것은 아닌가 하고 경계심을 갖는 일이다. 결국 인터넷시대 시의 위상이나 전망은 시인에게 우선의 책임이 있는 것이다.

방언의 시학

권선희, 「탁주—구룡포 82」(『포항문학』 제24호, 2004)

1.

제수씨요 내는 말이시더 대보 저 짝 끄트머리 골짝 팔남매 오골오골 부잡시
럽던 집 막내요 우리 큰 시야가 내캉 스므 살 차이 나는데요 한날은 내를 구룡
포 인자 가마보이 거가 장안동쯤 되는 갑디더 글로 데불고 가가 생전 처음으로
짜장면 안 사줬능교 내 거그 앉아가 거무티티한 국수 나온 거 보고는 마 바로
오바이트 할라 안 했능교 희안티더…… 그 마이 촌놈이 뭐시 배타고 스페인꺼
정 안 갔능교 가가 그 나라 음식 죽지 몬해 묵으면서 내 구룡포 동화루 짜장면
생각했니더 마 가마이 생각해보믄 행님이 내 보고 샐죽이 웃던 이유 빤한데 내
는 그 촌시럽던 그 때가 우예 이리 그립겠능교 마 살믄 살수록 자꾸 그리운기
라요 그기 뭐시 첫사랑 그 문디가시나 그리운 것에 비할라요 내 품은 가시나들
암만 이뻐도 울 행님 그 웃음 맨키야 하겠능교…… 뭐시 이리도 급히 살았는지
내도 모르요 참말로 문디 같은 세월이니더 제수씨요 무심한기 마 세월이니
더…… 우예든동 한잔 하시더……

—권선희, 「탁주—구룡포 82」 전문

　　권선희 시인의 「탁주―구룡포 82」는 형제애를 바탕으로 한 가족의 가치를 추구하고 있는 주제의식과 더불어 연작시라는 점과 방언을 쓰고 있는 점이 주목된다.

　　연작시라는 점은 "구룡포 82"라는 부제를 보면 쉽게 알 수 있는데, 시인은 자신이 살아가고 있는 "구룡포"라는 한 어촌 마을을 작품의 중심 배경이자 소재로 삼고 그곳 사람들을 차곡차곡 담고 있는 것이다. 거의 모든 시인들이 그 편수가 적든 많든 연작시를 썼거나 쓰고 있는 것이 사실이다. 자신이 몸담고 있는 지역(김명인의 동두천, 김용택의 섬진강, 최정규의 통영, 박찬선의 상주), 관심을 가지고 있는 사람(고은의 만인, 송수권의 아내, 임길택의 산골 아이들, 성희직의 광산촌 사람들, 신달자의 어머니, 이연주의 매음녀, 김신용의 잡부, 이승하의 누이), 시적 대상(정진규의 몸, 김종해의 항해, 황동규의 풍장, 최동호의 달마, 이시영의 고향, 하종오의 님, 이동순의 마왕의 잠, 조정권의 산정묘지, 김길나의 0시, 박태일의 ~거리 노래, 이선영 글자), 관심 사물(김수영의 꽃잎, 이성부의 산, 이태수의 술, 채호기의 수련, 최두석의 대꽃), 역사나 사회의 대상(구상의 초토, 김남주의 학살, 이산하의 한라산, 백무산의 온산공해단지) 등 일일이 열거할 수 없도록 많다. 그러므로 권선희 시인이 "구룡포"를 소재로 삼은 연작시를 썼다고 해서 특별한 것이라고 볼 수 없을지 모른다. 그렇지만 다른 시인들이 이미 썼다고 해서 권 시인의 연작시가 의미 없는 것은 아니다. 권 시인은 자신이 살아가고 있는 지역의 사람들을 나름대로 담고 있는데, 한국 시문학에서 보기 드문 어촌이기에 특히 주목되는 것이다.

　　"구룡포"는 동해의 맨 끝에 위치한 소읍이다. 신라시대 때 바다에서 열 마리의 용이 승천하다가 한 마리는 지상으로 떨어지고 아홉 마리만 하늘로 올랐다는 전설을 가지고 있는 곳. 그곳은 한반도에서 가장 먼저 해돋이를 볼 수 있는 호미곶과 국내에서 유일한 등대박물관을 근처에 두고 있는 전형적인 어촌 마을이다. 그곳은 또한 오징어와 대게가 많이 나고 갓 잡은 꽁치를 겨울에 자연 상태로 냉동과 해동을 거듭해서 말린

과매기로도 유명하다. 그러나 이러한 사실들은 텔레비전에서 내 고향을 자랑하는 프로그램에 소개하는 내용에 불과하다.

실제로 오늘의 어촌은 공동화되고 소외된 농촌과 별반 다르지 않다. 젊은이들은 유리한 직장과 더 많은 교육기회와 문화의 혜택을 찾아 도시로 떠나갔고 나이 든 사람들만 득실대는 곳이다. 또한 바다 오염과 지나친 포획으로 어종과 어획량은 줄어들었고 외국으로부터 수입되는 어물은 늘어나 출항을 포기하는 어선들이 속출하고 있다. 어민들의 부채가 가구당 3,000만 원에 이른다는 사실이 그 정황을 여실히 말해주고 있다. 오늘의 어민들은 한가롭고 낭만적인 바다풍경 속에서 풍요롭게 살아가는 사람들이 아니라 도시의 빈민만큼이나 어렵게 살아가고 있다. 정부의 어민 지원제도에 기대어 수억씩 수협에서 대출 받아 가두리 양식장 등 사업을 시작한 젊은이들도 판로의 어려움과 전염병에 타격을 받아 잔뜩 빚을 지고 있다. 뿐만 아니라 이웃들 간에 대출 보증이 얽히고설켜 있어 종래의 공동체 의식마저 무너지고 있다.

권선희 시인은 그러한 어촌과 어민들의 실정을 "오징어 덕장은 탕탕 비었으며 / 그물코 꿰매던 남자들도 구멍가게 평상에 누워 / 낮잠을 자거나 이미 술취한 오전 11시 / 쨍쨍한 7월"(「염창골—구룡포 24」)의 상황으로 그리고 있다.

> 그 다방 손님
>
> 열에 일곱은 아내가
>
> 열에 다섯은 아내와 이빨이
>
> 열에 셋은 아내와 이빨과 손가락 없이
>
> 비린내 나는 포구 곁에

따개비처럼 붙어

퇴화를 꿈꾸는 양서류

—「종점다방—구룡포 45」 전문

위의 작품에서 볼 수 있듯이 오늘의 어민들은 가난에 시달리고 있고
손가락을 잃을 정도로 힘들고 위험한 생업의 조건에 놓여 있다. 또한
"열에 일곱은 아내가" 없을 정도로 가족을 제대로 이루지 못하고 불행
하게 살아가고 있다. 어촌의 아내들이 위험한 출항으로 인해 종종 남편
들을 잃고 있다면, 어촌의 남편들은 전망이 없고 가난한 생활에 등을 돌
리는 아내들로 인해 종종 가정을 잃고 있는 것이다. 이러한 상황이 30만
명에 이르는 오늘의 어촌 모습이다.

그렇지만 권선희 시인은 "구룡포" 연작시를 통해 절망적인 상황 속에
서도 무너지지 않은 어민들의 힘을 발견하려고 한다. 그것은 거대한 자
본주의의 횡행으로 인해 인간이 여지없이 무너지고 있지만, 그래도 무너
지지 않고 있는 인간성을 발견하려는 꿋꿋한 의지이다. 그런 점은 "내가
낚은 커다란 물고기와 / 투둘투둘 비늘 털며 / 긴 밤을 보"(「매월여인숙—구
룡포 63」)내겠다는 다짐에서 확인되고, 형제애를 추구하고 있는 「탁주—
구룡포 82」에서도 볼 수 있는 것이다.

2.

권선희 시인의 「탁주—구룡포 82」가 더욱 관심을 끄는 것은 방언의
쓰임이다. 오늘날 표준어권에 거주하는 시인들은 물론이고 자신이 몸담

고 있는 지역에서 지역방언(regional dialect)을 사용해서 시를 쓰는 시인은 찾기 힘들다. 점점 학교교육이 전국적으로 평준화 및 표준화된 상태로 이루어지고 있고, 텔레비전의 프로그램이나 영화, 음악, 상품 광고, 패션, 헤어스타일, 유행어 등의 대중문화가 유사한 기회로 전파되고 있기 때문에 방언의 토대인 지역성이나 고유성이 사라지고 있다. 또한 지역방언이 표준어보다 못하다는 인식이 널리 퍼져 있기 때문에 사용되지 않고 있다. 이런 점에서 권선희 시인의 작품은 주목된다.

제수씨요 내는 말이시더 대보 저 짝 끄트머리 골짝 팔남매 오골오골 부잡시럽던 집 막내요 우리 큰 시야가 내캉 스므 살 차이 나는데요 한날은 내를 구룡포 인자 가마보이 거가 장안동쯤 되는 갑디더 글로 데불고 가가 생전 처음으로 짜장면 안 사줬능교 내 거그 앉아가 거무티티한 국수 나온 거 보고는 마 바로 오바이트 할라 안 했능교 회안티더…… 그 마이 촌놈이 뭐시 배타고 스페인꺼정 안 갔능교 가가 그 나라 음식 죽지 몬해 묵으면서 내 구룡포 동화루 짜장면 생각했니더 마 가마이 생각해보믄 행님이 내 보고 샐죽이 웃던 이유 빤한데 내는 그 촌시럽던 그 때가 우예 이리 그립겠능교 마 살믄 살수록 자꾸 그리운기라요 그기 뭐시 첫사랑 그 문디가시나 그리운 것에 비할라요 내 품은 가시나들 암만 이뻐도 울 행님 그 웃음 맨키야 하겠능교…… 뭐시 이리도 급히 살았는지 내도 모르요 참말로 문디 같은 세월이니더 제수씨요 무심한기 마 세월이니더…… 우예든동 한잔 하시더……

이 작품에서 "구룡포"의 방언이 쉽게 이해되는 것은 아니지만 방언의 가치는 충분하다. 방언의 기준은 "한 국가를 단위로 하여 그 안에서 한 가지 표준어를 지향하며 한 가지 正書法으로 표기되는 말"[1]을 삼는다. 이런 경우 말들 사이에 다소간의 차이 또는 상호의사소통이 안 될 정도의 큰 차이가 있다고 하더라도 한 언어로 볼 수 있다. 그렇기는 하지만 방언과 표준어를 구분하는 데에 있어서 상호의사소통의 기준은 매우 중

---

1) 이익섭, 『방언학』, 민음사, 1998, 16면.

요하다. 말의 차이가 있는 지역 사람들이 만나 대화를 나눌 때 서로의 의사가 소통되면 각 지역의 말들은 모두 한 언어의 방언이 되는 것이다. 그 결과 한 언어의 폭은 넓어지고 토대는 탄탄해진다.

권선희 시인의 「탁주―구룡포 82」에서 "시야"(형), "내캉"(나하고), "데불고"(데리고), "그 마이"(그러한), "문디가시나"(문둥이 같은 여자. 좋아함의 반어), "맨키야"(만하기야), "우예든둥"(어찌되었든) 등의 방언은 의사소통에 방해되지 않으면서 "구룡포"의 지역성과 그 속에서 살아가는 어민의 모습을 적실하게 그리는데 기여하고 있다. 어려운 환경 속에서도 가족애를 지키고 있는 한 어민의 투박함과 순박함을 여실히 그리고 있는 것이다. 작품의 화자가 스무 살 차이가 나는 큰형님을 그 먼 이국땅에서 그리워한 것은 큰 보살핌이나 은혜를 입어서가 아니라 "짜장면" 한 그릇을 사준 인정 때문이다. 결국 이 작품은 인간다움의 실현에 있어서 가장 중요한 요소는 돈이나 권세 같은 것보다 인정이라는 것을 내세우고 있다. 거대한 자본주의의 팽창으로 인해 인정은 여지없이 무너지고 있지만 인간다운 삶을 이루는 최후의 보루는 돈도 명예도 권세도 아니고 인간을 이해하고 위해주는 사랑임을 내세우고 있는 것이다. 권선희 시인의 그와 같은 세계관은 점점 물질화되어 가고 있는 이 후기 자본주의시대에 진정 필요한 가치이다.

한국의 가족의식은 혈연관계와 상관없이 주거와 생계를 같이하는 가구(household)와는 아주 달라 부모는 자신보다도 자식이 그저 잘되기를 바라고 있고, 자식 역시 목표로 삼은 일을 해내었을 때 자신의 노고보다도 부모의 보살핌에 먼저 감사한다. 부모는 자식이 사고를 치거나 사업에 실패를 했을 때 자신이 올바로 가르치지 못하고 제대로 돌보아주지 못해서 그와 같은 일이 일어났다고 자신을 탓하고, 자식의 경우에도 그와 같은 일에는 부모 뵐 면목이 없음을 걱정한다. 그런데 한국인들의 가족의식은 급격히 변화하고 있다. 산업화의 도래로 인해 사람들의 지역적 이동이나 직업적 이동이 급격해 종래의 대가족 대신 환경에 맞는 핵가족이 형성되어 새로운 가족관이 생기게 되었다. 부부의 책임에 의해 거주지를 옮기고 자녀의 출산과 교육을 결정하는 등 기존의 가계(家系)가 지녔던 권위는 상실되고 대가족 제도에서 유지되었던 유대감은 약화될 수밖에 없게 된 것이다. 형제애를 통해 가족주의를 추구하고 있는 「탁주—구룡포 82」는 이런 점에서 의미가 있다. 그것이 시대에 맞든 안 맞든 또 실현 가능하든 가능하지 않든 문제가 되지 않는다. 시인의 추구는 실현 가능한 정책안을 만드는 데에 있는 것이 아니라 그 이상의 가치를 제시하는 데에 있기 때문이다. 시인은 투박한 방언을 통해 그와 같은 주제를 보다 자연스럽게 추구하고 있는 것이다.

흔히 방언은 표준어와 대립되는 개념으로 인지하고 열등하다고 본다. 표준어보다 세련되지 못하고 품격이 없고 의사소통에 있어서 비효율적이라고 여기고 있는 것이다. 그러나 방언이 표준어보다 가치가 낮다거나 열등하다고 보는 것은 지나친 편견이고 안일한 인식이다. 방언은 한 언어를 형성하고 있는 하위단위에 위치할 뿐이지 열등한 것이 아니다. 한국어는 각 지역의 방언을 통해 하나의 언어로 이루어진 것으로 우리가 표준어로 삼고 있는 서울말도 따지고 보면 한국어의 한 방언일 뿐이다. 따라서 사투리, 시골말 등으로 부르며 방언이 표준어보다 못하다고 인식하고 있는 것을 바꾸어야 한다. 서울을 중심으로 한 중앙집권적인 문화와 획일적이고 상의하달식인 사회체제를 극복하고 문화의 민주화를 이루기 위해서는 그 토대를 마련해야 되는 것이다.

지역방언은 지역성에 의해 발생한다. 지역 사이에 큰 산맥이나 강 등이 놓여져 있거나 행정구역이나 시장권이 달라 지역 주민들 간의 왕래가 어려워지면 문화와 언어생활에 차이가 날 수밖에 없는 것이다. 경상도 방언, 전라도 방언, 제주도 방언, 중부방언, 영동방언 등으로 부르는 것이 지역방언의 전형적인 모습이다. 근래에는 지역방언 외에 사회계층의 차이, 세대간 차이, 성별 차이 등 사회적 요인에 의해 형성되는 사회방언(social dialect) 또는 계급방언(class dialect)에까지 연구의 필요성이 제기되

고 있는데, 권선희 시인 역시 참고해야 할 면이다. 시인은 언어학자가
아니지만 자신이 살아가고 있는 지역을 계층과 세대와 성별의 차이까지
반영해서 담아낼 때 뿌리가 튼튼한 작품을 낳을 수 있는 것이다. 그것을
위해 "우예든동 한잔 하시더."

기록을 거울로 삼는 의로운 시들[1)

3·15와 한국시

1.

평전이나 자료집이나 의거사 등이 문학작품보다 힘이 강한 것을 경험할 때마다 기록의 사회적 가치를 깨닫게 된다. 역사적 사실이 문학의 이미지를 앞서고, 기록 작성자의 성실성이 작가의 천재성을 능가하고, 기록의 역사관이 문학의 미학보다 숭고함을 느끼고 한 인간의 역사적 존재성을 자각하는 것이다. 그러한 예는 일일이 나열할 수 없으나 『전태일 평전』이 그렇고, 전태일의 어머니인 이소선 여사의 회상집 『어머니의 길』이 그렇고, 그리고 3·15의거기념사업회가 펴낸 『3·15의거사』가 그렇다.

그리하여 김영호·김용실·김주열·김영준·전의규·김영길·김효덕

---

1) 이 글에서 인용한 시작품과 역사적 사실은 3·15의거기념사업회가 펴낸 『너는 보았는가 뿌린 핏방울을』(불휘, 2001) 및 『3·15의거사』(휘문출판사, 2004)에서 참고했다.

·김삼웅·오성원·김종술·김평도·조현대 등의 3·15의거 당시 희생
자 명단을 지나칠 수 없다. 강용기·김동섭·권종림·강경술·하병열·
박세현·김시민·이상규·문채영·김무신·구판주·김태열·이휘규·
김정수·황응선·노치준 등 3·15의거로 인한 부상 후유증으로 타계한
이름들도 다시 새기게 된다.

그와 반대로 "난동을 한 사람들과 난동을 좌시하고 막지 못한 공무원
들은 처벌을 받을 것이다", "3·15폭동 사건은 계획적인 폭동이다", "마
산사건은 공산당과 연결되어 있다", "준비되었던 500발 중 458발을 쏘았
다", "대(나라)를 위하여 소를 희생했다", "경찰들에게 총을 준 것은 쏘라
고 주었지 장난감으로 준 것이 아니다" 등과 같이 마산의거를 불인정하
거나 폄하한 자유당과 행정부 고위층의 반응에 대해서는 분노하게 된다.

그리고 3·15 1차 마산의거, 4·11 2차 마산의거, 4·18 고려대생 봉
기 및 피습, 4·19혁명, 4·25 대학교수단 시위, 4·26 이승만 대통령 하
야 등으로 이어지는 역사의 흐름을 인지하게 된다. 나아가 자유당과 경
찰이 한통속이 되어 저지른 3·15부정선거, 눈에 최루탄이 박힌 채 비참
하게 죽은 김주열, 그의 죽음을 가장 먼저 달려와 알린 부산일보 마산주
재 허종 기자, 정치깡패, 좌시할 수 없다는 의분심으로 나선 마산의 고
교생들과 해인대학(현재 경남대학) 학생들, "피로써 찾은 자유 총칼로 뺏을
쏘냐?"라는 시민 구호, 돈을 모아 희생된 동료 오성원을 장사지내준 구
두닦이 친구들, 전우가, 통일행진곡, 경무대 국무회의, 이기붕 일가
의 자살 등의 역사적 사실에 대해서 어느 것이 옳고 그른가를 평가하고
선택하게 된다. 또한 역사라든가 정의라든가 민주라든가 민중이라든가
하는 개념이 속옷을 적시는 빗물처럼 촉촉이 스며들어오는 것을 느낀다.
그리고 그것을 어떻게 수용할 것인가를 고민하게 된다.

이러한 고민은 역사 선택에 대한 불안이나 갈등에 의해서가 아니라
확신에 의해 생겨나는 것이다. 기록을 부단히 읽고 그 역사적 가치를 현
재의 삶에 부지런히 옮겨야 한다는 당위적 고민인 것이다. 진정 기록에

들어 있는 역사성을 새기고 있으면 자기 선택의 순간에 갈등하지 않고 타락하지도 않는다. 역사적 기록은 분명 한 개인의 거울이고, 실천행동의 잣대이다.

점점 개인주의와 이기주의가 횡행하는 이 자본주의시대에 기록을 읽어야 하고 기록의 정신을 예술작품이나 일상으로 승화시키는 일이 필요한 것은 이 때문이다. 아무리 자본이 인간의 가치를 왜곡시키고 인간을 수단적 조건으로 유린한다고 할지라도 기록의 정신을 품고 있는 한 인간은 무너지지 않는다. 아무리 인간이 유적(類的) 존재로부터 상실되고 있다고 할지라도 기록의 눈빛을 품고 있는 한 이성적 존재를 상실하지 않는다. 3·15의거를 거울로 삼고 시를 창작하는 일이 가지 있는 것은 이 때문이다.

2.

그날은 콜럼비아 찻집에서 시화전을 여는 날이었다.

손수 만든 시화전 입간판을 둘러메고 신마산 부두쪽으로 혼자 걸어가고 있었다.

낮게 갈앉은 희뿌연 하늘과, 감기 기운이 도는 음산한 바닷가, 갈매기 두어 마리 날고 있는 황량한 부둣가에 잠시 앉아 담배 한 대를 피워 물었다.

그날 1960년 4월 11일 아침 11시 30분……

너는 바다 속 깊은 곳에서 나를 향해 걸어나오고 있었다. 물위에 반쯤 떠 있는 너의 머리가 처음에는 바가지처럼 예사로 보였다. 1분, 3분, 10분……. 그렇게 눈먼 시간이 내 무료를 찍어 누를 때 바다 너는 천근 같은 음모를 감춘 파도자락을 가르며 한 발 또 한 발 부둣가로 다가왔다.

드디어 내 눈높이에 너의 주검이 닿아 왔을 때 나는 후딱 몸을 일으켜 세웠다. 얼굴 중심부에 큰 쇠붙이 덩이가 박힌 채 너의 눈은 아직도 부릅뜨고 있었고 너의 두 주먹은 불끈 쥐어 있었다.

(저건 분명 金朱烈이다. 온 나라 사람들이 마산 땅을 다 뒤지며 찾던 주열이다)는 확신이 용수철처럼 내 몸을 공중에 튀겼다. 순간 나는 달렸다. 콜럼비아 다방을 향해 숨가쁘게 달렸다. 카운터 밑으로 전화기를 숨긴 채 馬山日報의 B기자에게 이 사실을 통보했다.

그리고 또 달렸다. 제일여고 뒷산으로 도망치듯 달렸다. 30분쯤 지나자 신마산 부둣가는 수천명의 성난 군중들로 꽉 메워졌다.

그날 밤 마산 3·15의거 제2차 민주시민항쟁의 의로운 횃불이 마산 하늘을 뒤덮었다. 저마다 뜨거운 가슴으로 민주의 깃발을 올린 마산의거는 마침내 4·19학생혁명의 도화선에 불을 당겼다.

그로부터 30년이 지난 90년 4월 11일 나는 혼자서 그 부둣가로 나가 보았다. 여객선 뱃머리가 된 그 분노의 바다는 아직도 잠들지 못한 채 보채고 있었다. 아직도 해명이 덜 된 金朱烈의 시퍼렇게 부릅뜬 두 눈이 나를 노려보고 있었다.

마산의 정신, 마산의 민주는 지금 어디에 있느냐 고

구암동 허름한 야산 3·15의거 영령 유택에서 金朱烈은 지금도 마산시민을 향해 전화를 걸고 있다.

—이광석, 「김주열 사설」 전문

위의 작품은 기록을 창작품으로 잘 살려내고 있는 것을 보여주고 있다. 일반적인 기록에 나타나 있지 않은 역사적 사실을 시작품을 통해 새롭게 인식시켜주고 있는 것이다. 기록에서는 찾기 어려운 "콜럼비아 찻집"이며 "시화전을 여는 날"이며 "카운터 밑으로 전화기를 숨긴 채 馬山日報의 B기자에 이 사실을 통보"한 일이며 "제일여고 뒷산"과 같은 상황을 통해 역사적 사실의 기록을 새롭게 발견해주고 있다. 또한 "너의 머리가 처음에는 바가지처럼 예사로 보였다", "천근 같은 음모를 감춘 파도자락", "(저건 분명 金朱烈이다 온 나라 사람들이 마산땅을 다 뒤지며 찾던 주열이다)는 확신이 용수철처럼 내 몸을 공중에 튀겼다"와 같은 비유를 통해 기록의 상황을 한층 더 구체화시켜주고 있다.

그리하여 위의 작품은 역사의 기록을 현재의 역사로 잘 이어주고 있

다. 시인은 마산의거가 일어난 지 "30년이 지난 90년 4월 11일" "그 부
둣가로 나가 보"는데, 그 바다가 "아직도 잠들지 못한 채 보채고 있"는
것을 발견한다. "아직도 해명이 덜 된 金朱烈의 시퍼렇게 부릅뜬 두 눈
이 나를 노려보고 있"다고 느끼는 것이다. 그리하여 시인은 " 마산의 정
신, 마산의 민주는 지금 어디에 있느냐 "라고 반문한다. 이러한 면은 한
편으로는 마산의거의 정신을 제대로 계승하지 못하고 있음을 반성하는
것이기도 하고 다른 한편으로는 의거 정신을 제대로 계승하는 일이 필
요하다는 점을 새삼 강조하는 것이기도 하다.
　역사를 계승한다는 것은 결코 쉬운 일이 아니다. 역사는 어디까지나
과거의 일이기 때문에 현재의 시간과 공간에서 그 유효성이 깎일 수밖
에 없다. 이때 이곳 사람들의 식성이 다르고 의복이 다르고 헤어스타일
이 다르고 거주 형태가 다른 것은 물론이고 학교 교육, 정치제도, 유행
가의 가사가 또한 다르기 때문에 그때 그곳의 역사가 직선적으로 계승
되는 일은 어려운 것이다. 따라서 위의 작품에서의 반성은 도덕적인 차
원의 문제가 아니라 환경적인 차원의 문제로 보아야 한다. 반성이 정직
할수록 시대인식은 치열해지고 엄숙해지는 것이다.

　　이제 우리는
　　3 · 15를 말하지 맙시다.

　　5 · 16의 민족중흥을 뇌까리며
　　10월, 그 찬란한 아침을 찬양하고
　　5 · 18, 다리 뻗고 길게 자다
　　그 6월 올림픽을 외쳐대던

　　그 요사스런 혓바닥으로
　　다시는 3 · 15를 말하지 맙시다.
　　　　　　　　　　　　　　　　　─이재금, 「3 · 15를 말하지 맙시다」 부분

위의 작품은 3·15의거를 제대로 계승시키지 못하면서 함부로 수단화하는 상황을 경고하고 있다. 여기서 함부로라는 의미는 진지하지 않고 가볍게 대한다는 것을 넘어 역사적 가치를 왜곡시키거나 방관하는 것을 의미한다. 그리하여 시인은 준엄한 자기반성으로 함부로 "3·15를 말하지 맙시다"라고 경고하고 있다. 실제로 "5·16의 민족중흥을 뇌까리며 / 10월, 그 찬란한 아침을 찬양하고 / 5·18, 다리 뻗고 길게 자다 / 그 6월 올림픽을 외쳐대"다가 기념식장에서 3·15의거를 찬양하는 표리부동한 정치인이나 기업인이나 언론인이나 심지어 문인이 많은 것이 사실이다. 역사가 계승되는 과정에는 변화가 있을 수 있고 또 변화되어야 마땅하지만, 진정성이 없는 변화는 곤란하다. 그것은 시대의 변화를 수용한 계승이 아니라 역사적 가치를 왜곡시키는 일에 불과하다. 따라서 자기반성의 토대가 굳건할 때 바람직한 역사의 계승도 창작의 발전도 이룰 수 있는 것이다.

3.

그러나 그러나
아직 피지 못한 동백꽃 봉오리
붉게붉게 스러진 그대들의 처참한 죽음이
억울해서
겹겹이 억울해서
아픔보다 더 아린 분노가 가슴을 찢는다
불의에 항거한 것이
민주주의를 갈망한 것이
죽을죄가 되더란 말인가

아직 눈 못 감은 그대들 영령 앞에
내 무슨 낯으로 말할 수 있으랴
그동안
강산이 변해도 몇 번은 변했을 세월에
민주주의는 지금껏 제자리 못 잡고
윤리와 도덕이란 스스로 인간됨을 거부하는 파렴치로 흐르고
몸 사려 비굴한 목숨 이어감이 오히려 낯뜨거움을 느낀다
                    —이효정, 「다시 3·15의거탑 앞에서」 부분

『3·15의거사』를 읽는 동안 가장 절실하게 느낀 점은 그 어떤 권력의 탄압에도 무너지지 않는 민중의 힘보다도 민중에 의한 혁명이 얼마나 어려운가였다. 하늘의 도움이 있어야 민중혁명이 가능하겠다는 생각까지 든 것이다. 이는 민중의 힘이 약하다는 사실을 말하려고 하는 것이 아니라 지배계급이 얼마나 주도면밀하게 민중을 억압하고 있으며 또 잔인하게 지배하고 있는가를 드러내려고 하는 말이다. 그러한 면은 위의 작품의 "강산이 변해도 몇 번은 변했을 세월에 / 민주주의는 지금껏 제자리 못 잡고"라는 사실로도 확인되고 있다.

4·19혁명이 일어난 지 4개월이 지난 1960년 8월 27일 3·15의거부상자동지회 회원 40명이 마산에서 상경해 국회 앞에서 반혁명세력 규탄시위를 벌이며 철야농성에 들어갔다. 또 같은 해 10월 11일에는 4·19혁명 부상 학생 60여 명이 국회에 들어가 의장석을 점거했다. 3·15의거 희생자인 김주열의 아버지 역시 마산 시민에게 보낸 글에서 "1년이 지나도록 민주 반역자 하나 똑똑히 처단 못하고, 부정축재자 하나 처리 못하고, 파쟁과 정쟁만으로 소일하고 있음은 정말 염치없는 일이며, 한심하기 짝이 없다"라며 부정선거와 부정부패 사범에 대한 사법적 처리가 지지부진하고 있음을 비판했다. 이런 일들은 부정선거 관련 재판에서 의외의 결과가 나온 데 대한 민중들의 분노가 폭발한 것이다. 3·15의거를 이은 4·19혁명으로 이승만 대통령이 하야 할 정도로 민중의 힘이 강하다는

사실이 확인되었지만, 민중들의 요구는 여전히 무시되고 있었다. 따라서 독재정권 때에는 얼마나 민중들이 탄압당했을 것인가가 명확해진다. 그렇지만 민중들의 힘 또한 독재정권의 철퇴 못지 않게 강한 것이다. 표면적으로는 패배한 것 같지만 결코 그렇지 않음을 다음의 작품에서 확인할 수 있다.

> 아 그러나 마산이 마산임을 선언한 가장 빛나는 사건은
> 3·15의거이다.
> 이승만 독재 정권의 마지막 발악이었던
> 부정선거가 이 나라 전역에서 자행될 때
> 마산은 동조할 수 없었다.
> 마산은 좌시할 수 없었다.
> 마산은 인내할 수 없었다.
> 민족 정기 앞에서 마산 시민 정신은
> 배신할 수 없었다
> 불종거리에 운집한 군중들
> 남성동 해안 쪽으로 달려가던 사람들.
> 경찰 트럭에 잡혀가던 사람들
> 카빈 총탄에 쓰러지던 학생들
> 기차 철로에 깔린 자갈을 치마폭에
> 담아 나르던 여학생들.
>
> 아 김주열의 시체는 자유당의 죽음의 상징이었다.
> 마산 시민은
> 이 나라 전역에 민주의 불을
> 질렀다. 부산에서, 서울에서
> 마침내 그 불길 타올라
> 새로운 민주 정부가 들어섰다.
> 불의 마산이여
> 그 불은 부마사태에도

변하지 않는 불이었다.

— 이우걸, 「아, 마산이여」 부분

위의 작품에 나타나고 있듯이 3·15의거는 "이 나라 전역에 민주의 불을 / 질렀다"는 점에서 큰 의미를 갖는다. 진정 3·15의거는 해방 이후 최초로 민중이 연대해서 일어난 민주주의 운동이었다. 그리고 아무리 총과 칼로 인권을 유린한다고 할지라도 정의를 믿고 있는 민중들은 목숨 걸고 맞선다는 사실을 확인시켜준 민중주의 운동이었다. 3·15의거는 진정한 민주주의의 발전의 효시였다. 국가의 주인이 결코 권력을 쥐고 있는 몇 사람이 아니라 민중이라는 사실을 역사적으로 증명시켜준 것이다. 이런 점에서 3·15의거는 미래의 민주주의 운동의 거울이 되었다. 인간답게 살아가려는 민중들의 용기 있는 행동으로 민주화 운동의 초석이 된 것이다. 그러한 면은 "그 불은 부마사태에도 / 변하지 않는 불이었다"라는 사실에서 볼 수 있다. 3·15의거는 이후에 일어난 4·19혁명, 10·18부마항쟁, 5·18광주항쟁, 6월항쟁 등과 같은 민중 투쟁의 선두가 된 것이다. 그러므로 마산의거에 대한 다음의 고백은 공감대를 형성한다.

마산의 삼월이 나에게 분노를 가르쳤다. 누런 황사바람이 두척산을 넘어와 마산의 하늘을 가리기 시작하면, 홍문처럼 적조가 발생하는 합포만의 검고 죽은 파도가 마산의 바다를 덮기 시작하면, 나는 마산의 삼월이 가르쳐주는 분노를 배웠다. 민족과 국가를 총칼로 모독하는 정권에 대해, 민중과 인권을 군홧발로 짓밟는 독재에 대해, 권력과 금력에 눈멀어 바르게 기록되지 못하는 역사에 대해, 산처럼 일어서서 바다처럼 펼쳐졌던 그 해 삼월 마산의 분노, 그 뜨거운 분노의 방식을 배웠다.

— 정일근, 「분노가 없으면 사랑도 없다」 부분

위의 작품에서 "분노"라는 것은 단순한 감정으로 볼 것이 아니라 정의에 대한 열정과 실천 행동으로 보아야 할 것이다. 시인은 자신의 열정과 대항 방식을 3·15의거에서 배웠다고 토로하고 있다. "민족과 국가를 총칼로 모독하는 정권에 대해, 민중과 인권을 군홧발로 짓밟는 독재에 대해, 권력과 금력에 눈멀어 바르게 기록되지 못하는 역사에 대해, 산처럼 일어서서 바다처럼 펼쳐졌던 그 해 삼월 마산의 분노, 그 뜨거운 분노의 방식을 배웠다"라고 밝히고 있는데, 이러한 토로는 진정 신념에 찬 열정인 것이다.

4.

1960년 10월 8일 3·15부정선거와 관련된 48명의 피고인(부정선거자, 발포자, 정치깡패 등)에 대한 일괄 판결이 있었다. 이 재판은 4·19혁명의 정신이 판결에 반영되기를 국민들이 절실히 요청하는 사안이어서 관심이 높았다. 재판 결과 전서울시경국장이 사형을, 경비과장이 무기징역을 선고받았을 뿐 나머지 피고자들은 짧은 징역이나 무죄 선고를 받았다. 이에 대해 국민의 불만이 전국적으로 번져갔는데, 국회는 국민들의 감정을 무마시키기 위해 민족반역자 처벌 및 부정축재 환원에 관한 특별법안을 제출, 통과시켰다.

특별법안이 통과됨으로써 1961년 1월 4일부터 경남에서도 반민주행위자 및 부정축재자 처벌 절차가 시작되었다. 그렇지만 40일 간으로 한정된 특별검찰의 수사 결과 기소율은 2.5%에 불과했다. 거물급 관련자들 대부분은 수사망을 벗어났고 부정선거 관련자와 선거자금 조달자에 대한 불기소처분이 많았다. 발포관계에 관한 수사도 진전을 보지 못했다. 결국 3·15의거를 통해 정부와 국회가 구성되었지만 과거 권력자들의 기득권이 여전히 지배하고 있음을 확인시켜주는 것이다.

3·15의거의 정신이 무시되는 것은 이후의 정권에서도 이어졌다. 1961년 5·16군사쿠데타를 일으킨 군부세력은 한편으로는 자신들의 행동에 대한 정당성을 확보하고 다른 한편으로는 기성 정치인들을 압박하기 위한 수단으로 반민주행위자와 부정축재자의 처벌에 관한 특별법을 계속 추진했다. 그 결과 소수이기는 하지만 시민 시위자들을 살해한 경찰들이 처벌받게 되었다. 또한 관주도의 기념사업이 진행되었는데, 1962년 3·15의거 2주년 기념식에서 군사쿠데타 세력은 자신들의 행동이 혁명이라고 당위성을 내세우며 3·15의거 정신과 연결시키려고 했다. 자신들의 군사쿠데타가 국민들의 권리를 헌신짝같이 유린하던 자유당 정부에 대항하여 일어난 민족적 민주혁명이라고 아전인수로 내세운 것이다.

그러나 1963년 12월 박정희가 제5대 대통령으로 공식적으로 취임하자 정권을 잡은 세력들은 3·15의거의 의미를 서서히 묻어버리기 시작했다. 군사정권의 입장에서는 3·15의거가 민주주의 회복을 위한 국민적 저항이었다는 사실이 부담으로 작용한 것이었다. 그리하여 1969년 대통령 연임금지 조항을 철폐하고 3선 개헌안을 통과시킨 후에는 3·15의거를 역사의 평가에서 완전히 제외시켰다. 이러한 왜곡은 1979년 10·26사태와 1980년 5·18광주민주항쟁을 무참히 짓밟고 정권을 잡은 신군부에서도 이어졌다. 그러므로 다음의 작품에서 내세운 경계는 새길 필요가 있는 것이다.

우리들의 평안한 일상을 보장하면
그동안 가지고 놀다 싫증난 3·15탑은
어쩌면 헐릴는지도 모르지 그리고 그 자리에
조국의 줄기찬 번영을 가져온 12·12를 위한
용감한 군인들의 탑이 서거나 1000억불 수출의 탑이 설지도 모르지
4·19탑 자리엔 10월 유신 기념탑이 서고
5·16 영웅을 위한 기념시집 원고청탁도 있을는지 모른다
이 다음에 우리 손녀가 3·15탑에 대해서 저게 뭐야 물으면

시행착오 속에 살다 개죽음을 당한 불쌍한 젊은이들을 위한 위령비란다라고
말하게나 안 될는지 정말 아무도 아무도 모른다.
　　　　　　　　　　　—가나인, 「3·15탑과 1990년 이른 봄 앞에서」 부분

　　물론 "이 다음에 우리 손녀가 3·15탑에 대해서 저게 뭐야 물으면／
시행착오 속에 살다 개죽음을 당한 불쌍한 젊은이들을 위한 위령비란
다"와 같은 폄훼가 함부로 일어날 수는 없다. 그것은 3·15의거 정신이
어느 정권에 의해서도 함부로 왜곡될 수는 없기 때문이다. 또한 몰지각
한 행정가에 의해서 함부로 묻힐 수도 없기 때문이다. 그 어느 누구도
국민의 자유와 민주주의에 대한 열망을 온몸으로 추구한 3·15의거를
왜곡시키거나 폄하시킬 수 없는 것이다.

도로점유율이 많다는 이유 하나만으로
어느 철없는 인사(?)가 변두리로 이전하자는
제의를 했었지만
안심하라 그대들은 안심하라
이 고장 시민들의 여론이 물끓듯하니깐
일언지하에 그 인사의 제의는
취소 소동이 벌어졌음을
그대들은 이 땅의 위대한 역사입니다
이런다고 역사가 없어지나요
이렇게 한다고 역사가 지워지나요
　　—이선관, 「함성을 위하여—3·15 그날 산화한 12명을 위하여」 부분

5.

　3·15의거에서 찾아야 할 또 한 가지의 의미는 이 항쟁이 예외적이고 돌출적인 것이 아니라는 점이다. 오히려 민중항쟁사의 전통을 잇는 것으로 보아야 한다. 1862년의 진주민란으로부터 1894년의 동학혁명, 1897년의 만민공동회, 1919년의 2천만 민족이 참여한 3·1운동, 1926년의 6·10독립만세운동, 1928년의 수원고농 항일투쟁, 1929년의 광주학생 항일운동, 1960년의 2·28대구 학생시위 등의 전통과 맥을 같이한다고 보아야 하는 것이다. 3·15의거는 부정부패와 독재로 찌든 정권으로부터 민중의 정의를 회복시켜준 것으로 유구한 역사적 전통을 잇는 항쟁이었다. 따라서 다음의 작품과 같이 3·15의거에 대한 자긍심은 아무리 가져도 지나침이 없는 것이다.

　　마산(馬山)은
　　고요한 합포만(合浦灣) 나의 고향 마산은

　　썩은 답사리 비치는 달 그림자에
　　서정(抒情)을 달래는 전설의 호반(湖畔)은 아니다.

　　봄비에 눈물이 말없이 어둠 속에 괴면
　　눈동자에 탄환(彈丸)이 박힌 소년의 시체가
　　대낮에 표류하는 부두—

　　학생과 학생과
　　시민이

　　전우의 시체를 넘고 넘어—
　　민주주의와 애국가와

목이 말라 온통 설레는 부두인 것이다.

— 김태홍, 「마산은!」 부분

3·15의거의 정신은 민중 정의의 실현이라고 집약시킬 수 있을 것인데, 결국 마산의 민중들이 그 역사의 장을 열어젖힌 것이다. 부정선거와 부패와 무능한 독재 정권을 좌시하지 않고 분연히 일어나 민권회복을 쟁취한 것이다. 따라서 3·15의거는 한국의 민주주의가 전근대적인 차원에서 근대적인 차원으로 전개되어 가는 데에 초석이 되었다. 위정자들은 국민의 주권을 존엄하게 인정해야 된다는 것을 역사적으로 확인시켜 준 것이다. 따라서 "학생과 학생과 / 시민이 // 전우의 시체를 넘고 넘어— / 민주주의와 애국가와 // 목이 말라 온통 설레는 부두"를 가지고 있는 마산에 대한 자긍심은 마땅한 자격을 지닌다. 그러므로 이제 그와 같은 의미를 더욱 되살릴 것이 요청된다.

① 29일 낮 12시 40분, 이동영(19) 군 등 7명의 소년들은 오 군이 잠들어 있는 창원군 내서면 합성리 아래 부락 뒷산에 2대의 택시로 오 군이 죽은 이유의 글발이 새겨진 비석을 옮겼다. …… 아침부터 대지를 적시는 봄비는 소리도 없이 내려 울분에 찬 소년들의 슬픈 가슴속을 더욱 미어지게 하는 것 같았다. …… 무덤 앞에 모여선 전우들은 일제히 "성원아……" 목멘 소리로 불렀으나 대답은 없고 산울림만 메아리쳤다. 이제 불귀의 객이 되어버린 오 군의 무덤 앞에 세워진 비석의 후면에는 이렇게 새겨져 있었다. '길 가는 나그네여, 여기 민주주의를 찾으려다 3월 15일 밤 무참히도 떨어진 21년의 꽃봉오리가 누워 있음을 전해다오……'

② 3·15의거 희생자인 구두닦이 소년 오성원 군의 친구 3명이 집단 자살하고, 그들의 근거지였던 '보리수 다방' 근처에는 아무도 없었다.

위의 인용글은 『3·15의거사』에 수록되어 있는 의거 당시의 희생자인 오성원에 대한 기사인데 ①은 1960년 3월 30일 『부산일보』 마산주재 이

순명 기자가 취재해서 실은 것이고, ②는 1965년 3·15 5주년과 관련하여 부산일보가 소개한 기사이다. 위의 글들을 통해 시간이 흐르면서 역사의 가치가 깎이고 있는 사실을 한편으로 확인하게 되어 안타깝기만 하다. "오성원 군의 친구 3명이 집단 자살"한 사건, 그들은 왜 그와 같은 극단적인 행동을 했을까? 그것은 변하지 않는 부패 사회에 절망했기 때문일 것이다. 3·15의거가 있었지만 민주주의의 실현은커녕 철새 정치인, 출세주의 공무원, 정치자금으로 반대급부를 거래하는 부정축재형 기업인, 권력에 기생하는 정치깡패, 금전에 눈먼 학자와 문인 등이 세상을 지배하자 그에 적응하지 못한 것이다. 따라서 진정한 민주주의의 실현을 위해서는 기록을 거울로 삼는 것이 필요하다. 그렇게 했을 때 민권 회복의 토대가 되는 사회 제도의 형성도 가능한 것이다. 이런 차원에서 기록을 창작하거나 창작을 기록하는 일은 매우 필요한 일이다.

> 시인이 아니라도 읊어야 한다
> 화가가 아니라도 그려야 한다
> 악사가 아니라도 노래부르자
>
> 방대한 어휘를
> 전설로만 들리지 않기 위하여
> 진실된 행동을
> 흥분으로만 미루지 않기 위하여
> 이 성스러운 벽혈(碧血)을
> 먼 후예들이 핏줄기로 하기 위하여
> 우리 모두가 참되게 참되게
> 춘추(春秋)의 붓끝으로 기록해야만 한다.
>
> — 김상중, 「기록」 부분

기록을 창작하는 방향은 "총칼로써도 / 민권을 뺏을 수 없다는 것을 / 인민의 불타는 염원은 / 그 누구도 꺾을 수 없다는 것을"(정태영, 「피로 뿌린 씨 내일은 꽃피리」) 보여주어야 한다. "생명보다 더한 아름다움이 없고 조국보다 귀한 사랑이 없"(김세익, 「진혼가」)다는 것도 추구해야 한다. 또한 국가의 권리가 권력가의 손에 있지 않고 민중의 마음속에 있다는 것도 확인시켜주어야 한다. 그렇게 되었을 때 사사로운 이해타산을 생각함이 없이 일으킨 정의로운 의거가 유구한 전통이 될 것이다. 역사적 사실을 왜곡시키는 대상에 대해 가장 완강하게 대응하는 민중에 의한 전통, 민중을 위한 전통이 될 것이다.

통일 지향의 시 흐름과 그 의미

1.

나무
너 느릅나무
50년 전 나와 작별한 나무
지금도 우물가 그 자리에 서서
늘어진 머리채 흔들고 있느냐
아름드리로 자라
희멀건 하늘 떠받들고 있느냐
8·15때 소련병정 녀석이 따발총 안은 채
네 그늘 밑에 누워
낮잠 달게 자던 나무
우리 집 가족사와 고향 소식을
너만큼 잘 알고 있는 존재는

이제 아무 데도 없다
그래 맞아
너의 기억력은 백과사전이지
어린시절 동무들은 어찌 되었나
산목숨보다 죽은 목숨 더 많을
세찬 세월 이야기
하나도 빼지 말고 들려다오
죽기 전에 못 가면
죽어서 날아가마
나무야
옛날처럼
조용조용 지나간 날들의
가슴 울렁이는 이야기를
들려다오
나무, 나의 느릅나무.

— 김규동, 「느릅나무에게」 전문

2005년 4월에 출간된 시집 『느릅나무에게』에 수록되어 있는 위의 작품을 읽고 있으면 통일에 대한 필요성이 새삼 든다. "산목숨보다 죽은 목숨 더 많을 / 세찬 세월 이야기"를 들려달라는 시인의 바람은 눈물겹고, "죽기 전에 못 가면 / 죽어서 날아가마" 하는 시인의 귀향 의지는 숭고하기만 하다. 그리하여 통일에 대한 바람이 다소 감정적이라고 할지라도 그 절실함에 다시 한번 더 동의하게 되는 것이다.

그동안 우리 사회에는 통일에 대한 염원 못지 않게 회의도 만만치 않게 표출되어오고 있었다. 상당수의 사람들이 분단을 체험하지 않은 세대이기 때문에 일상생활에서 그 아픔을 실감하고 있지 않다. 분단이 민족의 비극이라는 사실을 학교 교육이나 간접적인 체험들을 통해 알고 있지만, 실제의 삶에서 직접적으로 느끼지는 않고 있는 것이다. 분단된 지 60년이 되었지만 아직 통일의 가능성이 요원하기만 한 현실에 비추어보면 그것은 이해할 수 있다.

사람들이 통일에 대한 필요성을 갖고 있지 않는 이유는 오랫동안 분단 상황에 길들여져 있기 때문이다. 분단 상황에서 안정적으로 영위해온 삶이 통일과 같은 큰 사회변화로 인해 위협받을지 모른다고 두려워하는 것이다. 그렇지만 이와 같은 인식을 지혜로운 삶의 자세라고 긍정할 수는 없다. 오히려 소시민적인 세계인식이라고, 민족의 장래가 어떻게 되든 자기만 잘살면 된다는 이기적인 태도라고 비판할 수 있다. 자본주의의 확대로 인해 이러한 세계관이 점점 퍼져가고 있기에 더욱 문제이다. 민족의 운명이 어떠하건 자신의 삶만 훼손당하지 않으면 상관없다고 여기는 이기적인 태도는 통일을 이루는 데 극복해야 할 면인 것이다.

우리의 통일에 대해 회의적인 자세를 보이고 있는 것은 국내의 상황만이 아니다. 가령 『제로─섬 사회』의 저자로서 세계적인 경제전문가인 레스터 C. 써로우는 『경제탐험 : 미래에 대한 지침』에서 "최근까지 세계의 대외정책계에서는 중국과 러시아가 약간, 일본은 완강히 영속적인 한반도의 분단을 바라고 있다는 생각을 가지고 있다. 이 지역에 관심이 있는 강대국들 중 미국만이 통일을 지지하고 있는데 이는 통일을 통하여 미국은 한국에 군대를 유지할 의무에서 벗어나게 되고 동시에 북한의 위협적인 핵무기 생산을 해결할 수 있기 때문이다. 바로 이 대외정책계는 한국 정부가 공식적으로 정말 통일을 원치 않는다고 시인하는 것이 불가능한 한편 묵시적으로는 정부와 그 국민들이 정말로 통일을 원치 않는다고 믿고 있다. 한국 사람들은 서독이 떠맡아야 했던 엄청난 규모의 통일 비용을 목도해왔고 통일에 필요한 비용의 지불의무를 원치 않는다"[1]라고 진단하고 있다.

써로우의 진단은 국내외적으로 표출되고 있는 우리의 통일에 대한 소극성이나 회의감을 나름대로 파악하고 있는 것으로 보인다. 그렇지만 과

---

1) Lester C. Thurow, 강승호 역, 『경제탐험─미래에 대한 지침』, 이진출판사, 1999, 163면.

연 비용의 부담 때문에 우리 국민들이 통일을 바라지 않는다고 진단할 수 있을까? 써로우의 견해를 무조건적으로 수용하기는 어렵다고 여겨진다. 써로우의 진단은 지나치게 경제적인 차원으로 국한되었다는 한계를 지니는 것이다. 한국 사람들에게 통일은 경제적인 차원 이상의 의미가 있다. 비록 분단된 지 60년이 되었고, 통일에 대한 회의가 퍼져 있다고 할지라도, 단일민족을 지향하는 정서를 무시할 수는 없는 것이다. 한국에서의 통일문제는 위에서 예를 든 김규동 시인의 「느릅나무에게」에서 볼 수 있듯이 경제적인 차원 이상의 가치를 내포하고 있는 것이다.

또한 써로우는 미국이 진정 한국의 통일을 원하고 있다고 했는데, 그 것 역시 신뢰할 수 없다. 그것은 미국이 이 세계의 자유를 책임지고 있다는 듯한, 지극히 자국의 이미지를 제고하고 있는 발언으로 보인다. 써로우는 미국이 한국의 통일을 원하는 근거로 남한에 주둔하고 있는 미군의 유지에 드는 비용을 절감하고 북한의 핵무기 생산을 막을·수 있기 때문이라는 점을 들고 있지만, 그와 같은 주장에 전적으로 동의하기 어렵다. 왜냐하면 그동안의 한국 역사가 그것을 증명해주고 있기 때문이다.

2.

일본이 도발한 태평양전쟁의 막바지인 1945년 5월 30일, 일본군은 조선과 만주에서의 작전을 강화한다는 방침 아래 한국을 남북으로 나누었다. 38선 남쪽은 대본영 직할 제17방면군 지휘하에, 38선 북쪽은 관동군 지휘 하에 둔 것이다.[2] 그리고 같은 해 8월 11일, 미국의 국무성·육군

---

2) 김병호, 『민족 분단과 통일문제』, 한울, 1985, 20면.

성·해군성 3개 부처의 조정위원회는 일본의 항복을 접수하기 위한 구체적인 조처를 마련해나갔는데 38선 이북의 일본군은 소련군에게, 그리고 남쪽의 일본군은 미군에게 각각 항복한다는 조항을 채택했다. 이 결정은 미육군성 작전국 전략기획과의 딘 러스크(David Dean Rusk) 등에 의해 마련되어 트루먼(Harry Shippe Truman) 대통령의 승인으로 최종 결정되었다.

소련은 미국이 1945년 8월 6일 히로시마 원자폭탄을 투하하자 일본의 조기 항복을 예상하고 8월 8일 급히 일본에 대해 선전포고를 하고 빠른 속도로 만주 전역에 이어 한반도에 진군하기 시작했다. 당시 오키나와 근해에 머물고 있던 미군으로서는 소련군의 급속한 남하와 일본의 조기 항복이라는 급박한 사태 속에서 일본군으로부터 항복을 접수하고 무장 해제를 위해 연합국끼리 지역 분담 지침을 확정해야 할 필요성에 직면하게 되었다. 이처럼 남북 분단의 근본적인 원인은 약소민족의 권익을 도외시한 강대국들의 자의적인 전후 처리과정에서 비롯된 것이다.[3]

미국의 38선 결정은 강대국이 자신의 국익을 위해서는 언제 어디에서나 약소국의 주권과 권익을 마음대로 유린할 수 있다는 면을 보여주는 단적인 예가 된다. 미국은 1945년 8월 6일 히로시마에, 8월 9일 나가사키에 각각 투하한 원자폭탄의 위력을 확인한 뒤부터 소련에 대해 군사적 우월감을 내보였다. 그리하여 미국은 얄타협정에서 소련과 맺은 약속의 일부를 묵살했는데, 그 대가로 한반도의 북쪽을 소련에게 넘겨준 것이다.

미국의 결정에서 또 한 가지 짚고 넘어가야 할 사항은 루스벨트(Franklin Delano Roosevelt) 대통령이 한반도에 대한 열강들의 이권 개입을 막는다는 구실로 4강의 공동관리를 뜻하는 이른바 신탁통치안을 내놓았다는 점이다. 1945년 2월 8일에 열린 얄타회담에서 미국과 소련이 일본 항복 후의 한국에 대해 20~30년 간 지배하는 것으로 밀약되어 있었다. 그 결과 미

국의 주도로 이루어진 신탁통치안은 우리에게 치명적인 타격을 주었다. 이 제안으로 우리 민족은 좌익과 우익이라는 극한적 대립의 소용돌이에 휘말리게 된 것이다.[4)

물론 분단의 원인으로 우리 민족의 총체적 역량이 부족했다는 점을 들 수도 있다. 민족해방을 정치적 역량이 모자랐기 때문에 슬기롭게 살려내지 못했다고 자책할 수 있는 것이다. 우리와 비슷한 시기에 미·영·불·소 등 4대국의 점령 하에 놓였던 오스트리아가 좌우익 정치 세력들이 제휴하여 외세의 분단시도를 저지하고 통일 국가를 이룩한 것과 비교해보면 더욱 그러하다. 그렇지만 우리의 분단에는 강대국들의 조종이 더 큰 영향을 미쳤다는 사실이 분명한 만큼, 우리에게 우선적으로 책임을 돌릴 수는 없는 일이다.

이처럼 우리의 분단이 내부에 의해서가 아니라 강대국들의 이해관계에 의한 결정이었기 때문에 아쉬움이 크다. 따라서 써로우가 경제적인 차원으로 우리의 통일에 대해 회의감을 나타낸 것은 옳지 않다. 우리의 분단은 독일의 분단과는 본질적으로 다르다. 독일의 분단은 전쟁을 일으킨 당사자에 의해서 이루어진 것이기 때문에 자업자득이라고 볼 수 있지만, 우리의 분단은 미국이 주도한 얄타회담과 포츠담회담의 결과물인 것이다. 6·25전쟁 또한 이와 같은 국제적 이해관계에 의해 발생된 민족의 비극이었다.

> 고개 들어 하늘에 외치던 그 자태
> 머리만 남아 있는 군마(軍馬)의 시체
>
> 스스로의 뉘우침에 흐느껴 우는 듯
> 길옆에 쓰러진 괴뢰군 전사(戰士)

---

4) 자세한 내용은 김병걸, 「분단사의 배경과 통일지향」(『민중문학과 민족현실』, 풀빛, 1989, 50~69면) 참조

　　일찍이 한 하늘 아래 목숨 받아
　　움직이던 생령(生靈)들이 이제

　　싸늘한 가을바람에 오히려
　　간고등어 냄새로 썩고 있는 다부원(多富院)

— 조지훈, 「다부원에서」 부분

　　남한군과 북한군 모두 고지를 탈환하기 위해 엄청난 혈투를 벌인 다부원을 시인이 돌아보고 쓴 위의 작품에는 그 처참한 살육의 현장이 적나라하게 드러나 있다. 시인은 포화가 울부짖은 전쟁터에 "쓰러진 괴뢰군 전사"의 시신을 보며 폭력전쟁에 대해 되묻고 있다. 누구를 위한 전쟁이었는가, 무엇 때문에 희생되어야 했는가 등 이데올로기를 떠나 같은 민족으로서 묻고 있는 것이다. "한 하늘 아래 목숨을 받아 / 움직이던 생령들"이 "간고등어 냄새로 썩고 있는" 모습에서 이루 말할 수 없는 연민을 느낀 것이다.

　　이처럼 6·25전쟁 기간과 그 직후에 씌어진 전쟁시들은 비극적 현장을 안타까워하며 그린 것이 대부분이다. 이 시기에 출간된 이영순의 『연희고지』(1951), 장호강의 『총검부(銃劍賦)』(1952), 김순기의 『용사의 무덤』(1953), 조영암의 『시산(屍山)을 넘어 혈해(血海)를 건너』(1951), 유치환의 『보병과 더불어』(1951), 조지훈의 『역사 앞에서』 등이 그 예이다.5)

　　조국아, 심청이마냥 불쌍하기만 한 너로구나.
　　시인이 너의 이름을 부를 양이면 목에 멘다.

　　저기 모두 세기의 백정들,
　　도마 위에 오른 고기모양 너를 난도질하려는데

---

5) 최동호, 「1950년대의 시적 흐름과 정신사적 의의」, 『한국 현대문학사』, 현대문학, 1993, 260~262면.

하늘은 왜 이다지도 무심만 하다더냐.

조국아, 거리엔 희망도 절망도 못하는
백성들이 나날이 환장해만 가고
너의 원수와 그 원수를 기르는 벗들은
너를 또다시 두 동강을 내려는데
너는 오직 생각하며 쓰러져가는 갈대더냐.

원혼의 나라 조국아,
너를 이제까지 지켜온 것은 비명뿐이었지.
여기 또다시 너의 마지막 맥박이듯
어리고 헐벗은 형제들만이
북으로 발을 구르는데
먼저 간 넋을 풀어줄 노래 하나 없구나.

조국아, 심청이마냥 불쌍하기만 한
조국아!

—구상, 「초토(焦土)의 시 10—휴전협상 때」 전문

1953년 7월 27일, 판문점에서 휴전협정이 이루어졌다. 통일을 염원하는 수많은 민중들이 휴전을 반대하는 격렬한 시위를 벌였지만 강대국에 의한 정치적 협상 앞에 아무 소용이 없었다. 휴전이 곧 분단의 고착화가 시작되는 점이라는 사실을 민중들은 알고 있었기 때문에 그 절망과 탄식은 깊기만 했다. "먼저 간 넋을 풀어줄 노래 하나 없구나. / 조국아 심청이마냥 불쌍하기만 한 조국아!"라고 시인이 탄식한 것 또한 그와 같은 것이었다.

이와 같이 1950년대 전반기까지 통일을 지향한 시들은 전쟁시의 특성을 내보였는데, 반전(反戰)의 성격을 띠면서도 기록성의 성격을 가졌다. 6·25전쟁이 해방 후의 민족사에서 가장 큰 비극적 사건이었기 때문에 그 사실성이 시인들에게는 우선적으로 각인되었던 것이다. 또한 특정한 이념에 편중되는 경향을 보였다. 전쟁의 피해와 충격이 너무나 컸기 때문에 자신이 선택한 이데올로기 외에는 무조건 배척하는 태도를 보인 것이다. 이러한 경향은 특히 전쟁을 성인으로서 겪은 세대들이 내보인 전형적인 모습이었다. 자신들이 겪은 전쟁이 광란의 폭력으로밖에 보이지 않았기 때문에 객관적인 조명을 하기 어려웠던 것이다. 그렇지만 그와 같은 태도를 무조건 비난할 수는 없다. 그만큼 6·25전쟁은 한 개인으로서는 감당하기 어려운 역사적인 비극이었던 것이다. 그러므로 1950년대 중반에 이르러서야 전쟁과 전후의 상황을 객관적으로 바라보는 모색이 가능했다.

산과 산이 마주 향하고 믿음이 없는 얼굴과 얼굴이 마주 향한 항시 어두움 속에서 꼭 한 번은 천동 같은 화산이 일어날 것을 알면서 요런 자세로 꽃이 되어야 쓰는가.

저어 서로 응시하는 쌀쌀한 풍경. 아름다운 풍토는 이미 고구려 같은 정신도 신라 같은 이야기도 없는가. 별들이 차지한 하늘은 끝끝내 하나인데……우리 무엇에 불안한 얼굴의 의미는 여기에 있었던가.

모든 유혈(流血)은 꿈같이 가고 지금도 나무 하나 안심하고 서 있지 못할 광장. 아직도 정맥은 끊어진 채 휴식인가 야위어 가는 이야기뿐인가.

언제 한 번은 불고야 말 독사의 혀같이 징그러운 바람이여. 너는 이미 아는 모진 겨우살이를 또 한 번 겪으라는가 아무런 죄도 없이 피어난 꽃은 시방의 자리에서 얼마를 살아야 하는가 아름다운 길은 이뿐인가

산과 산이 마주 향하고 믿음이 없는 얼굴과 얼굴이 마주 향한 항시 어두움 속에서 꼭 한번은 천둥 같은 화산이 일어날 것을 알면서 요런 자세로 꽃이 되어야 쓰는가.

—박봉우, 「휴전선」 전문

　위의 작품은 분단의 현실을 강한 어조로 고발하면서 통일에 대한 염원을 담고 있다. 휴전선은 "서로 응시하는 쌀쌀한 풍경"의 지점이고 "나무 하나 안심하고 서 있지 못할 광장"일 뿐이라고 바라보고 있다. 그리고 휴전선의 "정맥은 끊어진 채 휴식인가 야위어가"고 있고, "고구려 같은 정신도 신라 같은 이야기도 없"다고 인식하고 있다. 그렇지만 시인은 그와 같은 상황에 절망하지 않고 "끝끝내 하나"인 "별들이 차지한 하늘"에 눈길을 돌린다. 6·25전쟁으로 인한 충격에서 벗어나 민족공동체의 필요성을 인식하고 그 실현의 가능성을 탐색하는 것이다. 이러한 인식은 4·19혁명으로 인해 민중의식이 한층 회복됨에 따라 더욱 확대되었다.

3.

이유는 없다—
가다오 너희들의 고장으로 소박하게 가다오
너희들 미국인과 소련인은 하루바삐 가다오
미국인과 소련인은 「나가다오」와 「가다오」의 차이가 있을 뿐
말갛게 개인 글 모르는 백성들의 마음에는
「미국인」도 「소련인」도 똑같은 놈들
가다오 가다오
「사월혁명」이 끝나고 또 시작되고
끝나고 또 시작되고 끝나고 또 시작되는 것은
잿님이 할아버지가 상추씨, 아욱씨, 근대씨를 뿌린 다음에
호박씨, 배추씨, 무씨를 또 뿌리고
호박씨, 배추씨를 뿌린 다음에

시금치씨, 파씨를 또 뿌리는
夕陽에 비쳐 눈부신
일년 열두달 쉬는 법이 없는
걸찍한 강변밭 같기도 할 것이니

—김수영, 「가다오 나가다오」 부분

6·25전쟁 후 반공을 체제 이념으로 내세운 이승만과 자유당 정권은 자신들이 선택한 이데올로기를 국민들에게 왜곡시켜 강요했다. 그 결과 이데올로기의 강요만 있었지 국민들을 위한 현실정치는 어디에도 없었다. 이에 국민들은 다른 이데올로기의 선택을 지향하지는 않았지만 새로운 정치의 도래를 기대하고 있었다. 결국 그와 같은 바람은 3·15 부정선거를 계기로 해서 4·19혁명을 일으키게 된 것이다.

4·19혁명은 부패한 자유당 정권에 대한 비판적 대항을 넘어서 진정한 자유 민주주의의 실현을 추구한 것이었다. 그리하여 분단에 대한 인식에 있어서도 이전처럼 선택한 이데올로기만 내세우는 데에 머물지 않고 분단의 근본적인 원인이 무엇인지를 주체성을 갖고 탐색하기 시작했다. 또한 바람직한 해결책에 대해서도 나름대로의 역사적인 의식을 표명하기 시작했다. 그와 같은 태도가 5·16군사 쿠데타에 의해 좌절되기도 했지만, 결코 소멸되지는 않았다. 그만큼 민중의식이 이전 시대에 비해서 확장된 것이었다. "이유는 없다—/ 가다오 너희들의 고장으로 소박하게 가다오/ 너희들 미국인과 소련인은 하루바삐 가다오"와 같은 목소리에서 그와 같은 면을 확인할 수 있다. 진정한 독립 국가를 이루는 데에는 강대국들의 보호에 의지해서가 아니라 스스로 주권을 갖는 의식이 필요하다는 것이다. 역사는 민중이 배제된 껍데기에 의해서는 결코 이루어지지 않음을 당당하게 주장하고 나선 것이다.

껍데기는 가라

한라에서 백두까지
향그러운 흙가슴만 남고
그 모오든 쇠붙이는 가라

—신동엽, 「껍데기는 가라」 부분

시인은 "껍데기는 가라"라고, 민족이 지향해야 할 방향을 선명한 목소리로 제시하고 있다. 김수영이 「가다오 나가다오」에서 주장했듯이 신동엽은 "한라에서 백두까지 / 향그러운 흙가슴만 남고" 껍데기로 표상되는 허위의 것들은 가라고, 분단된 민족의 현실을 뛰어넘는 통일의식을 보여주고 있다. "쇠붙이"로 상징되는 외세와 그 추종자들에 의해서는 진정한 민주주의의 실현도 조국의 통일도 이룰 수 없으므로 오직 민중이 그 대안이라고 내세우고 있는 것이다.

이와 같은 자세는 혈연 의식이나 귀향 의식으로 통일을 바라는 것을 극복하는 역사 인식이다. 「가거라 38선」·「녹슬은 기찻길」·「한많은 대동강」·「대동강 편지」·「누가 이 사람을 모르시나요」 등과 같은 유행가의 감상성을 넘어서는 통일 지향인 것이다. 그 결과 집권자들조차 국민적 요망을 무시할 수 없어 다음과 같은 실천행동이 이루어졌다.

1. 쌍방은 다음과 같은 조국통일원칙들에 합의를 보았다.

첫째, 통일은 외세에 의존하거나 외세의 간섭을 받음이 없이 자주적으로 해결하여야 한다.

둘째, 통일은 서로 상대방을 반대하는 무력행사에 의거하지 않고 평화적 방법으로 실현하여야 한다.

셋째, 사상과 이념·제도의 차이를 초월하여 우선 하나의 민족으로서 민족적 대단결을 도모하여야 한다.

2. 쌍방은 남북사이의 긴장상태를 완화하고 신뢰의 분위기를 조성하기 위하여 서로 상대방을 중상 비방하지 않으며 크고 작은 것을 막론하고 무장도발을 하지 않으며 불의의 군사적 충돌사건을 방지하기 위한 적극적인 조치를 취하기로 합의하였다.

3. 쌍방은 끊어졌던 민족적 연계를 회복하며 서로의 이해를 증진시키고 자주적 평화통일을 촉진시키기 위하여 남북 사이에 다방면적인 제반 교류를 실시하기로 합의하였다.

4. 쌍방은 지금 온 민족의 거대한 기대 속에 진행되고 있는 남북적십자회담이 하루빨리 성사되도록 적극 협조하는 데 합의하였다.

5. 쌍방은 돌발적 군사사고를 방지하고 남북 사이에 제기되는 문제들을 직접, 신속 정확히 처리하기 위하여 서울과 평양 사이에 상설 직통전화를 놓기로 합의하였다.

—「7·4남북공동성명」 부분[6]

1972년 7월 4일, 서울과 평양에서 동시에 발표한 7·4남북공동성명은 우리 분단사에서 빼놓을 수 없는 역사적 사건이었다. 조국의 통일을 "외세에 의존하거나 외세의 간섭을 받음이 없이 자주적으로 해결"하려고 한 것이나 "상대방을 반대하는 무력행사에 의거하지 않고 평화적 방법으로 실현"한다, "사상과 이념·제도의 차이를 초월하여 우선 하나의 민족으로서 민족적 대단결을 도모"한다는 등의 정신은 우리 민족이 궁극적으로 추구하는 통일의 방향이었다. 또한 남북이 긴장 상태를 완화하고 신뢰의 분위기를 조성하기 위하여 상대방을 비방하지 않을 것, 자주적 평화통일을 촉진시키기 위하여 다방면적인 제반 교류를 실시할 것, 남북적십자회담을 성사시킬 것, 서울과 평양 사이에 상설 직통 전화를 놓을 것 등의 합의안도 마찬가지였다.

7·4남북공동성명은 1972년 5월 2일부터 5월 5일까지 이후락 중앙정보부장이 평양을 방문하여 김영주 조직지도부장과 회담을 진행한 뒤, 김영주 부장을 대신한 박성철 제2부수상이 1972년 5월 29일부터 6월 1일까지 서울을 방문하여 이후락 부장과 회담을 진행하면서 이루어졌다. 이 회담에서 남북은 그동안의 오해와 불신을 푸는 것은 물론 긴장을 완화하고 조국의 평화적 통일을 이루어야 한다는 공통된 염원을 실현하기

---

6)「7·4남북공동성명」,『2000 통일백서』, 통일부, 2000, 387~388면.

위한 제반 의견들에 합의했다.

그러나 국민들의 부푼 기대와 달리 7·4남북공동성명은 얼마 되지 않아 휴지조각이 되고 말았다. 민중들과 유리된 통일론이란 집권자들의 정권 연장에 이용되는 수단에 불과하다는 사실을 명백하게 보여준 것이었다. 7·4남북공동성명이 발표된 지 1개월이 조금 더 지난 1972년 8월 28일, 남북조절위원회 평양측 공동위원장인 김영주는 갑자기 대화를 중단한다는 성명을 발표했다. 그리고 약속이나 한 듯 박정희 정권은 1972년 10월 17일 유신헌법을 선포했다. 조국의 평화적 통일과 한국적 민주주의 토착화를 표방한 헌법개정안은 10월 27일 비상국무회의에서 의결, 개헌반대 토론이 완전히 봉쇄된 가운데 11월 21일 국민투표에서 91.5% 찬성으로 확정되어, 12월 27일 제8대 대통령 취임일부터 공포되어 시행되었다. 유신헌법의 특징은 조국의 평화통일을 효과적으로 수행하기 위해 대통령에게 긴급조치권 및 국회해산권과 같은 초헌법적 권한을 부여한 강력한 대통령제를 채택한 점을 들 수 있다. 그렇지만 조국의 통일을 위해 국민의 기본권을 박탈할 수 있다고 생각한 것 그 자체가 모순된 것이다. 결국 남북의 집권자는 자신의 정권을 유지하기 위해 7·4남북공동성명이란 연극을 꾸민 것에 불과한 것이었다. 그리하여 시인들은 집권자를 더 이상 신뢰하지 않고 민중이 주체가 되는 통일론을 지향하고 나섰다.

벗들이여!
이런 꿈은 어떻겠소?
155마일 휴전선을
해뜨는 동해바다 쪽으로 거슬러 오르다가 오르다가
푸른 바다가 굽어보이는 산정에 다다라
국군의 피로 피범벅이 되었던 북녘 땅 한 삽
공산군의 살이 썩은 남녘 땅 한 삽씩 떠서
합장을 지내는 꿈,

그 무덤은 우리 5천만 겨레의 순례지가 되겠지.
— 문익환, 「꿈을 비는 마음」 부분

위의 작품에서 보듯이 시인은 비민주적 통치 수단으로 삼는 집권자의 억압에서 벗어나 민중에 의한 통일을 추구하였다. "국군의 피로 피범벅이 되었던 북녘 땅 한 삽 / 공산군의 살이 썩은 남녘 땅 한 삽씩 떠서 / 합장을 지내는 꿈"이 그 구체적인 행동이다. 남과 북의 이데올로기 차이로 인한 민족 분단의 벽을 무너뜨리는 것이다. 결국 남과 북의 화합을 상징하는 "합장"을 민족 통일의 모습으로 제시하고 있는 위의 작품은 반공만을 국시로 삼고 있던 시대 상황에 비춰보면 대단히 용기 있는 행동이라고 볼 수 있다. 이러한 인식은

총알받이 땅 지뢰밭에 알알이 씨앗으로 묻혔다가
터지면 흩어저 이쪽 저쪽 움돋아
우리나라 평야 이루며 살고 싶었제
우리야 참말로 참말로
갈라설 수 없어 이 땅에서 흔들리고 있는기라
— 하종오, 「벼는 벼끼리 피는 피끼리」 부분

와 같이 민중의 연대를 추구하는 것으로 이어졌다. 이 시대의 작품들이 반미의식을 드러낸 것도 같은 차원으로 이해할 수 있다. 조국의 통일을 더 이상 미국에 의지해서 이룰 수는 없다고 자각하고 민중 주체성을 내세운 것이다.

내가 국어를 가르쳤던 그 아이 혼혈아인
엄마를 닮아 얼굴만 희었던
그 아이는 지금 대전 어디서
다방 레지를 하고 있는지 몰라 연애를 하고
퇴학을 맞아 고아원을 뛰쳐나가더니

지금도 기억할까 그때 교내 웅변대회에서
우리 모두를 함께 울게 하던 그 한마디 말
하늘 아래 나를 버린 엄마보다는
나는 돈 많은 나라 아메리카로 가야 된대요
—김명인, 「동두천 Ⅳ」 부분

　전쟁이 휩쓸고 간 "동두천"이라는 곳에서 살아가고 있는 한 혼혈아의 비참한 삶을 그리고 있는 위의 작품은 한국인들의 의식에 끝없이 작용하고 있는 "아메리카"의 의미에 대해 생각하게 해준다. 미국은 돈이 많고 힘이 세고 문화적으로 선진국이기 때문에 동경의 나라이기는 하지만, 우리에게 혼혈아를 만들고 내버린 죄인의 나라이기도 하다. 그리하여 시인은 미국이 한국인들의 생명을 구원해준 나라가 아니라 비극을 낳은 대상으로 파악하고, 한편으로는 현실에 대해 분노하면서 다른 한편으로는 대안을 마련하지 못하고 있는 자신을 부끄러워하고 있다. 그와 같은 인식은

지금은 비가 내리고,
어느 틈엔지 미군들을 따라
떠나버린 메이비.
—장영수, 「메이비」 부분

내 조국은 식민지
일찍이 이방인이 지배하던 땅에 태어나
지금은 옛 전우가 다스리는 나라
내는 주인이 아니다
—정희성, 「불망기」 부분

등에서도 확인된다. 이외에 신경림·고은·김준태·양성우·조태일·김지하·이시영·이기형·김명수·김창완·김진경 등의 작품에서도 분단

시대의 아픔들을 그리고 있다. "통일문제란 원래가 분단의 질곡으로부
터 죽음의 고통을 당하는 사람들의 삶의 문제요 해방의 문제이며, 민중
에 의한 민주·민족운동을 통해서만 그 전진의 길목이 잡히는 것이지
권력자에 의해서 해결되는 것이 아"[7]니라는 점을 자각하고 민중 주체의
통일론을 내세운 것이다.

4.

삼팔선은 삼팔선에만 있는 것이 아니다
당신이 걷다 넘어지고 마는
미팔군 병사의 군화에도 있고
당신이 가다 부닥치고야 마는
입산금지의 붉은 팻말에도 있다
가까이는
수상하면 다시 보고 의심나면 짖어대는
네 이웃집 강아지의 주둥이에도 있고
멀리는
그 입에 물려 보이지 않는 곳에서
죄 안 짓고 혼쭐나는 억울한 넋들에도 있다
삼팔선은 삼팔선에만 있는 것이 아니다
낮게는
새벽같이 일어나 일하면 일할수록 가난해지는
농부의 졸라맨 허리에도 있고
제 노동을 팔아
한 몫의 인간이고자 고개 쳐들면

---

7) 백기완, 「통일논의의 허실과 우리 민중의 나아갈 길」, 『민주·통일』, 민통련, 1985.

결정적으로 꺾이고 마는 노동자의
휘어진 등에도 있다
높게는
그 허리 위에 거재(巨財)를 쌓아올려
도적도 얼씬 못하게 가시철망을 두른
부자들의 담벼락에도 있고
그들과 한패가 되어 심심찮게
시기적절하게 벌이는 쇼쇼쇼
고관대작들의 평화통일 제의의 축제에도 있다
뿐이랴 삼팔선은
나라 밖에도 있다 바다 건너
원격조종의 나라 아메리카에도 있고
그들이 보낸 구호물자 속의 사탕에도 밀가루에도
달라의 이면에도 있고 자유를
혼란으로 바꿔치기 하고 동포여 동포여
소리치며 질서의 이름으로
한강을 도강(渡江)하는 미국산 탱크에도 있다
나라가 온통
피 묻은 자유로 몸부림치는 창살
삼팔선은 감옥의 담에도 있고 침묵의 벽
그대 가슴에도 있다.
—김남주, 「삼팔선은 삼팔선에만 있는 것이 아니다」 전문

김남주 시인은 위의 작품에서 보듯이 "삼팔선은 삼팔선에만 있는 것
이 아니"라 우리의 일상까지 지배하고 있다고 파악하고 있다. 38선은
"새벽같이 일어나 일하면 일할수록 가난해지는 / 농부의 졸라맨 허리에
도 있"을 뿐만 아니라 "제 노동을 팔아 / 한 몫의 인간이고자 고개 쳐들
면 / 결정적으로 꺾이고 마는 노동자의 / 휘어진 등에도 있"고, "고관대작
들의 평화통일 제의의 축제에도 있"다고 보고 있는 것이다. 결국 시인은
그와 같은 것이 "원격조종의 나라 아메리카"가 주도해서 생긴 것이라고

파악하고 있다.

진정 강대국의 결정에 의해 이루어진 분단은 우리의 일상까지 지배하고 있다. 분단은 지리적인 차원뿐만 아니라 자원의 분단, 국력의 분단, 언어의 분단, 사상의 분단, 학문의 분단까지 가져왔다. 또한 분단 상황으로 인해 정치적 민주주의며 학문 연구며 민족문화가 왜곡되어왔다. 그러므로 분단이 극복되지 않고서는 민족의 진정한 발전도 민중들의 삶의 향상도 가져올 수 없는 것이다.

> 제멋대로 진행되는 이 나라 역사를
> 두 동강 난 분단조국 그리운 내 형제를
> 찢겨져 대립하는 전 세계 인류공동체를
> 피어린 투쟁으로 하나로 묶는다
>
> — 박노해, 「머리띠를 묶으며」 부분

박노해 시인이 위의 작품에서 구호를 외치고 손을 내뻗은 목적은 자본가들에 의해 형성된 사회의 모순에 대항하기 위해서이다. 우리 사회의 제반 모순과 문제가 분단으로 인해 발생되었다고 파악하고 그 대응 방안으로 통일을 지향하고 있는 것이다. 이와 같은 시인의 태도에는 시대를 지나치게 성급하게 인식한 면이 있고 또 작품의 통일성을 제대로 갖추지 못한 면이 있지만, 통일에 대한 필요성을 강하게 환기했다는 점에서 의의가 있다.

> 일요일 날 백두산 놀러가자
> 하길래, 속으로 햐, 요놈 봐라
> 희한한 놈이다, 싶으면서
> 억장은 억장대로 턱 막혀서
> 안돼, 너무 멀어서, 아빠도 못 가는데
> 그래도 가자

네가 크마 갈 수 있을 거야
아빠하고 같이 가마 되잖아

— 배창환, 「백두산 놀러가자」 부분

통일에 대한 필요성은 어린아이를 등장시킨 위의 작품에서도 확인된다. 백두산의 역사적 의의를 아직 모르는 어린아이가 "백두산 놀러가자"라고 말하는 소리를 듣는 "아빠"의 심정은 이루 말할 수 없이 착잡하다. 한편으로는 어린아이가 대견스러우면서도 다른 한편으로는 아이의 요구를 들어줄 수 없는 분단 현실에 놓여 있기에 "억장은 억장대로 턱 막"히는 것이다. 위의 작품은 통일을 단순하게 낙관하지 않고 "턱 막"히는 심정을 솔직하게 그리고 있기에 진정성이 있다.

통일 문제가 결코 단순한 것이 아님은 두말할 나위도 없다. 통일 문제가 복잡한 것은 "평화적인 통일을 원한다는 점이요, 또 외세의 간섭 없는 자주적인 통일, 참다운 민주주의가 실현되는 통일을 원한다는 점" 때문이다.8) 따라서 통일 문제는 지극히 어렵고 복잡한 특성으로 인해 오히려 단순화될 위험을 안고 있다. 통일의 당위성만을 주장하거나 어떻게 하다보면 될 것이라는 막연한 낙관이 통일 문제를 단순화시킬 위험을 안고 있는 것이다.

한적한 사리원 길을 걸어간다 풀벌레들이 즐겁게 울고
주인 없는 사과나무 가지 사이에서
사과가 발갛게도
잎 부럽지 않게 붉었다
한 인민이 벙거지를 어색하게 눌러쓰고 내 앞을 가로질러 들판으로 들어가고
그때부터 내 죄없는 귀에는
까실한 벼이삭 소리가 들려왔다
먼지 한점 없는 사리원 길

---

8) 백락청, 『민족문학과 세계문학』, 창작과비평사, 1978, 302면.

나는 사리원 길을 걸어가고 있다 언제부턴가
내가 사리원 한적한 길을 걸어가고 있었다
가는 발목 덩치 큰 소의 배 밑으로
이름 알 수 없는 산줄기를 보다가
나는 너무나도 자유스럽게, 고향의 빛을 닮아간다
날고 싶다 아니 날고 싶지 않다
나는 이 지상서 그냥 살고 싶다
나는 인제 어떻게 살 것인가 나는 어떻게 살 것인가를
어떠한 장애도 없이 걸으면서
가을 공기 속에서 생각하였다
어떻게 인제 어떻게 나와 세상을 사랑해주어야 할까
젊은 날을 어렵게 살아가는 벗들아
나는 사리원 길을 너무 일찍
걸어가고 있나보다
이 깨끗하고 하늘과 산천이 맑은 사리원 길을
사리원 길을

—고형렬, 「사리원 길」 전문

　"사리원"은 황해북도에 소재하고 있는 지역인데, 벼농사가 잘 되는 곳이고 광산이 있는 곳이며 또한 봉산탈춤이 행해졌던 곳으로 알려지고 있다. 그런데 1985년 『80년대 민족시인 신작선』 1에 발표된 위의 작품에는 김남주나 박노해 시인의 작품에서 들리는 거친 목소리가 없다. 그 대신 "사리원"을 마치 가까운 이웃 동네에 놀러가듯 넘어가서 자유롭게 거닐고 있을 뿐이다. 발갛게 익어 가는 사과를 쳐다보고 들판의 벼들을 바라보고 그리고 맑은 하늘과 산천을 구경하는 것이다. 이러한 자세는 명분으로 통일을 내세우는 것이 아니어서 들떠 있지 않다. 시인은 큰 목소리를 내는 것보다도 차분하게 분단의 극복을 지향하고 있는 것이다. 고형렬 시인의 또 다른 작품인 「백두산 안 간다」 역시 백두산을 통일이라는 명분에 가두지 않고 뒷산 정도로 자연스럽게 대하고 있다.

한 토리 따스한 해살 무질되요
한식 훨씬 지나 푸르싱싱한 저 대동강 물
답을 쓰며 바라보고 있소
웃동 훨훨 벗고 헤염이라도 치고 싶은
바로 저 강물이
문배술 제조에 필요할 줄이야
얼마나 놀랬는지 그러문서 기뻤는지
호상의 뉴대 위하야 기꺼이 보내리요
문배술은 남녘 화강암층 물보다는
이곳 석회암층 대동강 물로 빚어야
제 맛을 낼 수 있다지요
요번에 보내거든 심혈을 기울여
우리의 민속주 되살린 기발 어디 한번 날려 보오
제시한 물값과 물량 모두 동감하니
남포항 선적과 인천행 반입 날짜
이 달의 ㄲ트머리 정도로 정하자요
상계처리 하자는 제의에도 같으니
술 다되면 좀 넉넉히 보내주요
아니, 손수 싣고 오시라요
우리는 한 자손 또 딱친구
한 많은 대동강도 푸르른 두만강도
어깨동무하고 웨쳐 보자기요
기다리요, 꼭 오시라요

— 맹문재, 「大同江 물을 보내며」 전문

    위의 작품은 남한에서 문배술을 제조하는 데 필요한 대동강 물을 북
한 동포가 제공하고, 그 대가로 제조된 술을 받는다는 경제 협력의 내용
을 담고 있다. 그러나 이 시의 내용은 단순히 경제적 협력의 측면에만
국한되지 않고, 그 속 깊은 어조를 통해 민족적 동질성의 확인을 보여주
고 있다. 이러한 내용의 시가 이전에도 있었지만, 이 시의 새로움은 북

한동포의 입장에서 그 어조로 시도되고 있다는 데에 있다. 이는 남북한의 정서적 유대감을 회복하는 데 기여하려는, 시인의 의도를 반영하고 있다. 이러한 시들은 현실적 가족관계의 의미망을 넓혀 북한동포와 민족적 동질성 회복을 의도하며 씌어진다. 이러한 시들은 화자가 북한동포로 설정되어 있어 실화라기보다는 허구적 진술이 되고 있지만, 남북간 유대를 염원하는 시인의 의도가 잘 스며들어 있다.[9]

통일이 이루어지면 우리는 국제 사회에서 주역이 될 수 있다. 우리는 현재 세계 10위권 안팎에 드는 무역국이므로 북한의 노동력과 자원이 결합된다면 민족의 도약은 한층 더 이루어질 것이다. 따라서 목소리만 높이는 통일의 지향이 아니라 각 분야에서 남북이 화해하고 협력하는 실제적 교류를 늘릴 필요가 있고, 시 역시 그와 같은 면을 반영해야 할 것이다.

통일은 단순히 분단 이전의 상태로 되돌아가는 것을 의미하지 않는다. 21세기 지식 정보화시대가 진행되고 있는 시점에서 복고적 통일은 의미가 없다. 우리가 되돌아가야 할 분단 이전의 상태는 이미 역사적 사실일 뿐, 시대가 변하고 세대가 바뀌고 가치관이 새로워진 것을 인식해야 한다. 통일은 결코 단순한 재통일(reunification)이 아니라 새로운 통일(new unification)이어야 한다. 과거로의 복귀가 아니라 미래를 향한 새로운 역사의 창조 작업으로 이행되어야 하는 것이다. 또한 통일은 우리에게 요구되는 정치·경제·사회·문화의 여러 측면과 접목시켜 나아가야 하고, 세계적 보편성과 민족의 특수성을 반영해야 한다. 민족 구성원의 자유와 존엄성이 보장되면서 동시에 인류의 공영에 이바지해야 하는 것이다.

통일은 지리적 측면에서 볼 때 국토의 통일이고, 정치적 측면에서 볼 때 국권의 단일화이다. 또한 경제적 측면에서 볼 때 민족경제권의 통합이고, 사회적 측면에서 볼 때 국민의 통합이고, 문화적 측면에서 볼 때

---

9) 오형엽, 「붉은 빛의 그리움과 자기 성찰」, 『먼 길을 움직인다』, 실천문학사, 1996, 136 ~138면.

문화의 동질성을 회복하는 것이다. 우리는 유구한 역사를 거쳐 민족 국가를 유지해왔으므로 이 전통을 계속 이어가야 한다. 또한 분단의 고통과 불안을 더 이상 지속시켜서는 안 되고, 과도한 분단 비용을 생산과 복지 증대를 위한 재원으로 전환시켜야 한다.10) 따라서 시인들은 급박하게 진행되고 있는 21세기의 남북관계에11) 대하여 긴장감을 가지고 살펴야 하며 통일의 필요성을 지속적으로 추구해야 할 것이다.

---

10) 『통일문제의 이해』, 통일교육원, 2000, 17~24면.

11) 2000년의 남북관계만 보아도 이전 시대와는 상당히 다른 양상을 띠고 있다. "2000. 3.9 : 김대중 대통령, 「베를린 선언」 발표(북한경제회복 지원, 한반도 냉전종식과 평화정착 추구, 이산가족문제 해결, 남북당국간 대화 및 특사교환 촉구); 3.9 : 금강산 유람선(풍악호), 부산 다대포항 출항 시작; 5.29~6.10 : 북한 평양교예단 서울 방문, 공연; 6.13~15 : 남북정상회담 개최(평양); 6 · 15 : 남북공동선언 채택; 6.27~30 : 남북적십자회담 개최(금강산); 7.29~31 : 제1차 남북 장관급 회담 개최(서울); 8.5~12 : 언론사 사장단 방북(김정일 국방위원장 면담, 남북언론사들간 언론 교류 등 공동합의문 발표); 8.8 : 정몽헌 현대아산이사회장, 소 500마리와 함께 방북; 8.14 : 남북연락사무소 업무 재개; 8.15~18 : 제1차 이산가족방문단 교환(서울, 평양); 8.18~24 : 북한 조선국립교향악단 서울방문, 합동공연; 8.22 : 현대 · 북한, 개성공단 개발관련 합의서에 서명; 9.2 : 비전향 장기수 63명 송환; 9.15 : 남북선수단, 시드니 올림픽 개회식 공동입장; 9.18 : 경의선 기공식(임진각); 9.22~27 : 조총련 동포(50명) 남측 고향방문; 9.28 : 정부, 대북 식량차관 제공 발표; 10.9~14 : 남측 방문단, 노동당 창건 55주년 행사 참관; 10.15 : 현대아산, 북한 금강산여관 30년 임대계약 체결; 12.7 : 서울 가정법원, 북한주민에 대해 남한 호적등재 승인; 12.11~14 : 민주노총, 남북노동자 통일토론회 개최(금강산)"(『2003 통일백서』, 통일부, http://www.unikorea.go.kr)